Não cometam injustiça num julgamento, não favoreçam os pobres, nem procurem agradar os grandes, mas julguem o seu próximo com justiça.
Levítico 19.15

DA PERÍCIA AO PERITO

Reinaldo Pinto Alberto Filho

DA PERÍCIA AO PERITO

7ª edição,
revista e atualizada

Perícia Digital

Com novas jurisprudências pela Lei nº 13.105, de 16/3/2015 – NCPC

EDITORA IMPETUS

Niterói, RJ
2022

Editora Impetus Ltda.
Av. Ernani do Amaral Peixoto, 507 – Loja 05 - Centro – Niterói – RJ
CEP: 24.020-072 – Telefax: (21) 2621-7007

Editoração Eletrônica: Editora Impetus Ltda.
Capa: Wilson Cotrim / Editora Impetus Ltda.
Revisão de Português: C&C Criações e Textos Ltda.
Impressão e encadernação: Editora e Gráfica Vozes.

A29p

Alberto Filho, Reinaldo Pinto.
Da perícia ao perito / Reinaldo Pinto Alberto Filho. – 7ª ed.
Niterói, RJ : Impetus, 2022.
376 p. ; 16 x 23 cm.
Inclui bibliografia e índice.

ISBN: 978-65-860-4437-9

1. Prova pericial. 2. Prova (Direito) I. Título.

CDD- 347.81067A29p

www.impetus.com.br

Fiat Justitia, pereat mundus.
"Faça-se Justiça, ainda que pereça o mundo."

Dedicatória

A meus pais,
Reinaldo Pinto Alberto (in memoriam) e
Esmeralda do Nascimento Pinto (in memoriam).

A meu Irmão,
Roberto Pinto Alberto (in memoriam).

À razão de toda uma existência, esposa, filhos e as cinco netas:
Maria Angélica Gagliano Pinto Alberto,
Gabriel, Tiago e Lívia,
Cecília, Sofia, Yasmim, Luísa e Beatriz.

DEDICO esta Sexta Edição do Livro por tudo que deles recebi e perenemente recebo; muitos beijos, afetos e grandes vibrações, ensinando-me a dar valor a um abraço, a um sorriso, a um aperto de mão, à simples oportunidade de pedir perdão e perdoar, fazendo resumir toda a vida em um exercício de justiça e uma forma de amar, com o precípuo escopo de motivar a união, a harmonia, a paz em verdadeira família...

O Autor

Reinaldo Pinto Alberto Filho

- Desembargador Primeiro Vice-Presidente do Tribunal de Justiça do Estado do Rio de Janeiro (2019/2021).
- Desembargador Titular Ex-Presidente da Quarta Câmara Cível do Tribunal de Justiça do Rio de Janeiro.
- Desembargador Titular Presidente da 24ª Câmara Cível do Tribunal de Justiça do Estado do Rio de Janeiro.
- Membro Efetivo do Órgão Especial do E. Tribunal de Justiça do Estado do Rio de Janeiro.
- Membro do Conselho da Magistratura do E. Tribunal de Justiça do Estado do Rio de Janeiro.
- Professor de Direito, Conferencista em Cursos Especializados em Perícias Judiciais, e Convidado da UFF, PUC-RJ, CREA-RJ e Professor da ESAJ (Escola de Administração Judiciária do E. Tribunal de Justiça do Estado do Rio de Janeiro).
- Presidente em Banca de Monografia na Escola da Magistratura do Estado do Rio de Janeiro – EMERJ.
- Presidente da Banca Examinadora do Concurso para Ingresso na Carreira da Magistratura do E. Tribunal de Justiça do Estado do Rio de Janeiro (2016).
- Acadêmico da Academia de Letras, Ciências e Artes Ana Amélia – Alcan – Rio de Janeiro.
- Ex-Professor Universitário e de Cursos Preparatórios para Concursos.
- Ex-Defensor Público do Estado do Rio de Janeiro.

Apresentação da 7ª Edição

Os fatos sociais motivadores de necessidade da prova pericial e os aprimoramentos profissionais técnicos, que elaboram seus laudos, motivaram a nova edição desta Obra, visando, em especial, a inclusão de dois temas: a elucidação sobre a PERÍCIA DIGITAL e os esclarecimentos pertinentes à modificação do CÓDIGO DE DIREITO CANÔNICO no concernente ao já esposado em edições anteriores.

Em breve escorço, são essas as adequações para esta SÉTIMA EDIÇÃO.

Como os estudiosos do Tema Pericial já conhecem a minha forma de explicitar os assuntos, priorizando sempre a praticidade e a didática para um fácil entendimento não só em primeira visada, como uma complementação em sede de majorar a pesquisa realizada tendo como base o que ora já se expõe, e como se diz no popular: dando o caminho das pedras...

Em assim pensando, foi inserto novo texto, estabelecido como CAPÍTULO NOVE (Da Perícia Digital), ou seja, um a mais que a SEXTA EDIÇÃO, porém, nesse caso, a Bibliografia sobre a novidade se encontra no fim do próprio capítulo, com ênfase nas notas de rodapé, evitando, dessa forma, que se faça eventual confusão com a Bibliografia Final, alusiva aos outros oito capítulos.

Sem dúvida, é uma efetiva ousadia tal perspectiva, no entanto, acredito que será vista com mais facilidade por quem irá se imiscuir apenas na Perícia Digital, sem prejuízo das demais colocações dispostas nos primeiros oito capítulos.

Atendendo a essa dialética e com fulcro em idêntico diapasão que se aclaram aqui as parcas mudanças no Código de Direito Canônico, que, por momento, não sugere, ainda, um capítulo novo, mas, tão somente, um breve enfoque, como se faz abaixo, haja vista que não há substancial mudança em relação à Perícia e Prova Pericial, como sugerido nas anteriores edições e repetido nesta nos oito capítulos .

O Direito sempre acompanha a vida e desta forma nada diverso com o Canônico, impondo, com o passar do tempo, novas tipificações e alteração de outras com mais apropriadas sanções (hipóteses de desvio ou lavagem de dinheiro, sonegação fiscal, pedofilia e crimes sexuais, *inter plures*).

In casu, desde 1983, quando de sua promulgação, esta foi a maior reforma, inclusive na parte técnica (direito de defesa, prescrição da ação penal, sanção em conexão com o caso concreto, alienação de bens no Cânon 1292 etc.).

Observe-se o Livro VI do CDC, no qual se estabelece a precisão das penas de forma gradual, diferente de como constava, enfatizando tão somente a possibilidade de punição... Por momento apenas há a nova versão do Livro VI em latim e italiano, quiçá durante este ano de 2022 venha a tradução para outras línguas, mormente o português (SIC).

Não comporta esta Obra, no entanto, as explicações sobre os temas supracitados, como, *verbi gratia*: a definição de fiéis (pessoas batizadas), a inocência para toda a pessoa até que se prove em contrário (Cânon 1321).

Posso, ainda, elucidar que não houve qualquer alteração de forma relevante, no concernente a Prova Pericial e Perito, que venha a sugerir modificações e/ou alterações na doutrina e legislação como insertas nas edições anteriores e nesta, motivo de toda a explicação supramencionada.

Por derradeiro, fica meu agradecimento ao Dr. Cláudio de Souza Aguiar Saussey, advogado, escrivão e Secretário da Vigésima Quarta Câmara Cível do E. Tribunal de Justiça do Estado do Rio de Janeiro, pelo auxílio na inserção dos novos Arestos e Doutrina, em seu local preciso no novo capítulo do Livro, para não descaracterizar a Obra como um todo para aquele Leitor que já se "rendeu" à praticidade como foi ela concebida desde a sua Primeira Edição.

Em suma, a Sétima Edição, na parte alterada, também foi levada na "ponta dos dedos", mente e coração, sabendo que sempre irá desafiar controvérsias doutrinárias, filosóficas, discussões sistêmicas, elas que nunca devem ser usadas para justificar a inocuidade, quer para modular, quer para relativizar, e tudo em sede de tecnicismo de alta indagação, mormente para quem é apaixonado, como eu, pelo que vem DA PERÍCIA AO PERITO...

O Autor

PREFÁCIO

Se o direito (subjetivo) nasce do fato – *facto jus oritur* –, como dizia IHERING, então a prova desse fato é questão da maior relevância para que o direito seja reconhecido em juízo. Prova-se o fato e não o direito porque este, de regra, é conhecido pelo juiz – *jura novit curia* ou *da mihi factum, dabo tibi jus* – dê-me o **fato**, dar-te-ei o direito. O objeto da prova, portanto, é o fato constitutivo do direito em razão do qual a pretensão é formulada.

Embora não exista prevalência de um meio de prova sobre outro, a prova pericial assume papel relevante nas ações cuja solução exige conhecimento técnico/científico de medicina, engenharia, economia etc. Seu objetivo é suprir conhecimentos técnicos que o juiz, pela natureza deles, não tem ou, pelo menos, presume-se não tê-los. Atualmente, por exemplo, é praticamente inviável julgar uma ação de investigação de paternidade sem o exame de DNA.

Por ser a perícia a prova especializada por excelência, a sua produção é também a mais dispendiosa e demorada, criando muitas vezes perplexidade e dificuldades para as partes e o próprio juiz. Mesmo depois de trinta e cinco anos de magistratura, confesso que ainda hoje me vejo, muitas vezes, em perplexidade na escolha do *expert* para realizar certas perícias, no arbitramento dos seus honorários, na definição do objeto da perícia, na avaliação da pertinência dos quesitos formulados pelas partes e assim por diante. E isto por uma razão muito simples: embora não fique o juiz adstrito ao laudo, como contrariar o seu perito? Onde encontrar motivos sérios para fundamentar a decisão?

Apraz-me apresentar uma obra que muito auxiliará o juiz, as partes, os próprios peritos e assistentes técnicos nessa difícil missão de produzir a prova pericial. Essa é a tarefa a que se propõe o autor *Da Perícia ao Perito*, o culto e respeitado Desembargador Reinaldo Pinto Alberto Filho, da qual se desincumbiu com maestria.

A obra, como esclarece o próprio autor, está dividida em quatro partes, de forma a permitir abordagem abrangente, sistêmica, prática e detalhada sobre o tema. Traz, inicialmente, uma orientação doutrinária sobre a perícia, nos seus variados aspectos, oferecendo a seguir um resumo de toda a legislação referente ao tema, o que em muito facilitará o trabalho dos profissionais do Direito que militam na área, evitando a consulta a vários códigos, leis especiais e outras espécies normativas. Na sua terceira parte, com vistas àqueles que atuam em áreas técnicas elaborando laudos e pareceres, a obra contém os principais modelos de petições, com as citações dos dispositivos legais pertinentes. Por último, completando a magistral abordagem do tema, a obra apresenta a jurisprudência dominante dos nossos Tribunais, cuidadosamente selecionada, como forma de orientação sobre os principais entendimentos consagrados pelo Judiciário.

Em síntese, em cada capítulo da obra são destacadas e enfrentadas, com objetividade e concisão, as questões doutrinárias e jurisprudenciais mais relevantes, oferecendo opinião conclusiva para a melhor solução da controvérsia, seja ela voltada para o julgador, as partes ou, em especial, para o profissional técnico.

Mas para que assim fosse, a obra não é fruto de meras pesquisas teóricas do autor. Pelo contrário, servem-lhe de referência algumas décadas de magistério universitário e vasta experiência no exercício da magistratura no Estado do Rio de Janeiro, na qual, como Desembargador integrante de uma das Câmaras Cíveis do seu Tribunal de Justiça, é um dos nomes mais respeitados pela cultura, seriedade e segurança nos julgamentos.

Na área específica de Perícias Judiciais, o autor tem renome nacional, o que evidencia o grande número de cursos e palestras por ele realizados em inúmeras instituições (UFF, Funcef, PUC, Emerj, Amaerj etc.), em diferentes cidades e Estados do país.

A leitura atenta e a consulta reiterada da obra proporcionará ao profissional do Direito informações precisas sobre a legislação, a doutrina, a jurisprudência dominante e a atuação prática na área pericial, capacitando-o plenamente para o exercício das suas funções com segurança e apurada técnica científica.

Por sua praticidade, clareza e objetividade, conjugadas ao seu valor didático e jurídico, a obra não poderia ser mais oportuna. Com ela o seu ilustre autor preenche uma lacuna que existia no tema enfrentado, coloca nas mãos dos operadores do Direito um valioso instrumento profissional e presta mais um relevante serviço à Justiça.

Sergio Cavalieri Filho

Desembargador do TJRJ

Sumário

Parte I
PERÍCIA, PERITO E PROVA PERICIAL

Parte II
Legislação

Parte III
Prática Forense

Parte IV
Jurisprudência

PARTE I

PERÍCIA, PERITO E PROVA PERICIAL

Sumário Parcial

abrangência de mais de uma área de especialidade. Possibilidade da renovação da prova pericial. Controvérsias e entendimentos doutrinários sobre os temas.

CAPÍTULO V – HONORÁRIOS. Critérios para fixação dos honorários: dificuldades para elaboração da peça técnica. Quesitação. Valor da causa (pedido). Tabela dos órgãos de classe e condição financeira dos interessados. Princípios da proporcionalidade e razoabilidade. Pedido motivado do louvado. Responsabilidade pelo adiantamento dos honorários do perito. Remuneração do assistente técnico. Hipóteses em que a responsabilidade é sempre do autor: natureza jurídica da lide. Inversão do ônus da prova (art. 6º, inc. VIII, da Lei nº 8.078, de 11/09/1990 – C.D.C.) para fins de adiantamento dos honorários: hipossuficiência. Impugnação dos honorários pelos interessados: esclarecimentos do perito; decisão do juízo e sua recorribilidade. Recebimento dos honorários: adiantamento na lide; propositura de ação autônoma; prescrição; prazo prescricional pelo novo Código Civil. Controvérsias e entendimentos doutrinários sobre os temas.

CAPÍTULO VI – RECURSOS. Impugnação dos honorários. Decisão do Juízo. Agravo de instrumento e revogação do agravo retido (N.C.P.C. de 2015). Nova sistemática recursal. Impossibilidade de o perito saber o valor de seus honorários. Solução de ordem prática e de *lege ferenda*. Desistência do encargo por motivo de foro íntimo. Controvérsias e entendimentos doutrinários sobre os temas.

CAPÍTULO VII – LINEAMENTOS. Lei de locações: ação revisional e renovatória; Prova pericial no procedimento sumaríssimo dos Juizados Especiais: peça técnica; pagamento de honorários e comparecimento em juízo. Desapropriação: por interesse público; interesse social; imissão na posse de imóveis urbanos; imóvel rural, por interesse social, para fins de reforma agrária e estatuto da cidade.

CAPÍTULO VIII – EXEGESE NO NOVO PROCESSO PENAL. Lei nº 11.689, de 09 de junho de 2008; Lei nº 11.690, de 09 de junho de 2008; Lei nº 11.719, de 20 de junho de 2008; Lei nº 12.030, de 17 de setembro de 2009; Decreto Federal nº 7.003, de 09 de novembro de 2009. Sistemática da prova pericial e atuação do perito no atual ordenamento processual penal. Exegese dos novos dispositivos nos procedimentos processuais penais. Exigências, direitos e obrigações.

CAPÍTULO IX – PERÍCIA DIGITAL. Definição. Internet. Integração do mundo real e virtual. Forense computacional. Crimes cibernéticos. Legislação estrangeira e brasileira. Direito Comparado. Convenção de Budapeste. Cooperação. Etapas da perícia digital. Jurisprudência.

Capítulo 1

Origem da Perícia

ORIGEM DA PERÍCIA: Na Antiguidade. O rei como magistrado. Egípcios, hebreus e romanos. Idade média. Ordálias. Direito Canônico. Ordenações: Afonsinas, Manuelinas e Filipinas. Legislações hodiernas.

Na Antiguidade as provas eram diretamente colhidas pelo rei, que assumia a função de magistrado, sem a interveniência de qualquer especialista técnico.

Procurava ele ouvir as sustentações dos interessados e decidia soberanamente, restando, pois, desinfluente se havia ou não alguma parte técnica a ser apreciada e ou se possuía ou não o monarca o conhecimento mínimo especializado para tal desiderato.

A eventual carência técnica e ou probatória ficava sempre superada pelo poder de comando, que possuía o rei em sua absoluta soberania.

Ensejando a dissidência algum conhecimento especializado, mesmo assim, o total respeito à obediência hierárquica, conexionado com a qualidade de representar para o povo a figura do rei como enviado dos deuses, a solução era a proferida por seu livre entender.

Com o passar dos tempos e o surgimento de relações jurídicas mais complexas, passou o rei-magistrado a perceber a necessidade de se valer, de quando em vez, de pessoas com conhecimentos técnicos específicos, para solução de questionamentos que auxiliariam na decisão do postulado, iniciando-se, assim, o rudimento da perícia.

O tema sobre a origem da perícia é muito bem explanado pelo Prof. MOACYR AMARAL SANTOS, em seu livro: *Prova Judiciária no Cível e Comercial*, em especial o volume nº V (*Exames Periciais, Presunções e Indícios*), Capítulo I, Max Limonad – Editor de Livros de Direito – edição de 1949), de onde, também, nos valemos em algumas das explanações históricas abaixo.

Na velha civilização do Egito surgem os primeiros vestígios da perícia. Elucida o Prof. MOACYR AMARAL SANTOS, neste particular, *in litteris*:

> Fizera Sesostris a partilha das terras aos súditos, distribuindo-as em lotes tirados à sorte e separados uns dos outros por sinais e marcos, que atestavam os seus limites, ficando os beneficiários com o encargo de lhes pagar determinado tributo. Conta Heródoto, nesse passo citado por Fraga, que "quando o rio despojava alguém da quota agrária, a pessoa lesada ia procurar o rei, a quem dava parte do ocorrido; então este enviava ao lugar da situação do lote inspectores que mediam para saber a área diminuída e a diminuição proporcional que devia sofrer no pagamento do tributo". Tais inspectores, entendidos em geometria e expertos na arte de medir, são longínquos antecessores de uma categoria de peritos – os agrimensores.

Aos egípcios seguem os hebreus e os gregos, que possuíam seus agrimensores para fins de partilha e sobrepartilha de terras bem como para fixação e restauração de lindes, como forma de demarcação.

Somente, entretanto, no povo romano, que a perícia é qualificada como meio de prova judiciária.

Inicialmente o rei ditava de modo absoluto a Justiça, porém, com o desenvolvimento do Império Romano, o processo passou a ter duas fases: *in iure* e *in judicio*.

Na fase *in iure* o magistrado fazia a apreciação da lide sob o aspecto jurídico e legal, inexistindo instrução da causa, tal que ela ocorria na segunda, *in judicio*, perante o *arbiter*, que era eleito pelas partes ou sorteado pelo magistrado na hipótese de não acordarem os interessados na escolha.

Forçoso é reconhecer que, por vezes, no *arbiter* ocorria a aglutinação das atribuições do perito e do juiz, estabelecendo-se o poder decisório, por consequência.

Na primeira fase, porém, só em caráter excepcional e muito raramente, havia a presença de peritos.

Tais procedimentos só terminaram no ano de 294 da era Cristã, com Diocleciano, que uniu as duas fases, fazendo aparecer mais comumente a figura do perito, oportunidade na qual o juiz passa, também, a ser um funcionário do Estado.

No entanto, na Idade Média, os chamados juízos de Deus e o duelo, como expedientes de comprovação da verdade, tidos como insubstituíveis, em muito prejudicaram o desenvolvimento técnico e científico para apuração dos fatos.

Bem relata esta passagem o Prof. ARRUDA ALVIM, em seu trabalho: "Apontamentos sobre a perícia", publicado na *Revista de Processo* nº 23, ano 6, julho - setembro, 1981, pela Revista dos Tribunais, p. 26, nº 4.1, *in litteris*:

> A ligação da sorte do processo às ordálias, representadas pelos duelos, água fervente e outros "tipos da prova", certamente, dispensavam maior aprofundamento tendo em vista os fatos da causa. O fundamento da decisão era ou podia ser outro que não os fatos relativos à lide.
>
> A partir do século XI, com a volta dos estudos do direito romano, como também, ao influxo da influência - racional - da Igreja Católica, verificou-se o paulatino abandono das ordálias, e, por implicação, voltaram-se os olhos dos juízes para os fatos do processo, para então, só em função destes, tais como provados resolverem as lides. E, como decorrência disto, emergiu a necessidade de se utilizarem de peritos, exatamente para se entenderem certos fatos, para cujo entendimento precípuo, careciam os juízes, deste tipo de conhecimento especial.

Exemplos de perícias da época: impotência em causa de divórcio, gravidez de mulher divorciada, aviventação de lindes de imóveis, avaliação de imóveis dados em garantia pelos devedores do Fisco, avaliação de plantações, avaliação de bens submetidos à administração, autenticidade de documentos.

O Direito Canônico (*Codex Iuris Canonici*), neste aspecto, muito contribuiu para ultrapassar o sistema das ordálias, com o destaque que deu ao sistema de provas.

O atual Código de Direito Canônico (*Codex Iuris Canonici*), promulgado pelo Papa João Paulo II, em 23/01/1983, consagra um capítulo aos peritos (Cân. 1.574 a 1.581), além de outros dispositivos, como para reparação de imagens (Cân. 1.189) e alienação de bens (Cân. 1.293 §§1º, 2º).

Assim se nos apresentam grafados, devidamente traduzidos do original em latim:

Cân. 1.574 – Deve-se usar da ajuda de peritos sempre que, por prescrição do direito ou do juiz, se exigem seu interrogatório e seu laudo de caráter técnico ou científico, para comprovar algum fato ou para discernir a verdadeira natureza de alguma coisa.

Cân. 1.575 – Compete ao juiz nomear os peritos, ouvindo as partes ou por proposta delas, ou então, se o caso o comporta, aceitar os laudos já emitidos por outros peritos.

Cân. 1.576 – Os peritos são excluídos ou podem ser rejeitados pelas mesmas causas previstas para a testemunha.

Cân. 1.577

§ 1º Levando em conta o que eventualmente os litigantes apresentarem, o juiz determine por decreto cada ponto sobre o qual deve versar o trabalho dos peritos.

§ 2º Devem ser entregues ao perito os atos da causa e outros documentos e subsídios de que pode precisar para cumprir exata e fielmente seu encargo.

§ 3º Ouvido o próprio perito, o juiz determine o prazo dentro do qual deve ser feito o interrogatório e dado o laudo.

Cân. 1.578

§ 1º Cada perito dê seu lado separadamente, a não ser que o juiz ordene que seja feito um único, a ser assinado por todos; se assim se fizer, sejam diligentemente indicadas afirmações discordantes, se as houver.

§ 2º Os peritos devem indicar claramente os documentos ou outros modos adequados com que se certificaram da identidade das pessoas, coisas ou lugares, o caminho e o processo através dos quais cumpriram o encargo recebido, e os argumentos em que principalmente se firmam suas conclusões.

§ 3º O perito pode ser convocado pelo juiz para dar explicações que pareçam ulteriormente necessárias.

Cân. 1.579

§ 1º O juiz pese não só as conclusões dos peritos, mesmo concordes, mas também todas as outras circunstâncias da causa.

§ 2º Na motivação da decisão, deve expor as razões que o levaram a aceitar ou rejeitar as conclusões dos peritos.

> Cân. 1.580 – Aos peritos devem ser pagas as despesas e honorários a serem determinados *ex bono et aequo* pelo juiz, e observando-se o direito particular.
>
> Cân. 1.581
>
> § 1º As partes podem designar peritos particulares que devem ser aprovados pelo juiz.
>
> § 2º Se o juiz o admitir, estes podem, quando necessário, compulsar os autos da causa e estar presentes à execução da perícia; e podem sempre apresentar seu laudo.
>
> Cân. 1.189 – As imagens preciosas, isto é, que sobressaem por antiguidade, arte ou culto, expostas à veneração dos fiéis, em igrejas e oratórios, se precisarem de reparação, nunca sejam restauradas sem a licença escrita do Ordinário; este, antes de concedê-la, consulte os peritos.
>
> Cân. 1.293
>
> § 1º Para a alienação de bens cujo valor excede a soma mínima fixada, requer-se ainda:
>
> 1º justa causa, como necessidade urgente, evidente utilidade, piedade, caridade ou outra grave razão pastoral;
>
> 2º avaliação escrita da coisa a ser alienada, feita por peritos.
>
> § 2º Observem-se ainda as outras cautelas prescritas pela legítima autoridade, a fim de se evitarem danos à Igreja.

Há, também, no Direito Canônico, para o julgamento, designação de Louvados e apreciação do que mais for similar, Magistrados de Primeira Instância (Cân. 1.419 a 1.427) e Colegiado em Segunda Instância (Cân. 1.438 a 1.441).

Em seguimento, as novas legislações procuraram dar maior ênfase à prova pericial, sendo muito difundida no Direito francês (*Ordonnance du Roy Henry, donné à Blois en l'année 1579*, no art. 162), determinando que as hipóteses de causas relativas ao valor das coisas fossem decididas por peritos, e não só por testemunhas; na *Ordonnance* de 1667 (ver os arts. 08 a 13 e 15), reconhecido o perigo da escolha obrigatória, retornou-se à tradição romana, concedendo-se às partes a faculdade de louvarem-se livremente em pessoas de qualquer classe, sendo mais bem disciplinado em seguimento (*L'Edit de Création des Experts, du mois de mai 1690*).

Transcreve-se o aludido artigo de seu original:

> Article CLXII. En toutes matieres où il fera nécessaire de procéder à une estimation, les parties conviendront d'experts, sinon les Juges en nommeront d'office.

Forçoso é registrar que, antes da *Ordonnance de Blois*, a perícia já estava prevista no Direito lusitano.

Assim, as Ordenações Afonsinas (1.446 ou 1.447), no livro I, título XIII, item 16, admitiam a prova por arbitramento; as Ordenações Manuelinas (1.521), no Livro III – Título LXXXII, regulamentavam tal prova, que, igualmente, passou para as Ordenações Filipinas (1.603), no Livro III, Título XVII, com a epígrafe: "Dos Arbitradores".

O Código francês e as Ordenações Filipinas serviram de fonte à legislação brasileira, com o Regulamento nº 737, de 25/11/1850, que apresentava um capítulo sobre arbitramento (Capítulo XII, Seção VII), com dispositivos sobre a escolha do perito, juramento, suspeição, consulta mútua entre os peritos antes de proferir parecer, atentando, ainda, à possibilidade de laudos divergentes, não ficando, assim, o juiz adstrito ao arbitramento e podendo determinar nova diligência.

À guisa de curiosidade e estudo, transcrevem-se os textos alusivos às Afonsinas e Manuelinas, na forma como redigidos em sua época, nas partes pertinentes ao presente trabalho.

Assim seguem:

ORDENAÇÕES AFONSINAS

> Livro I, Tõtulo XIII: Dos Procuradores, e dos que non podem fazer Procuradores.
>
> Primeiro que acerca dos Procuradores ouveffemos hordenado, Mandámos perante Nós vir as Ordenaçoões fobre efto feitas pelos Reyx Dom Doniz, e Dom Affonfo, e Dom Pedro meos Vifavoos, e Dom Joaõ meu Avoo, e d'ElRey meu Senhor, e Padre, cuja alma DEOS aja em a fua Santa Gloria; e pero que nos pareceffem antre fy em algua parte diverfas, e contrairas, Acordámos de as trazer a boa concordia de curta, e breve conclufom em efta fórma, que fé fegue.
>
> ... *omissis* (1 a 15).

> 16 Item. Homem, que feja dado por fiel antre partes, que deve de dar teftemunho por huua parte, e por outra, affy como he o Corretor; e efto em aquelle feito, em que deve feer fiel.

Cabe, *hic et nunc*, o judicioso registro de ALMEIDA E SOUZA (*Segundas Linhas*, I, p. 530 da edição de 1910, igualmente citado em nota por Fernando H. Mendes de Almeida, em Ordenações Filipinas, 3º volume, 1966, Edição Saraiva, São Paulo, p. 67), quando faz a correta exegese da palavra "fiel" no item 16 *supra*:

> No século XIV como até ao tempo de Lobão, pelo menos, chamavam-se os Arbitradores pelos nomes de Fiéis, ou Louvados, como os refere a Ordenação Afonsina do Livro 1º, título 13.

ORDENAÇÕES MANUELINAS

> Ordenaçoens do Senhor Rey D. Manuel – Livro III – Título LXXXII (Coimbra: Na Real Imprensa da Universidade – Anno de MDCCLXXXXVII).
>
> TITULO LXXXII
>
> Dos Aluidradores, que quer tanto dezer como Aualiadores, ou Eftimadores.
>
> Entre os Juizes Aluidros, e os Aluidradores ha hi diferença; porque os Juizes Aluidros nom foomente conhecem das coufas, e razo?s que confiftem em feito, mas ainda d'aquellas que eftam em riguor de Dereito; e guardaram iffo mefmo os Autos Judiciaes, affi como fam theudos de os guardar os Juizes Ordinários, e Deleguados. E os Aluidradores conheceram foomente das coufas que eftam em feito. E quando perante elles for aleguado algua coufa, em que caiba duuida de Dereito, remetela-ham aos Juizes da Terra, que a defembarguem, e determinem como acharem por Dereito, e di em diante auida fua de terminaçam procederam em feu aluidramento, fegundo lhe bem parecer, guardando fempre a vfança geeral da Terra, que ao tempo de feu aluidramento for acuftumada.
>
> 1 E estes Aluidradores feram ajuramentados aos Sanctos Auangelhos, que bem e verdadeiramente façam o aluidramento que lhes for encommendado, pofpoendo toda afeiçam e odio que ajam a cada hua das partes, a que pertencer o aluidramento. E ha em eftes Reynos alguus Luguares, onde fam eftes Aluidradores

enlegidos pelos Officiaes deffas Cidades, e Villas, pera geeralmente fazerem eftes aluidramentos, e eftes feram ajuramentados loguo no começo, quando forem enlegidos pera tal carreguo. E fe as partes, a que o aluidramento pertencer, ouuerem fufpeiçam a alguu dos ditos Aluidradores, notifica-la-ham aos Juizes que o mandaram fazer, pera elles verem fua fufpeiçam, fe he tal que proceda, e affi cometerem o dito aluidramento a outra peffoa fem fufpeita, em tal guifa, que fempre o aluidramento feja feito per homem fem fufpeita, e o mais a prazimento das partes que feer poffa. E eftes Aluidradores que affi forem electos, e depurados em as ditas Cidades, e Villas, pera fazer os ditos aluidramentos, como dito he, guardaram acerca delles as Ordenanças que per effas Cidades, ou Villas forem pera ello feitas. E acontecendo alguu cafo, que non feja terminado per as ditas Ordenanças deffas Cidades, ou Villas, entam determinaram eftes casos per Noffas Ordenaço?s.

2 E se acontecer que os ditos Aluidradores defuairem, e defcordem em feu aluidramento, os Juizes que o mandarem fazer efcolheram outro terceiro de prazimento das partes, que fe acorde com cada huu dos ditos principaes; e fe as partes non quiferem louuar no dito terceiro, os ditos Juizes de feu Officio o efcolheram, efguardando porem que fempre o façam o mais a prazimento das partes que poderem.

3 E se dous Aluidradores efcolheitos de prazimento das partes, e juramentados aos Sanctos Auangelhos fezerem algua extimaçam, ou aluidramento em que ambos fejam concordados, fe algua das partes a que o aluidramento pertencer, differ que non foi juftamente feito, e que he agrauado em elle, pode-fe focorrer aos Juizes, que o mandaram fazer, recontando a razam de feu agrauo. E os ditos Juizes, fem embarguo do dito aluidramento affi feer feito, veram por fi as coufas que affi forem eftimadas, e aluidradas, e o aluidramento que affi for feito, e per juramento de feu Officio aluidralas-ham outra vez, fegundo feu verdadeiro aluidro, e juízo, confirmando, adendo, ou minguoando o dito aluidramento affi feito per os principaes Aluidradores, fegundo lhes bem parecer.

4 E se per ventura os ditos Juizes forem difcordados em feus aluidramentos, louuar-fe-ham

as partes em huu terceiro juramentado, que aja de concordar com cada hua das tençoẽs dos ditos Juizes; e non fe querendo louuar em elle, efcolham-no os Juizes de feu Officio o mais a prazimento das partes que bem poderem, e acordando com cada huu deles, fique feu acordo findo e determinado, e já nunca poffa em alguu tempo feer mais contradito, nem reuoguado.

5 E ordenamos que quando alguu aluidramento for feito for feito per Aluidradores aprouados per as partes juramentados como dito he, fe algua dellas fe fentir agrauada em feu aluidramento, e pedir que feja reduzido ao aluidro e bom juízo dos Juizes, como dito he, que efto poffa fazer do dia que o aluidramento for feito até huu anno comprido, querelando-fe aos ditos Juizes do dito aluidramento non juftamente feito, ou reclamando-fe delle em qualquer outra parte, e filhando dello affi eftormento publico. E non fe querelando, ou reclamando até o dito anno, como dito he, di em diante non poderá mais contradizer o dito aluidramento, mas ficará pera todo fempre firme, affi como fe jaa fegundariamente foffe aprouado pelos Juizes, como dito he.

6 E se o aualiamento for hua vez feito e afirmado pelos Aluidradores aprouados pelas partes, nom fe podem delle chamar agrauados; faluo, dizendo e aleguando aquelle que fe delle querelar, que he agrauado por elle, ao menos na fexta parte do jufto e verdadeiro aluidramento; e fe o agrauo affi aleguado pella parte non cheguar aa fexta parte do jufto e verdadeiro aluidramento, non ferá ouuida, nem lhe conheceram do tal agrauo.

7 E se as partes fe louuarem em alguu, ou algus Aluidradores, prometendo de çftar, e guardar feu aluidramento fob certa pena, e defpois algua dellas reclamar, e contradiffer o aluidramento, affi como fe foffe feito injuftamente, recorrendo-fe aos Juizes que por feu bom aluidramento, e juízo o emendem, e correguam, e elles nam fufpeitos aprouarem, e confirmarem o dito aluidramento por bom, a parte que affi impunou, e reclamou o dito aualiamento, pague a pena em elle coatheuda aa outra parte, que per elle efteuer, e fempre o aprouou."

Impende que se esclareça que nos itens nºs 3 e 4 o arbitramento se refere ao procedido por juízes, tanto que a palavra "tenções" (com o til no e) no item 4 tem a sinonímia de sentenças (plural).

De igual sorte, necessário se faz interpretar a palavra juízo, quando no texto é grafada, ora com a primeira letra maiúscula e ora minúscula. Na primeira hipótese significa o foro ou Tribunal, mas quando em minúscula traz o significado de critério.

ORDENAÇÕES FILIPINAS

Por derradeiro, no que concerne às Ordenações Filipinas, registre-se que os mesmos preceitos acima transcritos, em semelhantes textos, adequados apenas à grafia da época, passaram das Ordenações Manuelinas (1521 – Livro III – Título LXXXII) para as Filipinas (1603), com a epígrafe: "Dos Arbitradores", conforme pode ser constatado no seu Livro III, Título XVII e que, por amor à brevidade, evita-se a transcrição.

No mesmo diapasão, com granítica relevância histórica, está o Regulamento nº 737, de 25 de novembro de 1850, pois, como alhures já informado, em dicção posterior ao antigo Código francês e em especial às Ordenações Filipinas, que, repita-se, *ad nauseam*, resume-se, *mutatis mutandis*, no esposado nas Ordenações Manuelinas, serviu de fonte à legislação brasileira propriamente dita.

Imperioso era não dispensar a transcrição de seus artigos, vez mais, com o precípuo escopo de conexioná-los com os de superada normatividade anterior e evolução jurídico-social posterior, complementando, assim, o estudo histórico.

A previsão se nos apresenta nos arts. 189 a 205, no Capítulo XII, Seção VII: Do arbitramento, que se transcreve, na redação dada pela publicação do texto em 1921, apresentada por Antonio Bento de Faria (Codigo Commercial Brasileiro, Jacintho Ribeiro dos Santos – Editor), *in litteris*:

> Art. 189. O arbitramento terá lugar ou nos casos expressos no Codigo (arts. 80, 82, 95, 194, 201, 209, 215, 217, 749, 750, 776 e outros), ou quando o facto do qual depende a decisão final carece do juízo, informação ou avaliação dos homens da arte ou peritos.
>
> Art. 190. Quando ás partes convier o arbitramento, devem requerel-o na acção, contestação ou allegações finaes.

Art. 191. Proceder-se-ha ao arbitramento na dilação probatoria sendo anteriormente requerido pelas partes, ou nos casos em que o Codigo o exige; terá porém lugar afinal quando for decretado pelo Juiz ou *ex-officio*, ou a requerimento das partes.

Art. 192. A louvação será feita na audiencia aprazada, nomeando cada uma das partes os seus arbitradores em numero igual. Este numero será marcado pelo Juiz, salvo se as partes accordarem em um só.

Art. 193. Na mesma audiencia nomearão as partes o terceiro arbitrador, e se não se accordarem, será a nomeação feita pelo Juiz dentre as pessoas propostas por elles em número igual.

No caso de revelia de alguma das partes, a nomeação do terceiro se fará sem dependencia de proposta.

Art. 194. Ao Juiz compete a nomeação dos arbitradores ou á revelia das partes; ou quando o arbitramento for *ex-officio*, ou quando houver segundo arbitramento por divergencias dos tres arbitradores (art. 200).

Art. 195. No mesmo acto e audiencia, depois da louvação das partes ou nomeação do Juiz, podem as mesmas partes averbar de suspeito o arbitrador ou arbitradores, louvados ou nomeados.

A suspeição só póde fundar-se nos motivos declarados no art. 86.

Art. 196. O Juiz na mesma audiencia até a seguinte tomará conhecimento verbal e summario da questão, reduzindo a termo a suspeição, interrogatorios, inquirição e demais diligencias a que proceder e a sua decisão, da qual não haverá recurso.

Art. 197. Os tres arbitradores consultarão entre si e o que resolverem por pluralidade de votos será reduzido a escripto pelo terceiro arbitrador e assignado por todos, cumprindo ao vencido declarar expressamente as razões de divergencia.

Art. 198. Se nenhum accôrdo houver, e forem os tres arbitradores de opinião diversa, cada um escreverá o seu laudo como entender, dando as razões em que se funda e impugnando os laudos contrarios.

Art. 199. O arbitramento no caso de accôrdo, ou os laudos, havendo divergencias, serão escriptos em termos claros e precisos e conforme aos quesitos propostos.

> Os quesitos dos advogados serão apresentados na audiencia da louvação, e os do Juiz, virão insertos ou mencionados no despacho pelo qual for o arbitramento decretado ou aprazado.
>
> Art. 200. O Juiz não é adstricto ao arbitramento e pòde mandar proceder a segundo no caso de divergencia dos tres arbitradores (art. 198).
>
> Art. 201. Nomeados os arbitradores serão notificados para prestar juramento.
>
> Se não acceitarem a nomeação proceder-se-ha a novo arbitramento.
>
> Art. 202. Prestado o juramento, se não comparecerem no dia e lugar designado, ou não derem o laudo, ou concorrerem para que o arbitramento não seja feito no termo assignado, que o Juiz prorogará razoavelmente, serão multados de 50$ a 100$ e pagarão as custas do retardamento e despesas do novo arbitramento, ao qual se procederá, nomeando o Juiz o arbitrador ou arbitradores em lugar dos que faltarem.
>
> Art. 203. A referida multa é municipal e será cobrada executivamente.
>
> Art. 204. Todavia será transferido o dia do arbitramento ou prorogado o termo para elle assignado e não haverá lugar a disposição do art. 202, se a parte contraria concordar na transferencia ou prorogação.
>
> Art. 205. O Juiz deve denegar o arbitramento, quando o facto depende sòmente do testemunho commum e não do Juízo especial dos peritos, ou quando delle não depende a decisão da causa.

Em continuação, finalmente, surgiram vários Códigos Estaduais, para, após, vir o Código de Processo Civil de 1939, normatizando a prova pericial, malgrado estabelecer moroso procedimento, que só foi minorado com o Código de 1973, o novo Código de 2015 e suas modificações posteriores, como veremos no seguimento dos demais capítulos.

Capítulo 2

Perícia

PERÍCIA: Definição. Diligência. Fato como objeto da perícia. Análise do Direito na peça técnica. Impossibilidade. Natureza jurídica. Atividade técnica. Limites. Pessoa física, órgãos e pessoa jurídica como perito. Impossibilidade. Pluralidade de peritos para mesma prova. Possibilidade por imposição legal. Controvérsias e entendimentos doutrinários sobre os temas.

Como dizia Aristóteles: *definitio fit per genus proximum et differenciam specificam*.

A palavra *perícia* vem do latim *peritia* (-ae – substantivo feminino da primeira declinação), que significa o conhecimento adquirido pela experiência, saber, habilidade.

Procuram os doutrinadores e juristas de várias formas definir perícia e ultimam por complicar, com inserções de vários requisitos, que o tempo e as alterações legislativas acabam por modificar, deixando, *ipso facto*, o tema obnubilado, como o Prof. MOACYR AMARAL SANTOS inclui em sua antiga definição a necessidade do compromisso, quando não mais a nossa lei tal exige, conforme a redação dada pelo art. 466 do novo Código de Processo Civil (Lei nº 13.105, de 2015, aliás, na mesma esteira do antigo CPC de 1973, em seu art. 422, com a modificação dada pela Lei nº 8.455, de 24/08/1992).

Cediço que o ilustre saudoso professor não mais tinha como adequá-la, por motivos óbvios, porém é ainda citada, mesmo que só para justificar a sua posição de entender a Perícia como meio de prova, como o faz o Jurista Desembargador JOÃO CARLOS PESTANA DE AGUIAR, em seu livro *As Provas no Cível*, Forense, 2003, 1ª edição, p. 280 e seguintes, no nº 90, ou seja, publicação posterior aos Estatutos Processuais de 1973 e ao atual, de 2015, podendo, por conseguinte, induzir em equívoco quem não atentar para a motivação primeira da citação no compêndio *supra* (meio de prova) e reproduzir isoladamente a definição, *in totum*.

O Prof. JOSÉ FREDERICO MARQUES, em *Manual de Direito Processual Civil*, volume II (atualizado por Vilson Rodrigues Alves), 2ª edição, 2ª tiragem, 2000, Millennium Editora - São Paulo, no nº 489, p. 309, define Perícia como sendo "a prova destinada a levar ao juiz elementos instrutórios sobre algum fato que dependa de conhecimentos especiais de ordem técnica".

O Prof. EDUARDO ARRUDA ALVIM, em seu *Curso de Direito Processual Civil*, volume 1, Revista dos Tribunais, 1999, Capítulo XXIX, p. 552, assim alude ao tema:

> Prova Pericial é a modalidade de prova que se faz necessária quando o juiz necessita de pessoas munidas de conhecimentos especiais (*técnicos*, como, por exemplo, agricultores e mecânicos, ou *científicos*, como, por exemplo, engenheiros e médicos), que possam informar o juízo acerca da ocorrência de determinados fatos, bem como acerca do significado desses mesmos fatos" (itálicos do original).

O Prof. J. M. OTHON SIDOU, em seu livro *Processo Civil Comparado*, Forense Universitária, 1ª edição, 1997, p. 239, item nº 129, assim entende:

> A perícia é o meio de prova consistente no exame, vistoria ou avaliação, levada a efeito por pessoa dotada de conhecimento científico ou técnico, em torno de uma pessoa, coisa ou fato cuja revelação se faz necessária para formar a convicção do juiz sobre o objeto da demanda.

Com efeito, **procuro definir perícia,** porquanto, sendo a diligência realizada, como meio de prova, por pessoa ou pessoas físicas e por órgãos técnicos ou científicos devidamente inscritos em cadastro mantido pelo tribunal ao qual estão vinculados, com a finalidade de apurar tecnicamente um fato, com o precípuo escopo de instrução de um procedimento.

Relevante é enfatizar que fui obrigado a conexionar a minha definição, esposada nas edições anteriores, em face da nova sistemática imposta no art. 156, §, 1º do novo Código Processo Civil, haja vista a inclusão de órgãos técnicos ou científicos e seu cadastro no Tribunal ao qual o Magistrado esteja vinculado.

Prefiro, *primo ictu oculi*, entender que o legislador, quando inclui os órgãos técnicos ou científicos, esteja se referindo apenas àqueles públicos, por exemplo, os Institutos de Criminalística, entidades especializadas em exames de alta tecnicidade (DNA, *inter plures*) e não os particulares, empresas comerciais, bastando se ter em conta a exigência do cadastro junto ao Tribunal, bem como o disposto no art. 478 do N.C.P.C. ("Art. 478. Quando o exame tiver por objeto a autenticidade ou a falsidade de documento ou for de natureza médico-legal, o perito será escolhido, de preferência, entre os técnicos dos estabelecimentos oficiais especializados, a cujos diretores o juiz autorizará a remessa dos autos, bem como do material sujeito a exame").

Creio que a não se entender assim, difícil ficaria a identificação de quem seria o responsável pela realização da prova técnica, pois as empresas particulares constantemente trocam seus controles administrativos, com mudança societária, possibilidades de recuperação judicial, entre inúmeras outras hipóteses, proporcionando, por vezes, que uma perícia tenha seu início com um profissional, passando seguidamente por outros e até se transformando em um só (*pluribus unum* – pluralidade de pessoas com a transformação em uma única, até por força de lei).

Não é difícil imaginar-se os chamados *établissements publics* e os *établissements d'utilité publique*, como já de longa data chamava o Direito francês, para se conceituá-los como órgãos para fins periciais.

Com certeza somente em cada caso concreto será apreciada a incidência na norma legal e o Direito Pretoriano com algum tempo vai harmonizar o conceito de órgão técnico ou científico. *Ad cautelam*, por momento fico com a minha tese acima, reservando-me a futura alteração com o seguimento das refregas.

Muito me apraz, ainda, como definição para perícia, até mesmo pela sua simplicidade, sem receio de equívocos frente às alterações legais, a apresentada pelo *Dicionário Jurídico* (De Plácido e Silva – Forense, 1982, volume III, p. 352):

> É a **diligência** realizada ou executada por peritos, a fim de que se esclareçam ou se evidenciem certos **fatos** (grifos nossos).

Em sustentação muito próxima, o ilustre e culto ex-Magistrado de Segundo Grau do Tribunal Regional do Trabalho da Primeira Região do Estado do Rio de Janeiro, Prof. ALBERTO FRANQUEIRA CABRAL, em seu livro *Manual da Prova Pericial*, Impetus, 3ª edição, 2003, p. 20, Capítulo 2, nº 2.2., define perícia como:

> uma diligência realizada ou executada por peritos, a fim de esclarecer ou evidenciar certos fatos, objeto do litígio judicial, ou por interesse extrajudicial.

Difícil é ousar apresentar equívoco na definição *supra*, exceto, por mero perfeccionismo, imaginar-se que há possibilidade de realização de perícia, em sede judicial, sem que, entretanto, obrigatoriamente haja litigância.

Obviamente, destaca-se que o N.C.P.C., no art. 464, § 3º, traz a novidade da prova técnica simplificada através da controvertida terminologia de "inquirição", além de que o art. 471, *caput,* autoriza as partes a, de comum acordo, escolher o perito, mas tal não traz a natureza jurídica da ausência de litigância, nem em relação ao seu § 3º (perícia consensual substituindo a do perito nomeado pelo juiz), prática esta que pode gerar insegurança jurídica. Entretanto é esperar para ver e contar com a sensibilidade do Magistrado, que preside a lide e tem as prerrogativas do livre convencimento (*vide* arts. 479 e 371 do N.C.P.C.), tudo sem causar um desconforto para o Louvado. Todos estes pontos serão apreciados com maior minudência em exposição no capítulo apropriado desta edição...

Relevante tornar perceptível que a escolha do perito pelas partes decorre da relativização do modelo adversarial adotado pelo N.C.P.C. em prol do processo cooperativo com confessado intento de inserir as partes no âmbito publicista do processo. Esta virada da linguagem processual, de resto já observada em iterativos modelos alienígenas e postulada em seara teórica (FISS, Owen M. *The Forms of Justice* (1979). Faculty Scholarship Series. Paper 1220. Disponível em: <http://digitalcommons.law.yale.edu/fss_papers/1220>. Acesso em: 10 jan. 2014; MITIDIERO, Daniel Francisco. *Elementos para uma Teoria Contemporânea do Processo Civil Brasileiro.* Porto Alegre: Livraria do Advogado, 2005.), propicia, de fato, maior participação das partes nas fases processuais, mas, como contraponto, permite certo amesquinhamento da metodologia indutiva voltada ao descobrimento da verdade, outrora, em sua maior parcela, de competência do magistrado.

Exsurge a hipótese de se interpretar "objeto do litígio judicial", como sendo objeto da apreciação (e ou análise) judicial.

Necessário se faz, *in limin*e, expungir dúvidas sobre a palavra "diligência", encetando, portando, o judicioso sentido das definições *retro*.

Assim sendo, vez mais, com escólio no *Dicionário Jurídico* (*o. cit.*, volume II, p. 73), procura-se o sentido da palavra "diligência", *in thema*:

> *Diligência*. Mas, na terminologia forense, quer o vocábulo significar todo ato ou solenidade promovida por ordem do juiz, a pedido da parte ou *ex officio*, para que se cumpra uma exigência processual ou para que se investigue a respeito da própria questão ajuizada.

> Nesse sentido, então, confunde-se o vocábulo com a própria *incumbência* para a prática do ato ou realização do negócio jurídico, afeta aos serventuários da justiça, por ordem do juiz oficiante no feito.
>
> Em regra, as *diligências processuais* (intimações, citações, penhoras, sequestros, arrestos) são promovidas, por ordem e mandado do juiz, pelos oficiais de justiça.
>
> Mas, se a *diligência* é tida no sentido de *sindicância ou meio de pesquisa* para elucidar a questão, determinada pelo juiz, realiza-se sob assistência dele, das partes interessadas e dos técnicos ou pessoas convocadas para sua composição.
>
> São assim as diligências propriamente denominadas de *inquirições, vistorias, arbitramentos, exames*, que, como é claro, se mostram atos judiciais necessários à elucidação do litígio, não meras formalidades ou incumbências atribuídas à execução dos oficiais de justiça, como citações, etc. (itálicos do original).

Fácil ficou perceber que, havendo a necessidade de uma diligência, para que se tenha o ato como uma perícia, há relevância na prática efetiva de atos diretamente relacionados com a prova a ser produzida.

Imagine-se que a perícia se destaque pela avaliação de uma área. A diligência deve ser realizada no local, medindo-se todo o terreno, para fins de estabelecê-la *ad corpus,* e não com sustentáculo em eventual medida apresentada na certidão do Registro Geral de Imóveis.

Assim, por ser uma diligência, não se concebe a hipótese do perito efetuar a sua função partindo do simples e restrito exame de um documento, como concluir a metragem de um imóvel, com base na escritura ou certidão do Registro Geral de Imóveis.

Se a perícia envolve um terreno situado na Rua X, nº Y, o perito faz a diligência medindo toda a área. Não é difícil se vislumbrar uma hipótese em que "passada a trena" se constata que a medição tem 16 (dezesseis) metros de frente por 40 (quarenta) de fundos, enquanto a certidão do Registro Geral de Imóveis estabelece a propriedade em 15 (quinze) de frente e 40 (quarenta) de fundos.

Ora, em se tratando de uma diligência para se esclarecer ou se evidenciar certos fatos e, precipuamente como meio de prova, conforme as definições alhures apresentadas, a avaliação deve ser feita não pelo que consta do Registro, mas sim pelo que há de realidade.

Daí a grande diferença entre a apreciação do perito quanto aos fatos e à matéria de direito que pertence só ao Magistrado, quiçá uma das principais formas de se reconhecer quando um quesito envolve uma matéria ou outra, estabelecendo os limites de competência do técnico (fato) ou com solução só pelo Julgador (direito).

Não se pode olvidar que, nas Disposições Gerais do Capítulo IV – Da Ação de Divisão e da Demarcação de Terras Particulares, o art. 573 do N.C.P.C. autoriza que sendo o imóvel georreferenciado com averbação no R.G.I. pode o juiz dispensar a realização da prova pericial, sendo mais uma controvérsia para ser apreciada em cada caso concreto com a participação da aferição jurisprudencial, vez que o dispositivo legal é geral, aplicando-se a todo o Capítulo (divisão e demarcação)...

Em suma, *malgré tout*, a perícia visa à diligência efetuada jungida ao fato. Desta forma não ocorrendo, há forte consequência para validação da prova, preferindo-se sua nulificação, já que outra coisa qualquer ocorreu, mas não aquela que se pretendia produzir, na dicção formal, isto se excluindo raras excepcionalidades, que podem surgir, merecendo, portanto, exame em cada caso concreto a hipótese, para fins do brocardo jurídico *utile per inutile non vitiatur.*

Lembro-me de uma perícia determinada para avaliação de um imóvel, em ação revisional, oportunidade na qual o Louvado, chegando ao apartamento da Locatária, não teve seu ingresso por ela permitido.

Entendeu o perito, por oportuno, procurar o síndico do edifício, quando lhe explicou ele, então, que o seu imóvel era na mesma coluna daquele objeto da perícia e, nada mais razoável, que franquear a entrada do Louvado em sua residência, já que idêntico ao outro e toda a problemática estava resolvida.

Com tal intenção anuiu o Experto, laborando sua peça técnica.

Requerida a presença do perito em Audiência, com quesitação muito bem formulada por escrito, outra coisa não se constatou, ao término de toda a instrução, que o imóvel objeto da prova estava todo modificado, com alteração de um dos quartos, já que feita uma abertura na parede em meio círculo, para fazer dois ambientes de sala, banheiro reversível, com o intuito de criar uma suíte extra etc.

Sem embargos quanto à valorização ou não do imóvel, eventual violação contratual, em face das obras realizadas entre outros questionamentos de direito, certo que não houve uma diligência, não se deu, portanto a perícia e foi toda a prova nulificada, com evidente designação de profissional diverso, entre consequências múltiplas...

Omite-se o nome das Partes e do Juízo, como forma de elidir a identificação do profissional perito.

Em breve escorço, procura-se explicar que a diligência tem o precípuo escopo de constatar a realidade, pois nada obsta o documento legal possuir uma metragem e o local outra, sendo, no entanto, proibitivo para o perito a discussão no âmbito do Direito e ou a sua prevalência em relação ao real verificado, sendo tal função do Julgador.

A diligência tem que exclusivamente perquirir um fato e sobre ele concluir, tecnicamente, na especialidade do analisador, restando, enfim, eventual divergência de Direito a ser dirimida pelo Juiz, daí o valor da definição *supra*.

Hipóteses há em que a diligência se resume no próprio documento, *verbi gratia*, em perícia grafotécnica, assim, necessária se faz a adequação da explanação *supra*, frente ao exemplo apresentado.

Seria, em especial imaginação, a impossibilidade do perito grafotécnico concluir seu laudo só com base em vários depoimentos de testemunhas, que elucidaram sobre a assinatura (falsa ou verdadeira).

Desta forma, deve realizar a diligência no documento objeto da controvérsia.

Vejamos a relevância do esposado.

Como dito acima, a avaliação de um imóvel, para aferir seu valor de mercado, estabelecendo o cálculo pela metragem da certidão do Registro Geral de Imóvel, pode se resumir em uma "surpresa", se, na realidade, por algum motivo, a área apresentar uma metragem maior ou, até mesmo, menor.

À evidência, a conclusão será distorcida. Tivesse efetuado a diligência necessária, os fatos estariam em sonância com a conclusão.

Não há que se discutir, *in casu*, se o correto, legalmente, é a metragem pelo Registro de Imóveis, porque tal é matéria de Direito só apreciável pelo Juiz, devendo, no máximo, o perito elucidar no Laudo que a área tem dimensões diversas do aludido Registro e, assim, o cálculo tem por base a diligência local, reservando-se a novos esclarecimentos oportunamente.

Em segundo momento, quanto às testemunhas, fácil seria que tivessem se equivocado, em se tratando de análise a olho nu, sem instrumentos de precisão para detectar o indispensável e necessário para fins da conclusão, indene de dúvida.

Em final giro, para que não fiquem enodoados os demais termos apresentados nas definições, impende que se analise, *pari passu*, seus reais sentidos.

Observa-se, que a perícia tem a natureza jurídica de atividade processual probatória, logo, sempre ocorrerá em um processo, seja ele judicial, administrativo ou outro similar, sendo pouco relevante se de forma preliminar, preventiva, definitiva ou não, em suma, tendo ou não pretensão resistida em sede de conflito de interesses.

A perícia se presta para evidenciar tecnicamente os fatos com o desiderato de solução de qualquer refrega *lato sensu*, motivo pelo qual assim se entende, quando com a valoração probatória em um procedimento específico.

Repita-se, *ad nauseam*, que só pode perquirir fato(s), já que o direito pertence ao Julgador responsável pela contenda.

O Jurista Desembargador JOÃO CARLOS PESTANA DE AGUIAR, em seu livro *Comentários ao Código de Processo Civil* (volume IV, p. 319-320, Revista dos Tribunais – 1974) leciona que Carnelutti "não a admite como propriamente uma prova, mas sim uma pesquisa de provas feita pelo perito, em substituição ao juiz".

É nosso entendimento, *concessa maxima venia* de abalizadas opiniões em contrário, como a epigrafada, que razão assiste à douta maioria dos doutrinadores, quando procura ver na perícia a natureza jurídica de prova *stricto sensu.*

O tema sobre a definição de perícia e sua natureza jurídica é bem enfocada pelo Jurista Desembargador JOÃO CARLOS PESTANA DE AGUIAR, em seu livro *As Provas no Cível*, Forense, 2003, 1ª edição, p. 279 e seguintes, no nº 90, para onde remetemos o leitor, elidindo, neste trabalho, excesso que prejudique a intenção didática.

A perícia pode ser realizada por "profissionais legalmente habilitados e os órgãos técnicos ou científicos devidamente inscritos em cadastro mantido pelo tribunal ao qual o juiz está vinculado" (art. 156 *caput* e § 1º do N.C.P.C. de 2015).

A necessidade estabelecida pela normatividade envolve, em primeiro plano, a confiança que deve ter o Julgador na pessoa que vai realizar a prova, quer em seu conceito moral, qualificação e assim por diante, mas mormente no conhecimento técnico e especialidade sobre o tema da altercação, sob pena até de malferir a norma esculpida no art. 156 do novo Código de Processo Civil, como adiante melhor será esposado.

Não é difícil sentir que a natureza jurídica de uma pessoa e/ou órgãos, quando sem identificação vitalícia, objetiva e individual, para quem vai laborar na prova pericial, deixa jaça de dúvida em relação aos itens indispensáveis e inerentes de um perito, até porque a pessoa jurídica privada, já que considero os órgãos técnicos ou científicos como entidades públicas, pode continuar sua atividade, não obstante a alteração de seu quadro societário, entre outras hipóteses.

Ora, mesmo se excluindo, *ad argumentandum tantum*, o parágrafo acima, ficaria a insolúvel problemática de como uma pessoa jurídica poderia comprovar ser um profissional legalmente habilitado, já que tal aspecto traz a exegese da pessoa física (*vide* arts. 156, 465 e 468 § 1º do N.C.P.C.)

Por mais, enfim, que seja uma pessoa jurídica privada especializada em determinada área, não há como se contornar tais aspectos preponderantes e altamente subjetivos, tratando-se de quem vai designar alguém para atender à problemática sobre a qual deve decidir e, pior, no nosso ordenamento jurídico, impondo a previsão legal ao desdém, ressalva feita aos órgãos técnicos e científicos, pelos motivos já exaustivamente enfocados...

Em absoluta sensibilidade há que se entender por eventual exceção, *exempli gratia*, a presença de fato com essencialidade de prova pericial, que só há pessoa jurídica privada com qualificação para tal atendimento. Acredito na solução por analogia através do art. 156, § 5º, da Lei de 2015, quando enfatiza: "Na localidade onde não houver inscrito no cadastro disponibilizado pelo tribunal, a nomeação do perito é de livre escolha pelo juiz e deverá recair sobre profissional ou órgão técnico e científico comprovadamente detentor do conhecimento necessário à realização da perícia".

Significa dizer, de forma muito simplista: em não havendo quem a faça na forma precípua acima a responsabilidade é, em propedêutica, de o magistrado fazer recair também em pessoa jurídica privada ou o mais conexo, o que não pode é a lide ficar sem solução meritória...

No mais, a transferência do "conclusivo" é repassada às Instâncias Superiores para ratificar e/ou dar solução diversa não só com a imprescindível fundamentação do *decisum*, mas, principalmente, com a indispensável argumentação filosófica para o R. Aresto, penso até que a carência da última pode sugerir nulidade na substituição aderida, na forma do art. 489 do N.C.P.C.

Não é demais explicar que quando se menciona pessoa ou pessoas físicas, com destaque para o plural, não se pretende ver nisso uma pessoa coletiva, *pluribus unum*, que, em última consideração, estar-se-ia voltando para uma sociedade ou algo similar, mas sim em casos, como os exigidos na lei na ação demarcatória e na divisória, nos arts. 569 e seguintes, em especial os arts. 579 e 590, entre outros do N.C.P.C. quando há a designação de um ou mais peritos, como a previsão do Código de Processo Penal, em seus arts. 159 e 527, logo, mais de uma pessoa como perito, porém física, jamais jurídica, *tout court.*

Para facilitar a inteligência da explanação, transcrevem-se os artigos:

> Art. 159. Os exames de corpo de delito e as outras perícias serão feitos por dois peritos oficiais. (Redação dada pela Lei nº 8.862, de 28/3/1994.)
>
> § 1º Não havendo peritos oficiais, o exame será realizado por duas pessoas idôneas, portadoras de diploma de curso superior, escolhidas, de preferência, entre as que tiverem habilitação técnica relacionada à natureza do exame. (Redação dada pela Lei nº 8.862, de 28/3/1994.)
>
> § 2º Os peritos não oficiais prestarão o compromisso de bem e fielmente desempenhar o encargo.
>
> Art. 527. A diligência de busca ou de apreensão será realizada por dois peritos nomeados pelo juiz, que verificarão a existência de fundamento para a apreensão, e quer esta se realize, quer não, o laudo pericial será apresentado dentro de 3 (três) dias após o encerramento da diligência.
>
> Parágrafo único. O requerente da diligência poderá impugnar o laudo contrário à apreensão, e o juiz ordenará que esta se efetue, se reconhecer a improcedência das razões aduzidas pelos peritos.

Não há, assim, motivação para se confundir a pluralidade, quando em sede de pessoa jurídica, com a similar conjectura, quando se trata de imposição legal para realização da prova, como acima explicitado nas ações demarcatórias, divisórias do Código de Processo Civil e o exame de corpo de delito e a busca e apreensão do Código de Processo Penal.

Em linear escorço, tenho que são requisitos indispensáveis para uma Perícia escorreita os seguintes:

1) atender o perito a todas as exigências do art. 156 e seus parágrafos do N.C.P.C;

2) realizar a diligência pertinente ao objeto da perícia na forma do art. 157 do N.C.P.C.;

3) apurar todos os fatos que envolvem o bem periciado;

4) realizar as pesquisas indispensáveis, inclusive com aplicação do art. 473 do N.C.P.C.;

5) aplicar a mais adequada técnica para com sua conclusão atingir o resultado final perseguido (art. 473, incisos II, III e IV e seus §§ 1º, 2º e 3º, do N.C.P.C.);

6) existência de precisa conexão entre a diligência ultimada, os fatos colecionados e a conclusão técnica, tudo como sendo um silogismo perfeito (apodíctico).

Destaco com proeminência que o novo Digesto Processual (Lei nº 13.105/2015), no seu art. 473, apresenta inovação de elevada evolução filosófica-jurídica, aplicando-a na esfera processual para o perito, quando exige que o *expert* indique o método utilizado, esclarecendo e demonstrando ser tese predominante e aceita pelos especialistas do tema (inciso III), uma resposta conclusiva (inciso IV) e fundamentação em linguagem simples e com coerência lógica (§ 1º).

Em resumo, é o mesmo que se deve exigir em sentenças e decisões dos magistrados, não sendo suficiente apenas a fundamentação, no entanto, com muito mais importância, a argumentação completa, que motivou as premissas da sustentação, sob pena de tornar inócuo o R. Aresto e o laudo... É assunto, no entanto, para *opportuno tempore* ser coroado um só capítulo de explanação em edições posteriores...

O Prof. ARRUDA ALVIM, na aludida Revista de Processo nº 23, leciona que a perícia pode ser subdividida em duas partes distintas:

> "1ª) a narração dos fatos, que poderão ou deverão, conforme o caso, ser constatados pelo perito, por determinação do juiz e tendo em vista a sua função;
>
> 2ª) o raciocínio do perito, que tendo em vista seu conhecimento técnico ou científico, será erigido (construído) sobre fatos, por ele mesmo constatados, ou não, conforme a hipótese."

A adequação do texto *supra* com a atuação do Perito, entre outras considerações, será apreciada nos capítulos seguintes, haja vista a necessidade inicial de domínio das demais definições técnicas, para fins de melhor entendimento, como sempre se disse, desde a apresentação, o precípuo desiderato do livro e o entendimento de forma didática, com a mínima perda da eloquência jurídica, que, egoisticamente, sempre vem massagear o ego, daí a perene e indisfarçável dificuldade de se escrever de forma eclética...

Capítulo 3

Perito

PERITO: Definição. *Peritus percipiente* e *peritus deducendi* ou *judicante*. Sinonímias. Árbitro. Críticas terminológicas. Arbitragem. Suspeição. Impedimento. Substituição. Auxiliar da Justiça. *Peritus Peritorum*. Relacionamento do perito com o juiz. Quem pode ser perito. Faculdades do perito e dos assistentes técnicos: ouvir testemunhas, obter informações, solicitar documentos, instruir o laudo com quaisquer peças. Comparecimento do perito em Juízo. Substituição do perito. Prova técnica simplificada. Perícia consensual. Multa e comunicação à corporação profissional. Controvérsias e entendimentos doutrinários sobre os temas.

Podemos dizer, sem qualquer eiva, que o procedimento do perito e/ou os órgãos técnicos ou científicos, como alhures explicitado, estão ligados à colheita dos fatos *(peritus percipiente)* ou à interpretação deles *(peritus deducendi)*.

MOACYR AMARAL SANTOS, no livro citado, p. 44, com espeque em Carnelutti (*Sistema*, 1º volume, nº 209) e Lopes da Costa (*Direito Processual Brasileiro*, edição de 1946, 2º volume, nº 333) denomina o *peritus deducendi de perito judicante.*

Perito é uma palavra de origem latina (*peritus*, *-a*, *-um*, -adj. conjugado pela segunda declinação).

Entende o Direito Canônico que tem qualidade de peritos, na dicção do Padre Jesús Hortal, Comentarista da Legislação, consoante anotação em pé de página ao Cân. 1.574, "as pessoas legitimamente citadas para comparecer em juízo, em virtude de seus conhecimentos particulares de caráter científico ou técnico, a fim de – prévio exame de pessoas ou coisas – emitir um parecer que ajude o juiz a comprovar a veracidade de um fato alegado ou a natureza de alguma coisa" (*Código de Direito Canônico*, Edições Loyola – 1983, p. 676-677).

O *Vocabulário Jurídico* (De Plácido e Silva, volume nº III, p. 356) define perito como sendo "o homem hábil (experto), que, por suas qualidades ou conhecimentos está em condições de esclarecer a situação do fato ou do assunto, que se pretende aclarar ou por em evidência, para uma solução justa e verdadeira da contenda".

Em suma, **em nossa dicção**: perito é o profissional legalmente habilitado e os órgãos técnicos ou científicos, devidamente inscritos em cadastro mantido pelo tribunal ao qual o juiz está vinculado, com autorização profissional para elucidar sobre um fato objeto de qualquer contenda, seja judicial ou administrativa, desde que com espeque em conhecimentos científicos específicos.

É de peculiar oportunidade o registro de que a anterior definição de perito que procurei elaborar em edições anteriores ficou incompleta, haja vista a nova concepção do ordenamento jurídico constante do art. 156, § 2º, do N.C.P.C. (2015), não sendo razoável mantê-la, frente ao que não mais tem ressonância na novel legislação.

A palavra perito tem como principais sinonímias: *expert* (inglês) ou *expertis*e (francês) ou experto (português), louvado e até mesmo vistoriador ou vistor, muito usadas nas lides forenses.

Relembra-se, como antes explicitado, que "no século XIV como até ao tempo de Lobão, pelo menos, chamavam-se os Arbitradores pelos nomes de Fiéis, ou Louvados, como os refere à Ordenação Afonsina do Livro 1º, título 13".

Relevante é anotar que a palavra árbitro, com sua origem latina, *arbiter* (*-tri* – subs. masc. – terceira declinação), cujo significado é juiz, louvado, árbitro, impropriamente usada, de quando em vez, com o sentido de perito, mais fica adequada ao juízo arbitral, ou seja, é um procedimento no qual o árbitro é como se fosse juiz, com poder definitivo de decisão, de acordo e por vontade das partes, e não um auxiliar do juiz (atual art. 149 do Digesto Processual de 2015, substituindo o antigo art. 139 do Código revogado, fazendo acrescentar no dispositivo legal, em seu rol, o chefe da secretaria, o tradutor, o medidor, o conciliador judicial, o partidor, o distribuidor, o contabilista e o regulador de avarias). Tanto é fato, que no juízo arbitral pode ocorrer perícia.

Observe-se, para tanto, que, consoante os arts. 21 a 26 c.c. 41, todos da Lei nº 9.099, de 26/09/1995 (Juizados Especiais Cíveis e Criminais), as partes em comum acordo optam pelo juízo arbitral, com a escolha de seus árbitros, e apresentam o laudo, para que o juiz togado só o homologue por sentença irrecorrível.

Por sua vez, a Lei nº 10.269, de 12/07/2001, que dispõe sobre os Juizados Especiais Cíveis e Criminais no âmbito da Justiça Federal, em seu art. 1º, manda aplicar a Lei nº 9.099/95, no que com ela não conflitar.

Não há, igualmente, *en passant*, que se olvidar a Lei nº 9.307, de 23/09/1996, que dispõe sobre a arbitragem, que, como se constata do art. 23, restou substituído o chamado "laudo arbitral" por sentença arbitral, vez mais, ratificando a tese *retro*.

Desde as antigas Ordenações os termos se encontram ferretados, produzindo hermenêutica conflitante.

Fernando H. Mendes de Almeida (*op. cit.*, p. 67) com escólio em MORAIS CARVALHO ("Praxe Forense", parágrafo nº 72), assim giza o tema, quando comenta as Filipinas no Título "Dos Arbitradores", *in litteris*:

> Ora, o que a Ordenação agora transcrita tem em mira é precisamente distinguir o Juiz Árbitro e o Arbitrador. Aquele dá sentença, decide, soluciona, embora na pendência de homologação do juízo comum; ele se conecta, enfim, com o fato e o direito, não sendo Juiz de fato, embora episódica a sua jurisdição, pelo simples argumento de que a lei o introduz "si et in quantum" no Poder Judiciário. O Arbitrador é apenas um opinador técnico invocado pelo juízo comum, para esclarecer um ponto controverso em prova ou em fase de provar-se.

Quiçá por tais considerações que ALMEIDA E SOUZA diz que a "prova por arbitramento de louvados é um **remédio subsidiário**" (*op. cit.*, I, p. 531).

O ordenamento processual vigente evita a terminologia "arbitramento" como forma de elidir a sinonimia entre perito e árbitro, no que andou muito bem, fora das pegadas do Direito português, não se olvidando sua menção em vários dispositivos legais (81, § 3º; 292, § 3º; 509, inciso I; 809, § 1º), no entanto, sem a exegese que se pretendeu acima esposar, malgrado a eventual possibilidade de prova técnica em casos concretos em desdobramento da dicotomia perito e árbitro em conexão com os artigos citados.

Dessa forma, não aconselhamos utilizar a palavra árbitro como sinônima de perito, não obstante, como acima elucidado, o seu também uso, menos frequente, nas demandas judiciais.

O perito, *lato sensu*, é pessoa de estrita confiança do juiz e por ele designado, sempre que assim for necessário ao esclarecimento de hipóteses técnicas específicas que extrapolem os permissivos legais do magistrado, sendo certo que os órgãos técnicos ou científicos, como sustentado anteriormente, por terem a obrigatória conotação pública e/ou em excepcionalidade uma especialidade ímpar, carregam, em melhor hermenêutica, a presunção da confiabilidade, só elidida por fortes provas dentro do devido processo legal.

Os auxiliares da justiça se dividem em dois grupos: os ordinários e os eventuais.

*S*ão auxiliares ordinários, tal qual nos vários direitos, como segue: o escrivão (*cancelliere,* em italiano, *secrétaire de la jurisdiction* ou *greffier,* em francês); o oficial de justiça (*ufficiale giudiziario, na itália, huissier de justice,* no direito francês, oficial de diligência, em Portugal, e meirinho, no reinícola ou reinol; *bailliff,* nos países de idioma inglês, *gerichtsvollzieher* na Alemanha, e *aoum,* em árabe), incluindo-se agora, por força do art. 149 do N.C.P.C. o chefe de secretaria, o tradutor, o mediador, o conciliador judicial, o partidor, o distribuidor, o contabilista e o regulador de avarias.

São eventuais: o perito, o depositário, o administrador e o intérprete.

Por esse motivo se considera o juiz como o *peritus peritorum* (perito dos peritos) e, em assim sendo, não fica adstrito ao laudo, como veremos adiante e confirmado nos arts. 436 do Código de Processo Civil de 1973, 371 e 479 do N.C.P.C. e 182 do Código de Processo Penal.

> Art. 436. O juiz não está adstrito ao laudo pericial, podendo formar a sua convicção com outros elementos ou fatos provados nos autos. (CPC)
>
> Art. 182. O juiz não ficará adstrito ao laudo, podendo aceitá-lo ou rejeitá-lo, no todo ou em parte. (CPP)

Tenho que o novo Código de Processo Civil inovou de forma brilhante nos arts. 371 e 479 um ponto de preponderante filosofia jurídica e explico em breve escorço.

O art. 371 impõe ao magistrado a exigência de elucidar na sua decisão as razões de seu convencimento e o art. 479, remetendo ao anterior dispositivo acima, traz norma peremptória para que, na apreciação do resultado da prova pericial, indique "na sentença os motivos que o levaram a considerar ou a deixar de considerar as conclusões do laudo, levando em conta o método utilizado pelo perito", com o que não está só pretendendo uma simplista fundamentação, mesmo que técnica, mas sim e precipuamente uma forma de argumentação filosófica de conteúdo, que vai bem além da resumida e ultrapassada forma de mera escolha por este ou aquele motivo, mesmo que com escólio do direito pretoriano, sem um suporte filosófico argumentativo. Em suma, é fundamentação mais argumentação.

Não se amplia mais este comentário para fins periciais pelo fato de ultrapassar os limites restritos do tema deste livro, no entanto os magistrados pela sistemática da Lei nº 13.105, de 2015, novo Código de Processo Civil, têm a obrigação e a tarefa não apenas de correlacionar itinerário fático à norma jurídica em raciocínio dedutivo para solucionar validamente a lide ao invocar conceitos jurídicos indeterminados, por exemplo, ver-se-ão na contingência de não apenas especificar do que se trata o conceito aludido, mas qual a sua correlação com o caso concreto julgado.

Esta e outras alterações advêm do art. 489 do N.C.P.C., em seu § 1º e incisos, sendo que, no caso do perito, para elidir eventual dúvida, o desfecho não poderá ser o mesmo, uma vez que, ao invocar conceitos jurídicos, o fará somente a título de *obter dictum* e no campo de sua especialidade técnica, a ele não sendo aplicado, neste particular, o regime legal especificamente direcionado ao magistrado.

Em seguimento, observa-se que, a relevância da função de perito é tal que o legislador estabeleceu tanto para o perito como para o juiz as mesmas obrigações quanto à sua suspeição e impedimento para a prática do ato, o que não ocorre com os assistentes técnicos (*vide* arts. 144 a 148), bem como para a aquisição de bens em hasta pública (*vide* art. 497, inciso III, do novo Código Civil).

Nunca é demais clarificar que o art. 148, inciso II, do N.C.P.C. faz menção aos auxiliares da Justiça, o que remete ao art. 149, onde consta entre eles o perito, diferentemente do Código de 1973, que no art. 138, inciso III, mencionava apenas a palavra "perito". Obviamente nenhuma modificação significativa, entretanto uma normatividade processual mais ampla e, em meu sentir, com alta praticidade, entendendo-se que o novo art. 149 amplia os auxiliares da Justiça, como já enfocado em linhas anteriores.

Também regulamenta o tema o Código Processual Penal, em seus arts. 279, 280 e 281:

> Art. 279. Não poderão ser peritos:
>
> I – os que estiverem sujeitos à interdição de direito mencionada nos nºs I e IV do art. 69 do Código Penal;

> II – os que tiverem prestado depoimento no processo ou opinado anteriormente sobre o objeto da perícia;
>
> III – os analfabetos e os menores de 21 (vinte e um) anos.
>
> Art. 280. É extensivo aos peritos, no que lhes for aplicável, o disposto sobre suspeição dos juízes.
>
> Art. 281. Os intérpretes são, para todos os efeitos, equiparados aos peritos.

O Regulamento nº 737, de 1850, aliás, já fulcrado no Direito pátrio anterior, definia que a suspeição do perito somente ocorreria nas hipóteses previstas para os juízes.

De alta relevância, ainda, é se fazer a devida interpretação, quando o art. 468 explicita as hipóteses da substituição do perito por eventual malferimento no procedimento técnico.

A norma legal com o verbo "pode" (*caput* do art. 468 do N.C.P.C.), em primeira visada, parece sugerir ao magistrado uma faculdade, quando, na realidade é um dever.

Explica-se. Para o inc. I, quando ficar evidenciado que o louvado carece de conhecimento técnico ou científico, indubitavelmente, solução outra não há que o "pode" deixar de ser uma faculdade, para se transformar em um dever.

Haveria uma *contradictio in adjecto* se o juiz, entendendo faltar ao perito tais essenciais qualidades, mesmo assim chamasse a sua análise pela faculdade do "pode", mantendo o profissional e, desta forma, prejudicar todo o resultado da demanda...

Por outro lado, como afirma o brocardo jurídico, *summum ius, summa injuria*, pois, por obviedade, a justiça exagerada se transforma em injustiça e, dessa forma, diverso é o entendimento para o inc. II.

Observa-se, com rara facilidade, que a valoração do texto no inc. II, tanto em relação ao "motivo legítimo" quanto ao "cumprir o encargo no prazo", autoriza uma razoabilidade para se perquirir cada caso concreto e, desse modo, impossível seria o rigor alhures enfocado do "poder" ser "dever".

As legislações impõem alterações constantes e, por vezes, um mero deixar de "cumprir um encargo" sugere, em homenagem ao princípio da celeridade processual e do aproveitamento dos atos, que se retifique o que de equivocado ocorreu, aproveitando-se o mais, sem, entretanto, substituir o perito.

Exemplos poderiam ser apresentados, citando-se: uma perda do prazo para entregar o laudo, quando tal se concretizou na melhor forma técnica e sem prejuízo para os interessados; laudo elaborado com omissão do atendimento ao disposto no art. 474 do N.C.P.C., ou seja, da mesma forma que no art. 431-A do Código revogado: "As partes terão ciência da data e local designados pelo juiz ou indicados pelo perito para ter início a produção da prova."

No primeiro exemplo, bastaria se desconsiderar a norma, por ausência de prejuízo, ou seja, *pás de nullité sans grief ou* na parêmia: *utile per inutile non vitiatur*.

Em segundo estágio, irreversivelmente, impende a anulação do laudo, para que se cumpra o citado art. 474 do Estatuto Processual de 2015, sendo, no entanto, totalmente dispensável a substituição do perito, até porque, em se tratando de prova técnica e se absolutamente correta, qualquer outro substituto chegará à mesma ou muito próxima solução e, com certeza, o louvado original, em atendendo à norma acima inserta, com mais celeridade concluirá o laudo e tudo o mais similar.

Não se deve olvidar que o *expert* é pessoa de confiança do juiz e toda vez que se impõe a sua substituição, seja por que motivo for, não compromete apenas aquele processo onde se deu o fato, mas possível causar eventual perplexidade em outros feitos em que se encontra designado e um dos fins do direito é impor a segurança na composição dos conflitos de interesse.

Indispensável o magistrado, com sua percuciência, cautela e zelo costumeiros, analisar caso por caso, sempre com o precípuo escopo de prestigiar, na melhor forma de atendimento do direito, o profissional técnico em sonância com os interesses das partes e, em especial, ressaltar o prestígio da norma vigente e a composição do social.

Em assim sendo, não custa ressaltar que o relacionamento do perito com o juiz deve ser o mais cordial possível, na certeza de que apresenta a pesquisa da verdade, sem reticências, timidez, covardia e, sobretudo conclusivo em suas ponderações de ordem técnica, frente à apuração dos fatos.

A prova é essencial ao processo e, se tal é de cunho técnico, mais se evidencia a relevância e importância do perito, motivo pelo qual merece todo o respeito do magistrado, que pretende ver nele as virtudes supramencionadas, para melhor decisão da demanda.

Assim, o juiz, obrigatoriamente, será assistido por perito sempre que a prova do fato depender de conhecimento técnico ou científico, conforme bem exige o art. 156 do N.C.P.C.

Trata-se, em nosso sentir, de norma cogente, motivo pelo qual o juiz não pode usar de seu virtuoso conhecimento cultural-técnico-científico, devendo agir como *homo medius*, mesmo que também seja um engenheiro, médico *et coetera*, sob pena de nulidade de todo o processo, a partir de sua manifestação, como se um técnico fosse.

É dessa forma pensando que, *concessa maxima venia*, do brilhantismo intelectual do Prof. ALBERTO FRANQUEIRA CABRAL (*op.* cit., p. 37, capítulo 2, nº 2.7), com ele não concordamos, quando afirma, *in litteris*:

> Em suma, quando o Juiz não dispõe de tempo para se aprofundar na matéria e proceder, direta e pessoalmente, à verificação e apreciação de certos fatos, suas causas e consequências, o trabalho visando a tal objetivo se fará através de perícia.

Minorando, entretanto, o parágrafo anterior, continua o digno e culto Professor, estabelecendo, então, a adequação do tema ao antigo e revogado art. 145 do Digesto Processual, para esvaziar eventual dúvida, principalmente em face da alegada "falta de tempo":

> Assenta esta, por conseguinte, na conveniência ou necessidade de se fornecer ao Juiz conhecimento de fatos que ele, pessoalmente, por falta de aptidões especiais, não conseguiria obter ou não os obteria com a clareza e segurança requeridas para a formação da convicção, ou ainda, em certos casos, ele não poderia nem deveria pessoalmente colher sem sacrifício ou desvio de suas funções judicantes.
>
> Além disso,
>
> Não pode o magistrado valer-se de conhecimentos pessoais de matéria técnica, para dispensar a perícia' (*Revista dos Tribunais*, 606/199).

Os arts. 156 e 375 do N.C.P.C. estão diretamente conexionados, sendo que este estabelece:

> Art. 375. O juiz aplicará as regras de experiência comum subministradas pela observação do que ordinariamente acontece e, ainda, as regras de experiência técnica, ressalvado, quanto a estas, o exame pericial.

Indaga-se, pois, quem pode ser perito?

Há três sistemas:

a) somente as pessoas inscritas em registro próprio, desde que preencham certas condições. É defendida pelos Institutos de Engenharia e adotada no Direito francês, italiano atual (*Disposizioni per L'Attuazione del Codice di Procedura Civile e Disposizioni Transitorie, Titolo II, Capo II – Dei Consulenti Tecnici del Giudice – Sezione I – Dei Consulenti Tecnici nei Procedimenti Ordinari e Procedura Civile*), e na Itália antes de sua unificação. Traz uma forte preferência das legislações mais atualizadas no tema.

Nas *Disposizioni, Titolo II, Capo II, Sezione I – Dei consulenti tecnici nei procedimenti ordinari*, em seu art. 13, primeira parte, temos:

> 13. Albo dei consulenti tecnici. – Presso ogni tribunale è istituito un albo dei consulenti tecnici (p.c. 61 ss.).

O art. 61 assim dispõe:

> 61. Consulente tecnico. Quando è necessario, il giudice puó farsi assisterre per il cumprimento di singoli atti o per tutto il processo, da uno o più consulenti di particolare competenza tecnica (p. c. 87, 191 ss., 424, 441, 445; nav. 599 ss.).
>
> La scelta dei conculenti tecnici deve essere normalmente fatta tra le persone inscritte in albi speciali formati a norma delle disposizioni di attuazione al presente codice (att. p. c. 13 ss., 146 s.).

b) somente se exige a posse do título oficial, na ciência ou arte objeto da perícia. É adotado no Direito argentino e no espanhol e com certa moderação no Direito uruguaio, para hipóteses especiais.

Enfatiza o art. 464 do Código Processual Civil argentino (*Código Procesal Civil Y Comercial de la Nación*):

> Art. 464. Idoneidad. – Si la profesión estuviese reglamentada, el perito deberá tener título habilitante en la ciencia, arte, industria o actividad técnica especializada a que pertenezcan las cuestiones acerca de las cuales deba expedirse.
>
> En caso contrario, o cuando no hubiere en el lugar del processo perito com titulo habilitante, podrá ser nombrada cualquier persona com conocimientos en la materia.

Traz o *Código General del Processo de la República Oriental del Uruguay* em seus arts. 177 e 178:

> Art. 177.1. Procede la prueba pericial, cuando para verificar hechos que interesen al proceso son necesarios conocimientos artísticos, científicos o técnicos especiales.
>
> Art. 177.2. Las partes no pódran solicitar sino un dictamen pericial sobre un mismo punto, salvo que se produjera la impugnación de sus conclusiones en tiempo y forma. El tribunal podrá disponer de oficio un nuevo dictamen cuando, a su juicio, procediera." (Texto deste inciso dado pela Lei nº 16.699, de 02/05/95, art. 4º.)
>
> Art. 178. El perito será uno solo designado por el tribunal, salvo que las partes, de común acuerdo, decidan otra cosa o lo requiera la complejidad de la cuestión a juicio del mismo tribunal, quien también podrá, según las circunstancias, solicitar el dictamen de institutos, academias, colegios, u otro organismos.

c) ocorre por livre escolha do juiz.

O art. 156 e parágrafos do novo Código Processual trazem uma modificação bem significativa em relação ao antigo art. 145 e parágrafos do Código revogado.

Em primeira invocação já fica a ultrapassada a tese que sustentava em edições anteriores, de que só a pessoa física poderia ser perito, isto na exegese do antigo art. 145 e seus parágrafos do Digesto Processual de 1973, pois agora se introduziu a figura dos órgãos técnicos e científicos, sendo que expliquei em linhas anteriores o que entendo com tal natureza jurídica e para onde remeto o leitor.

De igual similitude a subjetividade quanto à frase "profissionais legalmente habilitados" (art. 156, § 1º), haja vista o atual imbróglio no nosso sistema educacional universitário e o mais conexo, que ultrapassa comentários neste livro.

Pior e nos limites oníricos, quiçá quiméricos, é que em um país como o nosso, com a sua amplitude territorial e deficiências primárias, podendo se dizer ainda em sede incipiente administrativa, se consiga ter com louvor em um Estado da Federação um cadastro de órgãos com a supervisão plena do Tribunal de Justiça em conexão com a vinculação do magistrado, se coisas muito menos complexas ainda não se conseguiu conquistar. Raros, e com honrosas exceções e eloquentes esforços, dignos de "comenda", não se vê mais de meia dúzia atingir este desiderato... Comprometo-me em futuras edições reconsiderar esta tese se verificar algo profícuo para atender ao dispositivo legal proposto em médio prazo, quiçá razoável possível em longo prazo, até porque sou pessoa que acredita na evolução jurídica...

Imagine-se tão somente para pôr pá de cal na tese acima, que entendo como realista, a determinação do § 2º do art. 156, obrigando a formação de cadastro através de consulta pública, divulgação em rede mundial de computadores, jornais, universidades, conselhos de classe, M.P., D.P., O.A.B. etc.

Indemne de dúvida havia solução mais fácil e com melhor praticidade passível de atendimento imediato. Faltou, em nosso entender, percuciência em todos que laboraram neste dispositivo legal...

Prefiro não comentar longamente o § 5º do aludido dispositivo, pois, por obviedade, se no local não houver perito ou órgão inscrito no cadastro fica a designação a livre nomeação do juiz condicionada a profissional ou órgão técnico ou científico detentor de conhecimento necessário à realização da perícia, transformando tudo em uma *contradictio in adjecto*, vez que o ordenamento jurídico não determina que a designação seja de pessoa ou órgão residente na Comarca e/ou Estado...

Acreditamos que só se poderia dizer que uma legislação adotou a livre escolha do juiz, caso nenhuma outra exigência fosse feita ao magistrado, o que não se nos apresenta na brasileira, como acima observado e, aliás, no próprio Direito argentino, como se constata da segunda parte do art. 464 acima transcrito.

Logo, qualquer nomeação pelo juiz de perito sem os requisitos legais, importará na nulidade da própria designação e, por consequência, do eventual laudo elaborado...

Deve o magistrado, na hipótese de inexistência de profissionais qualificados que preencham os requisitos legais, ao designar outro de sua livre escolha, fundamentar a decisão (arts. 93, inc. IX, da Constituição Federal e 165, segunda parte, do C.P.C.), deixando claro o seu procedimento legal, evitando, assim, a caracterização de eventual nulidade, mormente em face das novas normas processuais citadas.

Em análise sistemática do ordenamento jurídico, observe-se que a Lei nº 10.259, de 12 de julho de 2001, que dispõe sobre os Juizados Especiais Cíveis e Criminais no âmbito da Justiça Federal, em seu art. 12, *caput*, sobre prova pericial, impõe que a nomeação feita pelo juiz recaia em pessoa habilitada.

Deve-se entender por "pessoa habilitada" aquela que venha a preencher os requisitos do art. 156 e seus parágrafos do N.C.P.C.

O nosso ordenamento jurídico não delega ao perito a escolha de outro profissional técnico, com a sua especialidade ou mesmo diversa, como o faz o Direito Processual francês, no art. 278, vez que tal atribuição é só do magistrado.

Tal é o artigo citado:

> Art. 278. L'expert peut prendre l'initiative de recueillir l'avis d'un autre technicien, mais seulement dans une spécialité distincte de la sienne.

Desnecessário dizer que, além da imposição legal retromencionada, para ser um bom perito é indispensável o bom domínio do vernáculo, razoável cultura geral, indiscutível conceito moral e o mais conexo.

Registre-se que o Código Processual Civil italiano no Título e Capítulo retromencionado (*Disposizioni per L'Attuazione del Codice di Procedura Civile e Disposizioni Transitorie*), no seu art. 15, expressamente fala em "sono de condotta morale", enfatizando-se que o texto original também exigia a política, porém tal parte foi excluída (*"... sono di condotta morale e politica ..."*).

> 15. Iscrizione nell'albo – Possono ottenere l'iscrizione nell'albo coloro che sono forniti di speciale competenza tecnica in una determinata materia, sono di condotta morale specchiata e sono iscriti nelle rispettive associazioni professionali.

Grande responsabilidade possui o magistrado na escolha do nome para realização da prova técnica, evitando sempre transformar as nomeações sucessivas em forma empregatícia ou exclusiva de lucros ao beneficiado.

Conditio sine qua non é o especial conhecimento técnico voltado ao fato em análise, além da idoneidade e dos demais requisitos legais.

Relevante, como tem, aliás, ocorrido, que os Juízes evitem "imensas listas", com os mais variados nomes de profissionais, para indicação como peritos, elidindo pedidos de terceiros influentes, como forma de "emprego pericial", pois, via de regra, a maioria não possui cursos especializados no tema e, pior, qualificação para o fato concreto *sub examen.*

Evita-se, com tal cautela, a eventual apresentação de laudo discutível, seguido de acertadas impugnações das partes, motivando repetidos esclarecimentos do Louvado, vez por outra, adequando e corrigindo "equívocos" técnicos, comprometendo a célere e precisa aplicação da Justiça e deixando o Julgador em sérias dificuldades na apreciação do mérito da demanda, frente à fragilidade da prova específica.

Em suma, procuro entender que sempre deve prevalecer: *the right man in the rigth place.*

MOACYR AMARAL SANTOS (*op. cit.*, p. 82-93) apresenta um esquema em que ocorre incompatibilidade com a função pericial, agrupado em quatro categorias, que abaixo se procura resumir.

São elas:

a) motivos de ordem técnica: resume-se na falta de conhecimentos necessários sobre a matéria de que trata o exame;

b) motivos de ordem sensorial: impõe-se ser provido de órgãos sensoriais perfeitos, visando registrar passiva e imparcialmente as impressões materiais das coisas que são submetidas ao exame;

c) motivos de ordem psíquica: os sentimentos que tornam a pessoa incompatível com a função pericial.

São eles em três classes:

1) amor e ódio. Exs.: relações de parentesco, afinidades, inimigo de qualquer das partes (*rectius*: interessados) etc.

2) interesse: sujeito da relação processual. Exs.: sendo das partes (*rectius*: interessados) mandatário *ad negotia* ou procurador judicial, ou representante legal das pessoas jurídicas, e tutor ou curador, nas causas dos tutelados e curatelados etc.

3) amor próprio. Ex.: se o objeto da segunda perícia for idêntico ao da primeira, pois o amor próprio poderá ser induzido a trair a verdade, como evitando reconhecer erro anterior etc.

d) motivos de ordem processual. Exs.: magistrados inabilitados por decisão judicial etc.

Não é demais lembrar que o perito pode ouvir testemunhas e obter informações, entre outras faculdades deferidas no art. 473, § 3º, do N.C.P.C. e, portanto, nada mais honesto que a ciência de todos os interessados, quanto ao ato, para presença ou não, mas sempre podendo ser objeto de perquirição do louvado, e não só um presente, como que havendo privilégio.

Não é diferente na esfera penal, conforme se constata do art. 165 do Código de Processo Penal:

> Art. 165. Para representar as lesões encontradas no cadáver, os peritos, quando possível, juntarão ao laudo do exame provas fotográficas, esquemas ou desenhos, devidamente rubricados.

Como já se disse acima, a lei autoriza ao perito bem como aos assistentes técnicos a utilização de diligências próprias, sempre visando à melhor conclusão da peça técnica. Assim é a exegese do art. 473, § 3º, do N.C.P.C.

De longa data já havia a preocupação de se autorizar ao perito a obtenção de informações, de peças, de documentos, com o precípuo escopo de tornar a conclusão da prova técnica precisa, bastando, como exemplo, citar-se o Código Canônico:

> Cân. 1.577
>
> § 2º Devem ser entregues ao perito os atos da causa e outros documentos e subsídios de que pode precisar para cumprir exata e fielmente seu encargo.

Relevante é registrar que a testemunha aludida no artigo acima não tem a mesma força probante da ouvida em juízo, podendo-se, assim, dizer que a do perito tem a conotação de informante.

É bom lembrar que comparecendo o perito em audiência não deve, em termos, permitir que seja confundido com a qualidade de testemunha. Esta narra os acontecimentos, conforme a percepção de seus sentidos, e o perito é um técnico especializado na apuração do fato questionado. Deve o juiz, com o seu poder de polícia, impedir a distorção da aludida prova oral.

Bem elucida o Prof. LOPES DA COSTA ao afirmar que o perito é uma "testemunha pericial pré-constituída".

Assim, deve a sua participação ficar restrita à quesitação anteriormente apresentada e juntada aos autos, nada sendo vedado, inclusive, que a responda por escrito, com anexação no processo antes da audiência, permitindo-se mera ratificação posterior, ao ser indagado, ou até mesmo a sua dispensa, em obediência ao princípio da celeridade, facultado ao juiz, na forma do art. 139 e seus incisos do N.C.P.C.

No mesmo diapasão, procura-se entender que o art. 477 § 3º do N.C.P.C. não obriga de modo absoluto o juiz, até porque, em percebendo o magistrado que a pretensão da parte se resume em procedimento protelatório, possível é o indeferimento da presença do louvado na Audiência.

Tem-se que assim agindo o julgador atende ao princípio da celeridade e, sobretudo, faz prevalecer a norma 139, incisos II ("velar pela duração razoável do processo") e III ("prevenir ou reprimir qualquer ato contrário a dignidade da justiça e indeferir postulações meramente protelatórias").

Tão somente para ilustração, informa-se que o Código Canônico desta forma também entende:

> Cân. 1.578
>
> § 3º O perito pode ser convocado pelo juiz para dar explicações que pareçam ulteriormente necessárias.

Malgrado toda a prova pericial realizada, o juiz não fica adstrito ao laudo pericial e pode formar o seu convencimento através do conjunto das demais provas dos autos.

Também em complemento transcreve o dispositivo do Código Canônico:

> Cân. 1.579
>
> § 1º O juiz pese não só as conclusões dos peritos, mesmo concordes, mas também todas as outras circunstâncias da causa.

Registre-se, no entanto, que não obstante a liberdade de conclusão do juiz, tal não o autoriza a fazer do profissional técnico uma testemunha e muito menos ultrapassar os limites éticos em seu julgado, expondo a situação vexatória o louvado, só porque entendeu em não adotar sua peça técnica.

O magistrado é, em última análise, também um técnico e assim deve ser seu comportamento em sede de aresto final, salvo hipóteses excepcionais, quando, à evidência, não se portou com o esmerado afinco na sua especialidade o *expert*, autorizando uma crítica mais acentuada, malgrado sempre em boa técnica do juiz, para preservar o lado ético.

Tenho seguidamente sustentado que o perito é um técnico e não pode ser equiparado à testemunha. Acredito que o art. 469 e seu parágrafo único bem dão esta exegese, mormente quando enfatizam que o "escrivão dará a parte contrária ciência da juntada dos quesitos aos autos" e o *caput* diz que os quesitos suplementares durante a diligência poderão ser respondidos previamente ou na audiência de instrução e julgamento.

No mesmo diapasão o art. 477, § 3º (comparecimento à audiência, formulando as perguntas sob forma de quesitos, logo, por escrito) e com a inovação do § 4º autorizando a intimação do louvado ou do assistente técnico por meio eletrônico, sendo agora o prazo de 10 (dez) dias, e não mais de 5 (cinco) como no Código de 1973.

A nova sistemática traz uma proposta ousada e de difícil solução. Trata-se do art. 464, §§ 2º, 3º e 4º, quando alude à prova técnica simplificada, ponto controvertido de menor complexidade, inquirição pelo juiz e à especialidade acadêmica do profissional.

Não obstante a lei fale em inquirição pelo juiz e não também para os advogados, volto a insistir que o perito é um técnico e não testemunha e, fica, desta forma, complicada a explicação do termo "inquirição" e, pior, como o magistrado, que não é um profissional especializado, poderá dizer que a prova a ser colhida só em audiência não é complexa, determinando o ponto técnico controvertido da demanda, tendo como exigência um especialista acadêmico?

Tudo leva a crer que os magistrados, experientes que são e para evitar discussões em sede de nulidade e violação ao devido processo legal, aliás, bem destacado e sustentado pelo novo Código, que tem fortes conotações constitucionais, irão, *ad cautelam*, preferir a nomeação de expert seguindo os trâmites normais e em raríssimas exceções, quando a obviedade espocar em sede de total ausência de complexidade, adotarão a prova técnica simplificada, *cum grano salis*, com oitiva do especialista e perguntas só pelo julgador formuladas, o que, em tese, já sugere uma ausência do contraditório e falha no direito de defesa, logo, prejudicando o devido processo legal.

Creio que só o tempo e a sequência dos procedimentos, com o auxílio do Direito Pretoriano poderão dar números finais a esta nova proposta processual.

Sem muitas delongas é a dicção do art. 471 do N.C.P.C. com a escolha de um perito pelas partes, em comum acordo, e o laudo como perícia consensual poder até substituir aquele realizado pelo louvado do juiz. Traz o dispositivo a nítida exegese da possível existência de um perito nomeado pelo juiz e uma posterior composição das partes para perícia consensual, deixando o julgador em dificuldades se os conclusivos do perito consensual com o nomeado tiverem gradientes díspares...

Não seria difícil se imaginar a propositura de lides, com intenções escusas e prejuízo de terceiros, tendo concordância de perito único indicado pelas partes e o Judiciário a respaldar uma eventual fraude... É esperar para ver... Sou mais pela forma normal e perito de confiança do juízo, porém *legem habemus*...

O art. 468 do N.C.P.C. discorre sobre as hipóteses de substituição do perito, resumindo-se em: carência de conhecimento técnico ou científico e desídia no cumprimento de seu múnus, sofrendo sérias sanções na última hipótese.

> Art. 468. O perito pode ser substituído quando:
>
> I - faltar-lhe conhecimento técnico ou científico;
>
> II - sem motivo legítimo, deixar de cumprir o encargo no prazo que lhe foi assinado.
>
> § 1º No caso previsto no inciso II, o juiz comunicará a ocorrência à corporação profissional respectiva, podendo, ainda, impor multa ao perito, fixada tendo em vista o valor da causa e o possível prejuízo decorrente do atraso no processo.
>
> § 2º O perito substituído restituirá, no prazo de 15 (quinze) dias, os valores recebidos pelo trabalho não realizado, sob pena de ficar impedido de atuar como perito judicial pelo prazo de 5 (cinco) anos.
>
> § 3º Não ocorrendo a restituição voluntária de que trata o § 2º, a parte que tiver realizado o adiantamento dos honorários poderá promover execução contra o perito, na forma dos arts. 513 e seguintes deste Código, com fundamento na decisão que determinar a devolução do numerário.

Destaca-se do dispositivo legal acima o inciso II, quando menciona o fato de o perito "sem motivo legítimo, deixar de cumprir o encargo no prazo que lhe foi assinado", ficando o juiz obrigado a "comunicar a ocorrência à corporação profissional respectiva, podendo, ainda, impor multa ao perito, fixada tendo em vista o valor da causa e o possível prejuízo decorrente do atraso no processo" (§ 1º do art. 468).

A problemática está no valor da multa em conexão com o valor da causa, pelo simples fato de que determinadas lides não possuem um *quantum* preciso (pequeno valor e/ou inestimável) e o valor fica só por estimativa, haja vista a inexistência de previsão nos arts. 291 a 293 do N.C.P.C., tornando, em primeira visada, a sanção inócua e/ou irrisória.

Tenho que nestas hipóteses pode o magistrado se valer por analogia dos arts. 85, § 8º, e 292, § 3º, e fixar uma multa estabelecendo para tal fim um valor diverso para a causa, visando a melhor atender a exigência do § 1º do art. 468.

Esclareça-se que o dispositivo legal somente é aplicado ao perito, pois os assistentes técnicos são designados pelas partes, que inclusive ficam na obrigação do adiantamento da sua remuneração (arts. 84 e 95 do N.C.P.C.), assumindo, também, a responsabilidade pela especialidade, competência e diligência do técnico.

Capítulo 4

Prova Pericial

PROVA PERICIAL: Divisão e subdivisão. Inspeção judicial. Designação do perito. Aceitação da nomeação ou recusa: Entrega do laudo. Prazo geral e especial. Rito Sumário em leis especiais e revogação no N.C.P.C. de 2015; prorrogação de prazos; responsabilidade do perito (civil, penal e administrativa); exigência ou não do termo de compromisso no N.C.P.C. e lei especial. Quesitação inicial e suplementar. Assistente técnico: prazo para entrega do parecer técnico. Conferência reservada do perito com os assistentes técnicos. Imposição do Código de Ética do Instituto de Engenharia Legal do Estado do Rio de Janeiro. Ciência da data e local para início da produção da prova. Prova pericial com abrangência de mais de uma área de especialidade. Possibilidade da renovação da prova pericial. Controvérsias e entendimentos doutrinários sobre os temas.

A prova pericial ou arbitramento se divide em: exame, vistoria e avaliação, conforme esclarece o art. 464 do N.C.P.C.

Diversos são os seus significados e alcances.

A) EXAME: visa à inspeção sobre *pessoas ou coisas e bens móveis*;

B) VISTORIA: visa também à inspeção, mas para *imóveis,* e

C) AVALIAÇÃO: visa à estimativa do *valor em mercado corrente do bem em lide.*

Ressalte-se, desde já, que não há por que confundir a perícia com a inspeção judicial (art. 481 do N.C.P.C.), não obstante a faculdade que tem o juiz de ser assistido por um ou mais peritos (art. 482 do N.C.P.C.), vez que esta é ato privativo e de discrição do magistrado, visando inspecionar pessoas ou coisas, para se esclarecer sobre algum fato que interesse à decisão da causa, lavrando-se auto circunstanciado, podendo ser instruído com desenho, gráfico ou fotografia (art. 484 e seu parágrafo único do N.C.P.C.).

Com muita propriedade o Prof. J. M. OTHON SIDOU, em *Processo Civil Comparado* (Forense Universitária, 1ª edição de 1997) apresenta os pontos de semelhança e divergência entre a perícia e a inspeção judicial (nº 130, p. 240, *op. cit.*), dando destaque ao que chama de "perícia qualificada" à realizada pelo juiz na Inspeção judicial.

Assim explicita o ilustre antigo Professor dos Cursos de Pós-Graduação da Faculdade Nacional de Direito (UFRJ):

> Diverge em que o juiz, em pessoa, que a realiza, de ofício ou a requerimento da parte, dirigindo-se ao local onde se encontre a pessoa ou a coisa. Assim procede quando necessário para a melhor verificação daquilo que deva observar, ou quando a coisa não puder ser apresentada em juízo sem consideráveis despesas ou graves dificuldades, ou ainda para determinar a reconstituição dos fatos. Assemelha-se, porque podendo ser assistido por um ou mais peritos, o juiz efetua, por assim dizer, uma perícia qualificada, da qual, por ser o destinatário do laudo pericial congênere, a inspeção por ele próprio efetuada o dispensa.

Também assim o é nas mais variadas legislações estrangeiras, inclusive no Direito Canônico, conforme Cân. 1.582 ("Para a definição da causa, se o juiz julgar oportuno ir a algum lugar ou inspecionar alguma coisa, deve determiná-lo por decreto, no qual especifique sumariamente, ouvidas as partes, o que deve estar à disposição nesse acesso.") e Cân. 1.583 ("Faça-se um documento da inspeção levada a efeito.").

Citam-se os seguintes, como exemplos:

A) *Código Procesal Civil y Comercial de la Nación – Ley 17.454* da Argentina, em seu art. 480:

> Art. 480. – Forma de la diligencia. A la diligencia asistirá el juez o los miembros del tribunal que éste determine. Las partes podrán concurrir com sus representantes y letrados y formular las observaciones pertinentes, de las que se dejará constancia em acta.

B) *Della Repubblica Italiana: Codice di Procedura Civile:*

> Art. 259. – Modo dell'ispezione. – All'ispezione procede personalmente il giudice istruttore, assistito, quando occorre, da un consulente tecnico (p. c. 191 ss.), anche se l'ispezione deve eseguirsi fuori della circoscrizione del tribunale, tranne che esigenze di servizio gli impediscano di allontanarsi dalla sede. In

> tal caso delega il giudice istruttore del luogo a norma dell'art. 203.

C) *Código General del Processo – Ley 15.982* (Uruguai):

> Art. 187. Procedimiento de la inspección judicial. Al ordenarse la prueba se individualizará su objeto y se determinará la fecha y lugar en que se realizará pudiéndose disponer la concurrencia de peritos o de testigos a dicho acto.
>
> A la diligencia asistirá el tribunal y podrán hacerlo las partes con sus abogados y asesores técnicos, quienes podrán formular las observaciones pertinentes, de las que se dejará constancia en acta em forma resumida.
>
> A los peritos se les requerirá las explicaciones técnicas del caso, pudiendo el tribunal por excepción, disponer que informen por separado en el plazo que se les fijará al efecto.
>
> A los testigos se les interrogará libremente sobre el objeto de la inspección.

D) *Código Civil português* de 1966 nos artigos 390 e seguintes normatiza a "prova por inspeção", tendo "por fim a percepção direta de fatos pelo tribunal" e, em novo nome, porém com a mesma exegese, o direito processual lusitano, nos artigos 612 e posteriores trata como "inspeção judicial".

Elucida a norma legal na Seção VI (Título: "Prova por Inspecção"), do Capítulo II (Provas), do Subtítulo IV (Do exercício e tutela dos direitos), do Título II (Das Relações Jurídicas), do Livro I (Parte Geral), no art. 390:

> Objecto. A prova por inspecção tem por fim a percepção directa de factos pelo tribunal.

E) Sem muito tergiversar, no § 372, no Livro VI, quando trata do procedimento de primeira instância (*Bezeis durch Augenschein*) a ZPO alemã aduz que o tribunal pode determinar que na prova por vistoria (no sentido de inspeção) a ela assistam um ou vários peritos.

F) No mesmo sentido nas legislações chilena (art. 403) e mexicana (art. 354) como *inspección judicial,* e espanhola (r*econocimiento judicial*), no art. 633.

Relevante é o uso correto da espécie de prova pericial ou arbitramento, evitando impor confusão terminológica quando é, por exemplo, utilizada a palavra vistoria, quando se está avaliando uma coisa móvel ou exame para imóvel...

Relevante é noticiar que no antigo Regulamento nº 737, de 25/11/1850, isto antes da estadualização das leis processuais, a inspeção judicial era tratada como vistoria, conforme consta no art. 209.

Informa o citado art. 209, em redação original:

> SECÇÃO IX.
>
> Da vistoria.
>
> Art. 209. A vistoria tem logar ou sendo requerida pelas partes, como no arbitramento (art. 199), ou *ex officio*, ou nos casos prescriptos no Codigo.

O supramencionado art. 199 assim dispõe, igualmente em redação original:

> Art. 199. O arbitramento no caso de accôrdo, ou os laudos, havendo divergencia, serão escriptos em termos claros e precisos e conforme aos quesitos propostos.
>
> Os quesitos dos Advogados serão apresentados na audiêencia da louvação, e os do Juiz virão inserertos ou mensionados no despacho pelo qual fôr o arbitramento decretado ou aprazado.

A imprecisão da terminologia legal, de certa forma, compromete a capacidade técnica do profissional que executa a perícia.

Uma vez designado o perito pelo juiz, deverá ele:

A) aceitar a nomeação, devendo então cumprir o ofício, atentando sempre para os prazos legais e o fixado pelo juiz (art. 465 do N.C.P.C.), ou

B) escusar-se do encargo, face à ocorrência de motivo legítimo (arts. 157 e 467, ambos do N.C.P.C.).

Na primeira hipótese, estabelece o art. 477 do N.C.P.C., que o perito deve apresentar o laudo em cartório no prazo fixado pelo juiz, porém tal sempre deve ocorrer pelo menos 20 (vinte) dias antes da audiência de instrução e julgamento (A.I.J.).

Forçoso, no entanto, é reconhecer que tal lapso temporal pode ser excessivo em uma perícia rotineira de mero cálculo avaliatório, com padrões já conhecidos, ou nos casos de urgência, para fins de antecipação da tutela ou concessão de liminar. Ex.: Demolição imediata de marquise, que se encontra na iminência de cair em local de movimento no comércio.

Nada impede que o Julgador, na necessidade premente da análise de pedido de antecipação da tutela, como na hipótese acima, determine a perícia prévia, com a finalidade restrita e específica e prazo curtíssimo para atendimento, vindo o laudo complementar na época oportuna.

O mais importante nestes casos é a informação célere do Perito, mesmo com certo prejuízo do formalismo técnico.

Por outro lado, porém, ocorrem provas técnicas de relevantes indagações e pesquisas, impondo, assim, uma substancial dilatação do prazo.

Melhor neste aspecto é entender que a quesitação apresentada em conexão com a complexidade da tarefa a ser executada deve nortear a fixação do prazo pelo Magistrado e/ou sua adequação, caso já estabelecido em lei...

Como o juiz nem sempre tem o total conhecimento da dificuldade dos questionamentos e, considerando-se que no momento da designação que é fixado o prazo, compete ao perito solicitar a sua prorrogação (*rectius*, adequação do exato prazo para concretização da prova) para entrega do laudo, sempre fundamentando e argumentando o motivo do seu pedido e, quanto possível, comprovando o indispensável, para elidir eventual aparência de morosidade e, assim, respeitando o princípio da celeridade processual, sem prejuízo do devido processo legal.

Impõe semelhante procedimento o Direito francês, conforme art. 265 do Código Processual: *La décision qui ordonne l'expertise: ... Impartit le délai dans lequel l'expert devra donner son avis.*

Certo que quando a norma jurídica pretende, no art. 156 do N.C.P.C., que, em havendo fato o qual dependa de conhecimento técnico ou científico, o juiz será assistido por perito, não elide a cultura do julgador, quanto a conhecer da matéria em discussão, apenas pretende estabelecer um devido processo legal, sem ficar adstrito a um entendimento final único do juiz, sem oportunizar as impugnações em sede de contraditório e ampla defesa.

Tanto assim o é que o art. 472 do mesmo Digesto Processual, em exegese sistemática, não traz qualquer contradição com o art. 156 citado, em autorizando a dispensa da prova pericial, quando as partes, na inicial e na contestação, apresentarem sobre as questões de fato pareceres técnicos ou documentos elucidativos considerados suficientes.

Significa dizer que os princípios que norteiam o devido processo legal, como o contraditório e a ampla defesa, foram atendidos e, desta forma, o juiz pode apreciar todo o tema com as provas produzidas e seu conhecimento técnico em respeito ao princípio do livre convencimento com respaldo, *in thema*, por analogia, no arts. 479 c.c. 371, ambos do N.C.P.C., em "exaltação" a excepcionalidade, posto não existir laudo nos autos.

Fácil é observar que, com a prudência que sempre é meta primeira dos julgadores, dificilmente se encontra um precedente com aplicação do art. 472 do N.C.P.C., preferindo o magistrado a designação de prova pericial, *ad cautelam*, bem como, em raríssima ocasião se presenciou uma decisão em oposição à manifestação do perito, quando elucida desafiar a matéria complexidade.

Estreme de dúvida, assim deve o ser, haja vista que se o juiz tem em seu *expert* ou órgão técnico ou científico o profissional com plena confiabilidade, até porque decide em sonância, também, com suas considerações, frente às demais provas dos autos, nada mais razoável, até por coerência, que admita a proposta por ele apresentada.

Há prazos de leis que determinam a entrega do laudo de forma peremptória, *verbi gratia*: Decreto-Lei nº 3.365, de 21/06/1941 (desapropriação), em 05 (cinco) dias antes da A.I.J. (audiência de instrução e julgamento), conforme art. 23, podendo solicitar prazo especial (art. 23 e parágrafos), elucidando-se que o assistente técnico tem o mesmo prazo; Decreto-Lei nº 1.075, de 22/01/1970 (imissão na posse de imóveis residenciais urbanos), em 05 (cinco) dias, na forma do art. 2º; Lei Complementar nº 76, de 06/07/1993 (desapropriação de imóvel rural), prazo fixado pelo juiz, não excedente a sessenta dias, contado da data do compromisso do perito, com a exceção, também, que o perito presta compromisso no prazo de 05 (cinco) dias.

Neste particular (prestar compromisso), sem embargos quanto à aplicação da norma do Código de 1973 (art. 422) ou à nova do art. 466 e seu § 1º, isto é, e à prevalência da lei especial, entende-se, em homenagem ao princípio da celeridade e aos demais aspectos sociais, que deve prevalecer à norma do Digesto Processual, isto sem se considerar que, por demais ultrapassada, em tempos hodiernos, é a tomada de compromisso, já que, para fins de sanção ao profissional há vários dispositivos legais, quer em sede cível, quer em penal e de órgãos de classe, para plenitude do atendimento punitivo e de ressarcimento, ficando mesmo dispensável o retardamento do processo para atendimento desta vetusta formalidade.

Sugere-se, de igual sorte, ao louvado que, quando da primeira petição apresentada ao Juízo, de imediato se declare compromissado, para fins de atender à exceção da lei e/ou possível entendimento contrário, evitando eventual pedido de nulidade da peça técnica por falta do compromisso expresso nos autos.

Há hipóteses, em leis especiais, que desafiam alguns resumidos esclarecimentos.

O Decreto-Lei nº 3.365, de 21/06/1941, que dispõe sobre a desapropriação por utilidade pública, em seu art. 14 já traz comando ao julgador no sentido da designação de perito tão logo despache a vestibular, com faculdade de indicação pelo autor e pelo réu de seus assistentes técnicos.

O dispositivo traz a regra geral quanto ao louvado ser um técnico e, em exceção, quando não possível a escolha assim recair em livre escolha do juiz.

Certo que, despachando a inicial e designando o perito, mandará expedir o mandado de citação e, desta forma, o prazo para apresentação dos assistentes técnicos pelas partes será agora de quinze dias pelo N.C.P.C. (no C.P.C. de 1973 era de cinco dias), na forma do art. 465, seus parágrafos e incisos, do N.C.P.C., independentemente de diverso o lapso temporal para contestação como forma de resposta (prazo do rito ordinário, art. 19 do Decreto-Lei nº 3.365, de 21/06/1941).

A determinação peremptória da designação do perito logo ao despachar a exordial, traz a certeza da não aplicação do art. 465 § 6º ("Quando a prova tiver de realizar-se por carta, poder-se-á proceder à nomeação de perito e à indicação de assistentes técnicos no juízo ao qual se requisitar a perícia."), mormente frente ao prazo para indicação dos assistentes técnicos.

No mais, o art. 23 do Decreto-lei citado menciona as outras providências legais pertinentes ao perito e laudo, devendo-se destacar, tão somente o seu § 2º.

Como o Decreto-Lei nº 3.365 é de 1941 estava sob a égide do antigo Código Processo Civil de 1939 (Decreto-Lei nº 1.608, de 18/09/1939), que trazia no seu art. 293 o chamado "despacho saneador" dentro de dez dias após a contestação ou reconvenção.

Ocorre que no Código Processual Civil de 1973 (Lei nº 5.869, de 11/01/1973) não há rigorosamente uma imposição para despacho saneador com prazo (art. 338), mas sim um constante saneamento, desde o início do procedimento.

Fácil perceber, pois, que sendo a desapropriação de rito especial não se aplica a prorrogação prevista no atual art. 476 do Código de 2015 (pela metade do prazo original e uma só vez), até porque só o poderia fazer antes de proferido o antigo despacho saneador.

Confesso que é norma para o julgador apreciar com muita prudência, em face das restrições, a meu sentido inócuas e de pouca inspiração, de quem não conhece o tema em praticidade, quanto à uma só vez e pela metade do prazo original, em suma, mais uma para o Direito Pretoriano ajustar e/ou cair no "esquecimento". Entendo melhor pela última...

O prazo se resume aos cinco dias antes da audiência de instrução e julgamento, o que é totalmente vago.

Prefere-se que o julgador fixe um prazo objetivo para entrega do laudo, já que como redigido, no mais das vezes, não se ultimará a audiência, em face de eventuais impugnações ao laudo, quesitação suplementar e outros possíveis incidentes processuais, inviabilizando a imediata designação de data para instrução e julgamento, como forma retroativa de contagem de prazo para entrega de peça técnica, sem se olvidar que o rito é o ordinário (art. 19 do Decreto-lei) e privilegiar o princípio constitucional do devido processo legal, não criando problemas de difícil solução em sede de exame pelas Cortes Superiores.

Dizem os dispositivos:

> Art. 14. Ao despachar a inicial, o juiz designará um perito de sua livre escolha, sempre que possível, técnico, para proceder à avaliação dos bens.
>
> Parágrafo único. O autor e o réu poderão indicar assistente técnico do perito.
>
> Art. 23. Findo o prazo para a contestação e não havendo concordância expressa quanto ao preço, o perito apresentará o laudo em cartório até cinco dias, pelo menos, antes da audiência de instrução e julgamento.
>
> § 1º O perito poderá requisitar das autoridades públicas os esclarecimentos ou documentos que se tornarem necessários à elaboração do laudo, e deverá indicar nele, entre outras circunstâncias atendíveis para a fixação da indenização, as enumeradas no art. 27.
>
> Ser-lhe-ão abonadas, como custas, as despesas com certidões e, a arbítrio do juiz, as de outros documentos que juntar ao laudo.
>
> § 2º Antes de proferido o despacho saneador, poderá o perito solicitar prazo especial para apresentação do laudo.

No que concerne ao Decreto-Lei nº 1.075, de 22/01/1970, que regula a imissão na posse, *initio litis*, em imóveis residenciais urbanos, o juiz, caso seja a oferta impugnada pelo expropriado, em quarenta e oito horas realizará a prova pericial, devendo o laudo ser entregue no prazo de cinco dias.

Observa-se pelo comando do art. 2º que, na realidade, não há uma determinação de prova pericial, para que o juiz arbitre o valor provisório do imóvel, motivando, por conclusão, a concretização da prova pericial para momento seguinte, sem que prejudique, contudo, o lapso temporal de cinco dias para entrega do laudo.

Dizem os dispositivos:

> Art. 1º Na desapropriação por utilidade pública de prédio urbano residencial, o expropriante, baseado urgência, poderá imitir-se provisoriamente na posse do bem, mediante o depósito do preço oferecido, se este não for impugnado pelo expropriado em cinco dias da intimação da oferta.
>
> Art. 2º Impugnada a oferta pelo expropriado, o juiz, servindo-se, caso necessário, de perito avaliador, fixará em quarenta e oito horas o valor provisório do imóvel.
>
> Parágrafo único. O perito, quando designado, deverá apresentar o laudo no prazo máximo de cinco dias.

A Lei Complementar nº 76, de 06/07/1993, dispõe sobre o procedimento contraditório especial, de rito sumário, para o processo de desapropriação de imóvel rural, por interesse social, para fins de reforma agrária.

Quando da vigência da Lei nº 9.245, de 26/12/1995, possível seria existir uma dúvida em relação ao prazo para entrega do laudo, já que no Código de Processo Civil de 1973 ficava a previsão de quinze dias (revogado o art. 280, inc. II), porém, com a nova redação dada pela Lei nº 10.444, de 07/05/2002, nenhum problema mais, haja vista a não mais exigência de prazo, conforme se transcreve abaixo o referido dispositivo legal, sem os incs. II e III, ficando o de nº I para o *caput*:

> Art. 280. No procedimento sumário não são admissíveis a ação declaratória incidental e a intervenção de terceiros, salvo a assistência, o recurso de terceiro prejudicado e a intervenção fundada em contrato de seguro. (Redação dada pela Lei nº 10.444, de 7/5/2002.)

Prefere-se em sede estrita e resumida deste tema não se enfocar a nova legislação de 2015 com todas as problemáticas já alhures citadas para casos similares.

Sem se criar dificuldade de exegese, sustenta-se que o prazo para o perito entregar o laudo, quando a prova estiver conexionada com a desapropriação de imóvel rural, por interesse social, para fins de reforma agrária, é o do art. 9º, § 2º, da Lei Complementar nº 76, de 06/07/1993, ou seja, o fixado pelo juiz, não excedente a sessenta dias, contado da data do compromisso do perito.

Enfatize-se, ainda, que o rito sumário da lei complementar é anterior ao do Digesto Processual (tanto o de 1973 como o novo, de 2015), motivando, por consequência e pela análise sistemática dos seus artigos, que se entenda tal procedimento como diverso do Código de Processo Civil, sendo, pois, desinfluente o seu *nomen iuris*.

São relevantes da Lei Complementar citada os artigos abaixo:

> Art. 1º O procedimento judicial da desapropriação de imóvel rural, por interesse social, para fins de reforma agrária, obedecerá ao contraditório especial, de rito sumário, previsto nesta lei Complementar.
>
> (...)
>
> Art. 9º A contestação deve ser oferecida no prazo de quinze dias se versar matéria de interesse da defesa, excluída a apreciação quanto ao interesse social declarado.
>
> § 1º Recebida a contestação, o juiz, se for o caso, determinará a realização de prova pericial, adstrita a pontos impugnados do laudo de vistoria administrativa, a que se refere o art. 5º, inciso IV e, simultaneamente:
>
> I - designará o perito do juízo;
>
> II - formulará os quesitos que julgar necessários;
>
> III - intimará o perito e os assistentes para prestar compromisso, no prazo de cinco dias;
>
> IV - intimará as partes para apresentar quesitos, no prazo de dez dias.
>
> § 2º A prova pericial será concluída no prazo fixado pelo juiz, não excedente a sessenta dias, contado da data do compromisso do perito.

Vencida tal etapa dos dispositivos das leis especiais citadas e se retornando ao Digesto Processual vigente de 2015, diga-se que de pouca importância, para o perito, é a determinação, referente ao prazo de entrega não ser inferior a pelo menos 20 (vinte) dias antes da A. I. J. haja vista que a rotina procedimental impõe ao juiz aguardar a entrega do laudo, para dar conhecimento dele às partes e só, então, após, designar a audiência, mas não em momento anterior, até porque podem ocorrer solicitações de novos esclarecimentos ao perito, bem como quesitação suplementar entre outros incidentes processuais.

Forçoso é reconhecer, que o açodamento na designação de audiência, contando-se dia a dia como fez previsão o legislador, em certeza absoluta, o ato resultará em malogro, podendo-se mesmo dizer que, só em absoluta coincidência e sorte, a data será aproveitada, motivo pelo qual, não há qualquer magistrado que assim o determine...

De ordem prática, raramente qualquer juiz designa, de imediato a audiência, antes de terminadas as eventuais impugnações à peça técnica e, desta forma, o comando dos vinte dias (art. 477 do N.C.P.C.) mais se prende à observação do juiz, ao marcar a data, do que para o perito, na entrega do laudo, isto sem se falar que não menos comum é acontecer a determinação da perícia, em face dos fatos discutidos na própria instrução do feito.

Rectius, por absoluta prudência e evitando se perder uma data para julgamento de outro feito, com mais certeza de ultimação, que não se deve colocar "a carroça na frente dos bois"...

Neste particular melhor é o disposto no art. 11 da Lei Complementar nº 76, de 06/07/1993 (processo de desapropriação de imóvel rural, por interesse social, para fins de reforma agrária), que obriga o prazo não superior a 15 (quinze) dias para audiência de instrução e julgamento (A. I. J.), no entanto, a contar da conclusão da perícia.

Com ensanchas, *tollitur quaestio.*

Fácil perceber que as considerações do perito devem ser por escrito, exceção imposta pela Lei nº 9.099, de 26/09/1995, que dispõe sobre os Juizados Especiais Cíveis e Criminais, em especial o seu art. 35 e parágrafo único, o que não ocorre, de forma radical, com o Direito Processual francês, pois o art. 282 autoriza a manifestação oral do louvado, como se transcreve:

> Art. 282. Si l'avis n'exige pas de développements écrits, le juge peut autoriser l'expert à l'exposer oralement à l'audience; il en est dresser procés-verbal..." Décret nº 2005 - 1678 du 28 décembre 2005, art. 41, *Journal officiel* du 29 décembre 2005, en vigueur le 1er mars 2006).

Desnecessário enfatizar que o não atendimento ao prazo, bem como a falta de conhecimento técnico ou científico são motivos para que o juiz substitua o perito (art. 468, com seus incisos e parágrafos, do N.C.P.C.).

A lei procurou, neste sentido, engendrar uma maior garantia ao andamento célere do processo, em prejuízo de eventual morosidade e negligência do perito, tanto que impôs para o não atendimento ao prazo a sanção de comunicação ao Instituto do profissional, além da fixação de multa, conforme em parágrafos anteriores explicitado (art. 468, parágrafo único, do N.C.P.C.).

Por outro lado, facultou, também, no art. 476 do N.C.P.C. na hipótese de impossibilidade de apresentação do laudo no prazo fixado, por motivo justificado, o juiz conceder prorrogação, porém só por uma vez e pela metade do prazo originalmente fixado, comentado anteriormente.

Somente para que não se perca a sequência didática, em páginas anteriores foi afirmado que designado o perito pelo juiz deverá ele: A) aceitar a nomeação, devendo então cumprir o ofício, atentando sempre para os prazos legais e o fixado pelo juiz (hipótese já imediatamente acima elucidada) ou B) escusar-se do encargo, face à ocorrência de motivo legítimo, o que se procura abaixo explicitar, em seguimento.

Portanto, na segunda hipótese (escusar-se do encargo), a justificativa deve ser apresentada no prazo de 15 (quinze) dias, contado da intimação, da suspeição ou do impedimento supervenientes sob pena de renúncia ao direito de alegá-la, conforme determina o art. 157 e § 1º do N.C.P.C.

O não atendimento a tal prazo traz a certeza da renúncia ao direito de alegar a escusa, ficando o perito responsável pelo prejuízo que eventualmente der causa por sua negligência em não apontar o seu impedimento ou suspeição, sendo certo que pode ele ser, também, recusado por tais motivos, a requerimento das partes e ou interessados, fato que será julgado pelo juiz, que, se procedente, substituirá o louvado (*vide* arts. 148, inciso II, 149 e 467).

Destaca-se que a norma obriga o perito a declarar sua suspeição e/ou impedimento, valendo o silêncio como aceitação.

Em suma, transfere toda a responsabilidade civil, penal e administrativa para o profissional que, indene de dúvida, responderá pela sua eventual omissão.

Observe-se, por exemplo, que seja designado um perito para realizar laudo em lide proposta em face de um Colégio, haja vista problemas com um muro, com propensão de ruir, com real possibilidade de causar sério e grave acidente em algum aluno, já que o local é de diletantismo em sede de recreio curricular.

Não se declara ele, no prazo legal, impedido, suspeito, quando, na realidade, assim se apresentava.

Por força inversa do dispositivo legal, passou a ser considerado habilitado e aceito para o encargo.

Ocorre que só quando já em momento de início das diligências observa tal impedimento ou suspeição, porque negligentemente não se preocupou no exame de tal exigência, quando oportuno era, ao receber o processo na forma do art. 157 e seu § 1º do N.C.P.C.

Apenas, então requer a sua dispensa ou, pior, tem contra si uma impugnação, com pedido julgado procedente, estando em evidente e indiscutível impedimento ou suspeição.

Supondo-se que, no interregno, o muro venha a cair, causando sérias consequências em alunos que brincavam no local.

Pergunta-se: como ficaria a responsabilidade do perito, que não se declarou, no momento oportuno, impedido ou suspeito?

Sabendo-se que, caso tivesse realizado o laudo ou mesmo uma simples análise prévia, com certeza apontaria, por obrigação profissional, o perigo iminente e, não só, tomaria as medidas necessárias e urgentes, para vedar o acesso à área objeto da prova técnica, elidindo o evento, já que haveria a interdição local.

Não se vislumbra como se lhe afastar a responsabilidade, pelo menos concorrente de culpa, em sede civil, com reflexo na área penal, sem se excluir, entretanto, conforme a gravidade e especialidades fáticas, não obstante raras, a assunção do risco, quanto ao evento iminente, para fins penais (art. 18, inc. I, segunda parte, do Código Penal).

Em suma, não se escusando do encargo o perito, no prazo legal, responde pelo que vier a ocorrer, quer na esfera civil, quer na criminal e administrativa.

Ultrapassados os prazos de escusa e impugnações, o perito iniciará as diligências, devendo prestar sempre os esclarecimentos com precisão e, caso apresente informações inverídicas, seja por dolo ou por culpa, responderá pelos prejuízos, ficando, ainda, inabilitado por 02 (dois) a 05 (cinco) anos para atuar em perícias, além das demais sanções previstas em lei, inclusive a obrigação de o juiz comunicar o fato ao respectivo órgão de classe para adoção das medidas que entender cabíveis.

Cediço que não é pouco comum que, em caso de dúvida ocorrida no transcorrer dos trabalhos, procure o perito se orientar com o próprio juiz que o designou, sendo certo, também, que não se constitui em *capitis minima deminutio* o magistrado, *sponte sua*, obter melhores esclarecimentos verbais daquele. Afinal: *abundans cautela non nocet.*

Lembre-se que o perito é pessoa de confiança do magistrado, nada demais que atue *ad adjuvandum,* e, assim, não há por que ter timidez ou excessiva cautela em se dirigir ao gabinete dele para qualquer esclarecimento e ou troca de ideias e, acredite, que tal procedimento, inúmeras vezes evita mal maior, principalmente para quem labora neste ramo, motivo pelo qual deve sempre o juiz prestigiar tais procedimentos.

Por derradeiro, ainda quanto ao tema se transcreve, para análise do interessado, o dispositivo abaixo do Código de Processo Penal, alusivo à aceitação do perito para concretização da prova pericial.

> Art. 277. O perito nomeado pela autoridade será obrigado a aceitar o encargo, sob pena de multa de cem a quinhentos mil-réis, salvo escusa atendível.
>
> Parágrafo único. Incorrerá na mesma multa o perito que, sem justa causa, provada imediatamente:
>
> a) deixar de acudir à intimação ou ao chamado da autoridade;
>
> b) não comparecer no dia e local designados para o exame;
>
> c) não der o laudo, ou concorrer para que a perícia não seja feita, nos prazos estabelecidos.

Uma vez indicado o perito é facultado às partes arguir o impedimento ou a suspeição do perito, se for o caso, indicar assistente técnico e apresentar quesitos no prazo de 15 (quinze) dias contados da intimação do despacho de nomeação do perito (art. 465, § 1º e seus incisos I, II e III, do N.C.P.C.

Registre-se que não há mais a necessidade do perito assinar o termo de compromisso, bem como os assistentes técnicos são de confiança das partes e, assim, não sujeitos a impedimento ou suspeição, normas mantidas do Código revogado de 1973 (antigo art. 422) e agora no art. 466 e § 1º do Digesto Processual de 2015.

Anote-se, que a Lei Complementar nº 76, de 06/07/1993, que trata do procedimento especial para o processo de desapropriação de imóvel rural, por interesse social, para fins de reforma agrária, institui no seu art. 9º, § 1º, inc. III, a obrigatoriedade do compromisso no prazo de 05 (cinco) dias, contados da intimação, para perito e assistentes.

Impende se examinar se prevalece a redação do art. 466 e § 1º do novo Digesto Processual de 2015, ou a Lei Complementar nº 76, de 1993, por ser anterior ao Código de 2015, porém especial.

A doutrina, de longa data, já traz como entendimento absolutamente majoritário e até mesmo pacífico, no sentido de que a lei especial prevalece sobre a geral, mormente quando é posterior, mas o Código de 2015, passou a ser posterior à modificação acima explicitada da lei especial, que é de 1993.

Há o brocardo jurídico: *lex posterior derogat priori.*

Não se tem qualquer dúvida, no rigor doutrinário, em afirmar que, no caso da desapropriação da Lei Complementar nº 76, de 06/07/1993, há obrigatoriedade do compromisso apenas por ser especial.

Também não se pode deixar de registrar que o legislador, em 1993, impôs um retrocesso em sede de celeridade processual, vez que o Código de 1973, no seu art. 422, já liberava o termo de compromisso e, pior, perdeu a oportunidade de ratificar, fazendo coro com o digesto processual revogado, a total responsabilidade do profissional, que é inerente a seu grau e que jamais vai se elevar com um parco compromisso antecedente à elaboração de um laudo, para fins de se ter a sua peça técnica como ética...

Pergunta-se: como ficaria, caso o laudo fosse apresentado no procedimento desapropriatório da Lei Complementar nº 76 sem o compromisso do perito? Como seria este compromisso? Seria hipótese de nulidade absoluta a ausência do compromisso antes da entrega do laudo ou poderia ela ser sanável?

Deve-se cumprir a exigência legal, entretanto a eventual falha pode, em nosso entender, a qualquer tempo ser sanada, com uma simples afirmação do Louvado se dando por compromissado, inclusive em instância superior, vez que o relevante é a eficácia da declaração e não o preciso aspecto formal de um "termo", prevalecendo, pois, o efeito *ex tunc*, em respeito, aliás, aos mais importantes princípios que norteiam o direito hodierno.

Em assim sendo, possível que se intime o perito para que se declare compromissado, mesmo já tendo apresentado sua peça técnica.

É uma forma de minorar o desnecessário e vetusto formalismo da Lei Complementar nº 76, quiçá, *de lege ferenda*, a ser revogado, fazendo, então, prevalecer a isenção do Código de Processo Civil.

Entregue o laudo, com ciência aos interessados, possível é a apresentação de quesitação suplementar, com o escopo de aclarar alguma fundamentação sustentada pelo perito (art. 477 § 3º). Elucidando, como consta na parte final do citado § 3º, que deve formular, "desde logo, as perguntas, sob forma de quesitos", ficando a assertiva de que o perito não é uma testemunha para sofrer "inquirição" em audiência, aliás, como já enfatizado em páginas anteriores. Trata-se de um técnico, mesmo em sede de órgão técnico ou científico.

Necessário, neste particular, é observar a diferença entre o quesito efetivamente suplementar e o quesito novo, até porque, ocorrendo a entrega do laudo, encerrada está a diligência pericial e, assim, eventual esclarecimento só é admissível na forma de quesitação suplementar.

Inicia-se por entender o significado da palavra quesito.

Nada mais simples que reverenciar a sua origem latina: *quaesitum* (-*i.* substantivo neutro, segunda declinação), que tem a tradução de pergunta, questão.

Em rara simplicidade o quesito em sede de sentido jurídico é a pergunta feita a quem tem obrigação e ou condição técnica de responder.

Em assim sendo, um quesito suplementar, por força da lógica, só pode ser formulado em momento posterior ao quesito inicial e, obrigatoriamente com ele conexo, com apresentação após a resposta do questionamento original.

Suplementar e suplemento, na melhor explanação do Dicionário do Prof. AURÉLIO BUARQUE DE HOLANDA FERREIRA, é o que se amplia, adiciona, o que se dá a mais, parte que se adiciona a um todo para ampliá-lo, esclarecê-lo e aperfeiçoá-lo.

A relevância das elucidações anteriores se prende ao fato da obrigatoriedade do perito atender à quesitação suplementar, sem qualquer outro recebimento de honorários, admitindo-se pelo menos em tese e ou supostamente, que algo ficou omisso, contraditório, inexato ou obscuro, na primeira resposta.

Muito comum, porém, é vir quesitação nova, com o rótulo de suplementar o que explica a preocupação em se definir as palavras quesito, suplementar e suplemento.

Desta forma, urge examinar, primeiramente, que já foi ultrapassado o prazo para postulação de questionamento, isto é, quesito original e, no mais, mesmo se ocorrer a concordância dos interessados nas respostas, fica sujeito à complementação de honorários, certo que não incluído este trabalho extra, no inicial pedido de remuneração.

Em tais casos, temos que deve o perito entregar petição fundamentada ao juiz, elucidando por que se trata de quesito novo e não suplementar e, em consequência, requerer que, se determinado o atendimento ao solicitado, seja facultado ao perito requerer complementação de seus honorários, face ao trabalho novo a ser desenvolvido.

Neste particular o Código de Processo Penal, em seu art. 176, autoriza a formulação de quesitos (originais não suplementares) até o ato da diligência, com prazo, pois, mais dilatado que na área cível, entendendo-se como válida a proposta legislativa em decorrência da maior relevância na área criminal, com excepcionalidade, já que lida com a vida e a liberdade, em planos preponderantes, sendo certo, porém, que tal não aproveita, em sede analógica para outros ramos do Direito, em face da peremptória determinação legal temporal.

À guisa de complementação, transcreve-se o art. 176 do Código de Processo Penal:

> Art. 176. A autoridade e as partes poderão formular quesitos até o ato da diligência.

Não é demais elucidar que o art. 176 do C.P.P. tem estrita ligação com o art. 14 do mesmo Estatuto Processual Penal, entretanto tal exegese ultrapassa os limites do tema abordado, ficando apenas o registro e a transcrição do dispositivo, que ora se faz:

> Art. 14. O ofendido, ou seu representante legal, e o indiciado poderão requerer qualquer diligência, que será realizada, ou não, a juízo da autoridade.

Destaca-se que, não havendo omissão, contradição, obscuridade ou alguma inexatidão, quando da totalidade do laudo e nas respostas aos quesitos, não há como se ter uma pergunta suplementar, mas sim um novo quesito, tanto que, no mais das vezes importa em nova diligência do perito e ou desinfluência para modificação do conclusivo da peça técnica.

Tal se configura como exato que o interessado não consegue elucidar objetivamente de qual quesito pretende a suplementação e, quando assim o faz, nada mais é que um desdobramento do questionamento anterior, motivando pergunta "aparentemente autônoma", já que não se vislumbra, como alhures grafado, omissão, contradição, obscuridade ou inexatidão na resposta.

Evidencia-se, sim, uma volição protelatória, que merece reprimenda...

A simples pretensão do interessado em querer saber mais do que já questionou não é permitido, haja vista ultrapassado o momento processual para tanto e não se valendo ele desta oportunidade a matéria fica preclusa, daí por que só autorizada a quesitação verdadeiramente suplementar.

Forçoso é reconhecer que, mesmo havendo tolerância das partes e deferimento pelo Juízo, o quesito sendo novo é passível de complementação de honorários, como em momento anterior explicitado.

Deve o magistrado, na presidência do procedimento indeferir sempre de forma fundamentada qualquer quesito novo em respeito ao princípio da celeridade, não permitindo, por conseguinte, expedientes protelatórios, motivando os sucessivos "diga o Dr. Perito" e, "com a resposta aos Interessados", "engordando" desnecessariamente o processo e criando vários volumes, desgastando o louvado, que nada mais tem a esclarecer e fica a ratificar posicionamentos já constantes dos autos, só por "reverência" ao juiz, tudo em evidente desrespeito ao profissional técnico.

Difícil, mas não impossível, ocorrer que o quesito novo seja efetivamente relevante, até mesmo frente a fatos novos apresentados.

Sugere-se que o magistrado, igualmente em decisão fundamentada, aprecie o pedido para autorizar a resposta, mesmo que com complementação de honorários ou, com fulcro no art. 370 e seu parágrafo único do N.C.P.C. adote o quesito novo como sendo do Juízo, pois, em extrato final, deverá solucionar o mérito da demanda em seu livre convencimento.

Claro está que se entender, para solução final, que desinfluente seja tal quesito novo, malgrado a pertinência em excepcionalidade, deve prevalecer à celeridade processual, mantendo-se o regramento geral.

Neste particular se nos apresenta a indispensável presença do assistente técnico em total conexão com os fatos em lide, ultrapassando os limites impostos ao perito em sede de quesitação, quer inicial, quer suplementar, até porque a juntada do parecer técnico ocorre depois da apresentação do laudo, pelo que se conclui do disposto no art. 477, § 1º, ou seja, o assistente técnico pode, em igual prazo de 15 (quinze) dias da manifestação das partes sobre a peça técnica, apresentar o seu parecer técnico.

Acredito que a confiabilidade do assistente técnico é de igual sorte tão importante, quanto a do perito, não merecendo, por este fato e o da não sujeição à impedimento e suspeição, que se analise como tendencioso o seu parecer técnico, relegando-se ao desdém, sem qualquer força elucidatória.

O Professor e Jurista Colombiano HERNANDO DEVIS ECHANDÍA, em *Teoria General de la Prueba Judicial* (Buenos Aires), entende que o assistente técnico é *normalmente faccioso*, opinião que não se acolhe, *tout court*, aliás, não merece, também, o aval dos doutrinadores brasileiros.

Estas colocações trazem, cada vez mais, a responsabilidade do profissional que atuar como assistente técnico de burilar o seu parecer para que seja de conteúdo induvidoso, extinguindo-se, vez por todas, a supramencionada tese.

Acrescenta ECHANDÍA que o assistente técnico faz as vezes de um órgão processual de defesa do interessado que o designou.

Não é incomum que o assistente técnico levante tese e ou apresente fatos e dados dignos de exame pelo juiz, inclusive como motivo de complementação do laudo de seu perito.

Pode, *indemne* de dúvida, o juiz adotar, para fundamentação do seu aresto, uma parte do laudo e outra do parecer técnico, restando desinfluente se tal composição ultimou em desfavor da parte que designou seu assistente ou mesmo optar só pelo laudo ou apenas pelo parecer.

O princípio da comunhão da prova, que, em sucinta explicação, significa que as provas produzidas são do Juízo, assim, as apresentadas podem beneficiar, mas não excluir a possibilidade de prejudicar aos demais (*vide* arts. 117 e 371 do N.C.P.C.).

Malgrado tudo, mesmo não obrigando a Lei que as partes designem seus assistentes técnicos, entendemos da sua alta relevância, como forma de evitar equívocos de difíceis correções futuras...

Terminada a instrução do processo e só havendo uma prova técnica, com laudo do perito e, em se considerando que não é o julgador um especialista da área objeto do laudo, outra não será a solução que o acatamento do sugerido pelo louvado, caso não contrária à prova dos autos e respeitando o livre convencimento do juiz.

Pergunta-se: estando o *expert* errado com a sua conclusão técnica, constatado só após o trânsito em julgado da lide, o que fazer?

Difícil fica se estabelecer o *statu quo* ante, posto os limites estritos da ação rescisória, na forma do art. 966 e seguintes do N.C.P.C., que só em trabalho autônomo e frente ao fato concreto seria possível se analisar...

No concernente à chamada "conferência reservada", no Estado do Rio de Janeiro, pelo que se tem notícia, o Código de Ética do Instituto de Engenharia Legal determina a conferência reservada, aliás, procedimento correto, visando à preservação da classe.

Diz o Código de Ética e as Normas do Exercício Profissional (abril/1992), item das Normas, Título II, art. 2º, "i" e "j":

> Art. 2º Ao Perito, especificamente compete: (...)
>
> i) fornecer cópia da minuta do laudo a cada Assistente Técnico, fixando o prazo máximo de 5 dias úteis para

> a realização de uma Conferência Reservada, para a apresentação de eventuais ponderações técnicas. Nos casos de maior complexidade, o prazo será prolongado proporcionalmente ao tempo despendido pelo Perito na elaboração do Laudo.
>
> j) Entregar o laudo em Cartório somente após a Conferência Reservada com os Assistentes Técnicos.

A revogação do art. 430 do revogado C.P.C. não elide a disposição acima, mesmo sendo posterior, em face da sua normatividade ética, merecendo, até, aplausos pela sua manutenção.

O Código de 2015, em seus arts. 474 e 475, impõe a ciência das partes da data e do local designados pelo juiz ou indicados pelo perito para ter início a produção da prova e, sendo complexa a perícia, a nomeação de mais de um perito, facultando as partes a indicação de mais de um assistente técnico.

No que concerne ao primeiro dispositivo (art. 474), tem-se que por demais válida foi a determinação da ciência às partes, podendo-se entender no sentido amplo, também para os demais interessados na lide e devidamente insertos no processo, como o Ministério Público, pois abriga o princípio da transparência e da lealdade, trazendo maior equilíbrio nos relacionamentos no processo.

Forçoso é reconhecer que, no mais das vezes, só a parte que depositava os honorários do perito ficava sabendo a data da diligência ou, pelo menos, podia calculá-la de maneira bem aproximada, estabelecendo desequilíbrio quanto aos momentos de apuração da prova.

Destaque-se que quando a norma fala em "início a produção da prova" traz inserto o momento concreto de sua realização e continuação, ou seja, a diligência para fins de apuração dos fatos, e não mero abstracionismo do ato, que, de resto, é inócuo.

Certeza se tem de que o não atendimento ao dispositivo retro, motivando comprovado prejuízo à parte e ou à qualquer interessado admitido nos autos, causa a nulidade da prova, total ou parcialmente, devendo ser repetida, *si et in quantum*, sem qualquer complementação de honorários do perito e atendendo aos requisitos legais.

A ciência pode ocorrer por simples informação do perito nos autos, quanto ao necessário, com a intimação dos patronos dos litigantes, na forma legal (publicação no órgão oficial, carta com A.R., nos locais que não haja imprensa oficial métodos usados pela informatização dos tribunais etc.) ou pelos meios eletrônicos, aproveitando-se o disposto no art. 477, § 4º, quando até exige o período mínimo de 10 (dez) dias de antecedência da audiência, já que tal exegese é compatível com as normas processuais.

No que tange ao segundo dispositivo (art. 475), nada mais razoável, haja vista ser a matéria como uma perícia complexa.

Imagine-se um acidente de trânsito, com batida do veículo em um poste, que cai sobre uma casa, mas causando parcos prejuízos e pequenas sequelas nos ocupantes do carro e em um morador da residência.

Lógico que não poderíamos ter um só perito para fazer a avaliação dos prejuízos da área cível, eventualmente do carro e das sequelas das vítimas, por mais simples que fossem, posto a diversidade de especialidades, porém se torna complexa em relação aos vários questionamentos, devendo-se, pois, dar um maior elastério à palavra "complexa".

Não se diga, também, que para avaliar um navio, o juiz teria que nomear um sem número de especialistas, já que tem parte naval, elétrica, informática entre muitas outras, mas, *in casu*, a especialidade é de cálculo avaliatório, passível de ser absorvida por um só *expert*.

Ultimada a prova pericial pode ocorrer que os interessados e/ou o juiz não a aceitem por insuficiência técnica.

Não concordando o juiz com a prova técnica como realizada, ou não suficientemente esclarecidos os pontos necessários, possível é determinar que outra seja feita, por profissional diverso.

De igual sorte, a parte interessada, por petição fundamentada, tem amparo legal para requerer a realização de nova perícia, com designação de outro *expert* (art. 480 do N.C.P.C.).

O Direito Penal, em previsão de tal naipe, obriga a reserva do material da prova, conforme consta do art. 170 do Código de Processo Penal:

> Art. 170. Nas perícias de laboratório, os peritos guardarão material suficiente para a eventualidade de nova perícia. Sempre que conveniente, os laudos serão ilustrados com provas fotográficas, ou microfotográficas, desenhos ou esquemas.

Observa-se que, na maioria das vezes, pretende o interessado tentar mudar o conteúdo técnico para conseguir melhor sorte a seu favor, não existindo qualquer insuficiência no laudo, mas sim inconformismo do litigante.

Se a prova realizada, efetivamente atingiu a todos os objetivos não há por que se realizar nova perícia, mesmo na Instância Superior, até por que, em melhor procedimento técnico, entendendo o Colegiado pela insuficiência do laudo, deve cassar a sentença, determinando nova produção da prova técnica, por outro perito e prosseguimento com sentença de mérito, obedecendo, por consequência, o princípio do duplo grau de jurisdição.

Importante é constatar que o comando na faculdade do art. 480 do N.C.P.C. é para o julgador (não direito do interessado), que só deve autorizar nova perícia se a matéria não estiver bem esclarecida e depois de esgotadas as possibilidades de complementação com novos esclarecimentos, por intermédio do perito designado.

Não é exagerado lembrar que eventual matéria não suficientemente esclarecida não importa na carência de conhecimento técnico ou científico, que estabelece a substituição do perito (art. 468, inciso I, do N.C.P.C.).

Assim, de maior prudência do magistrado, na hipótese de ponto obscuro, incompleto, insuficiente, contraditório ou o mais conexo, melhor é determinar a complementação do laudo, apontando os aspectos duvidosos, do que, de inopino, aplicar o art. 480 citado, que sempre traz ônus aos Litigantes.

Em sentido similar é o comando do Código Processual francês, em seu art. 283:

> Art. 283. Si le juge ne trouve pas dans le rapport les éclaircissements suffisants, il peut entendre l'expert, les parties présentes ou appelées.

O perito do juiz é de sua absoluta confiança e como tal, quando designado criteriosamente, deve não só ser preservado, como prestigiado.

Acreditamos que só em casos extremos e de dificílima indagação técnica, com possibilidades de entendimentos teóricos diversos, merecem a oportunidade de nova perícia, preferindo-se admitir que o juiz escolheu bem o seu perito, sendo de inquestionável confiança, excelente conhecimento técnico, condições profissionais e lisura indiscutíveis...

Tal é a importância do acima exposto que o próprio N.C.P.C., em seu art. 480, nos §§ 1º 2º e 3º, deixa claro que a segunda perícia rege-se pelas disposições da primeira, tem o condão de corrigir omissões e ou inexatidões desta, não a substituindo, deixando, desta forma, o juiz livre para apreciar o valor de uma ou outra, bem como o Colegiado em sede recursal.

Pode ocorrer, ainda e por derradeiro, a realização de uma segunda prova pericial na Superior Instância (Tribunal), porém, como retromencionado, não nos parece de melhor técnica, mas, usualmente se faz, por determinação do Colegiado.

Tornam-se mais raras tais hipóteses, entretanto aos Julgadores do Segundo Grau fica autorizado entender que a perícia realizada não está completa, apresenta omissões, contradições, não estando suficientemente esclarecida e, assim, de ofício ou mesmo acolhendo anterior pedido feito pela Parte, na forma do art. 480 do N.C.P.C., designam nova produção técnica, nomeando um louvado de sua própria confiança.

Elucide-se que as normas que regerão esta perícia serão as mesmas, que as anteriormente mencionadas, apenas adaptadas ao procedimento dos Tribunais.

Estando o N.C.P.C. vigente há pouco mais de três anos, algumas novidades nele lançadas ficaram mais evidentes e questões ambíguas ou omissas estão sendo paulatinamente dirimidas pela doutrina e jurisprudência.

Observa-se, desde o implemento do atual *Codex* certa dicotomia do legislador quanto ao tratamento dispensado à prova pericial, por vezes fazendo crer a adoção do método predominantemente aceito pelos *Experts* (art. 473, III) e, em outros momentos frisando o encargo judicial de julgar a prova técnica (art. 479), levando em conta o método utilizado pelo Louvado, adotando o critério da revisão pelos pares, de referendo da prova, tarefa inerente ao Poder Geral de Cautela do Julgador, atuando nesse aspecto como Magistrado guardião.

Tema tão relevante foi objeto de estudo pelo Desembargador Federal Fernando Quadros da Silva, Membro efetivo do Tribunal Federal da Quarta Região que, fazendo referência à valiosíssima obra do Professor Danilo Knijnik, observa que a exegese sistemática dos supramencionados arts. 473, III, e 479 do CPC, também indica a adoção pelo legislador pátrio da nominada "revisão e aceitação pelos pares" como método a ser utilizado em caso de erro e de revisão pelos pares e pela comunidade científica, quando possível.

Nesse ponto, inevitável mencionar que o juiz ao se valer de novos métodos para valoração da prova se depara com o Fator Kozinski, que demanda maior cautela do Julgador ao apreciar pretensão judicial lastreada em perícia científica calcada em teorias inéditas e elementos inusitados.

Todas estas considerações sobre a prova pericial só reforçam o rigor que deve informar a apreciação dos laudos periciais, não se podendo olvidar que a prova técnica também pode embasar ação rescisória, todavia, nesta hipótese, é imprescindível que o laudo pericial seja considerado documento novo, na forma do art. 485, VII, do N.C.P.C.

Capítulo 5

Honorários

HONORÁRIOS: Critérios para fixação dos honorários: dificuldades para elaboração da peça técnica; quesitação; valor da causa (pedido); tabela dos órgãos de classe e condição financeira dos interessados. Princípios da proporcionalidade e razoabilidade. Pedido motivado do louvado. Responsabilidade pelo adiantamento dos honorários do perito. Remuneração do assistente técnico. Hipóteses em que a responsabilidade é sempre do autor: natureza jurídica da lide. Inversão do ônus da prova (art. 6º, inc. VIII, da Lei nº 8.078, de 11/09/1990 - C.D.C.) para fins de adiantamento dos honorários: hipossuficiência. Impugnação dos honorários pelos interessados: esclarecimentos do perito; decisão do Juízo e sua recorribilidade. Recebimento dos honorários: adiantamento na lide; propositura de ação autônoma; prescrição; prazo prescricional pelo novo Código Civil. Controvérsias e entendimentos doutrinários sobre os temas.

Ultrapassado o prazo de quesitação e assistente técnico, com ou sem o exercício pelas partes de tal faculdade, deverá o perito do Juízo apresentar seu pedido de honorários.

O perito, para estipular seus honorários, deve, em síntese, atender a dois aspectos: a complexidade do trabalho em sonância com a quesitação apresentada e as tabelas de honorários mínimos, vigentes nos órgãos de classe.

Por sua vez, o juiz deve ficar atento, também, para o valor da causa (como pretensão) e a condição financeira dos interessados na lide, sem esquecer a dificuldade técnica e a quesitação.

Não se pode olvidar que o valor da causa nem sempre corresponde ao pedido que se quer alcançar, pois o pedido pode ser genérico e não ter um conteúdo econômico imediato, consoante já em linhas anteriores enfatizado.

Em assim sendo, nem sempre se presta o valor dado à causa, para fins de parâmetros em sede de fixação de honorários periciais.

Os peritos, em tempos de longe memória, quando das Ordenações, também chamados de arbitradores, avaliadores e estimadores se investiam em cargo público, *rectius*, ofício de Justiça.

Só se transformaram em atividade particular quando da edição do Aviso nº 115, de 21 de abril de 1852, embora a continuação com a natureza jurídica pública para fins penais.

Hoc ipsum est (eis o caso).

Assim, em suma, teríamos como requisitos para fixação dos honorários periciais:

A) dificuldade para elaboração do trabalho técnico;

B) quesitação;

C) valor da causa (pedido);

D) tabelas dos órgãos de classe; e

E) condição financeira dos interessados.

Os critérios acima devem estar conexionados com os princípios de proporcionalidade e razoabilidade para que possam atingir ao fim colimado e não causar uma excessividade técnica em confronto com uma realidade fática e/ou determinação legal, vindo a prejudicar toda a postulação de preciso ganho pelo trabalho a ser desenvolvido.

Cite-se, em breve escorço, sem prolongado comentário, o já de longa data previsto no Código Canônico, que vem afiançar o acima esposado:

> Cân. 1.580. Aos peritos devem ser pagas as despesas e honorários a serem determinados *ex bono et aequo* pelo juiz, e observando-se o direito particular.

Melhor pode o técnico dizer das dificuldades na elaboração do laudo, sejam elas na pesquisa do tema como em sua exposição.

Relevante, pois, que na petição de honorários desde logo elucide o perito ao juiz os motivos do *quantum* pretendido, enfatizando, sinteticamente, a complexidade para atingir tal desiderato, o que, *a contrario sensu*, não ocorrendo, deve ser exigido pelo juiz, até para fins de melhor futura sustentação recursal, quiçá em sede de informações.

Verdade que a quesitação confusa e longa apresentada pelas próprias partes, no rigor das vezes desnecessária, estabelece um *plus* no pedido de honorários.

Exemplo: Quesito em ação revisional pedindo que o perito elabore uma planta completa do imóvel.

Importante é o perito destacar tais fatos e a impertinência do questionamento, face ao precípuo escopo da prova, comentando, porém, qual seria a redução dos honorários, caso excluído e ou indeferido o quesito, deixando, entretanto, a final, tal decisão à sensibilidade do juiz.

A urgência deste destaque é que provoca de imediato a decisão do magistrado, evitando um indeferimento no valor dos honorários requeridos, bem como elide várias impugnações dos interessados, com necessidade de nova manifestação do perito, para posterior apreciação final.

Ressalta-se que o juiz pode indeferir quesitos impertinentes, como formular os que entender necessários ao esclarecimento do processo (art. 470, incisos I e II, do N.C.P.C.).

Pergunta-se: de quem é a responsabilidade pelo adiantamento dos honorários do perito?

Aplicavam-se no revogado Código de 1973 os arts. 33 e 19, entretanto o novo Código de 2015 projetou procedimentos legais diversos.

O novel Diploma legal em seu art. 95 enfatiza que "cada parte adiantará a remuneração do assistente técnico que houver indicado, sendo a do perito adiantada pela parte que houver requerido a perícia ou rateada quando a perícia for determinada de ofício ou requerida por ambas as partes". Não se descura do disposto no art. 82, § 1º, do N.C.P.C. para a determinação de ofício pelo juízo e na hipótese de o Ministério Público ser o fiscal da lei no processo (*custos legis*), quando, então, a responsabilidade é exclusiva do autor.

Entendo ter sido precisa a modificação, precipuamente quanto ao rateio da prova ser requerida por ambas as partes ou determinada pelo juízo, elidindo, assim, a tentativa de "tomar vantagem" um dos interessados, quase sempre ocorrendo em sede de gratuidade de justiça, quando se sabe que a perícia é condição indispensável à solução da refrega...

Elucide-se que a afirmação acima não elide, de forma alguma, quem está sob o pálio da gratuidade de justiça (art. 82 do N.C.P.C., em similitude ao revogado art. 19).

O juiz é o responsável pelo andamento do processo e, desta forma, pode não só deferir ou indeferir as provas requeridas pelas partes, como, de ofício, *cum grano salis*, determinar aquela necessária à instrução do feito (*vide* art. 370 do N.C.P.C.), motivo de ratificar o acima citado art. 82, § 1º.

Nesta perspectiva de adiantamento, em sede do Código de 1973, bem informam NELSON NERY JUNIOR E ROSA MARIA DE ANDRADE NERY, em *Código de Processo Civil Comentado*, em referência ao citado art. 33, p. 395:

> **Adiantamento de despesas**: Nada obstante conste do CPC 33 que a parte pagará as despesas do assistente técnico e do perito, o princípio da sucumbência (CPC, 20, *caput*) impõe ao vencido o pagamento das despesas, devendo reembolsar a parte que as adiantou (*RJTSP* 110/192). No mesmo sentido: *RJTJRS* 56/352 (destaques do original).

Registre-se que o Direito Processual francês traz solução, ora determinando quem deve ser o responsável pelos honorários e ora compartilhando as despesas, como se constata do art. 269:

> Art. 269. Le juge qui ordonne l'expertise ou le juge chargé du contrôle fixe, lors de la nomination de l'expert ou dès qu'il est en mesure de le faire, le montant d'une provision à valoir sur la rémunération de l'expert aussi proche que possible de sa rémunération définitive prévisible. Il désigne la ou les parties qui devront consigner la provision au greffe de la jurisdiction dans le délait qu'il determine; si plusieurs parties sont désignées, il indique dans quelle proportion chacune des parties devra consigner. Il aménage, s'il y a lieu, les échéances dont la consignation peut être assortie. (Décret nº 89.511 du 20 juillet 1989, art. 4. *Journal officiel du* 25 juillet 1989, en vigueur le 15 septembre 1989).

Não é demais elucidar que, em algumas hipóteses, irrelevante é quem pretende produzir a prova, vez que a lei obriga a realização da perícia, como no incidente de falsidade (art. 432 do N.C.P.C.), na demarcatória (art. 579 do N.C.P.C.), na divisória (art. 590 do N.C.P.C.), na interdição (art. 753 do N.C.P.C.), na desapropriação (art. 14 do Decreto-Lei nº 3.365, de 21/06/1941), ficando, dessa forma, o autor sempre responsável pelo adiantamento dos honorários.

Havia certa polêmica o art. 6º, inc. VIII, da Lei nº 8.078, de 11/09/1990 (Código de Defesa do Consumidor), quando há necessidade de pagamento dos honorários periciais (inversão do ônus da prova), o que não mais apresenta problemas, em face dos novos dispositivos legais do Código de 2015, como já acima explicitado.

Não há por que se confundir a inversão do ônus de provar com a efetiva produção da prova.

Apresentada a pretensão dos honorários, com vistas aos interessados, pode ocorrer a concordância de todos, ocasião na qual o juiz homologará o pedido do perito, prosseguindo o processo com a concretização da prova.

Na forma do art. 465, § 2º, do Código de 2015 o nomeado apresentará no quinquídio a proposta de honorários, anexando seu currículo com a comprovação de sua especialização, contatos profissionais e endereço eletrônico.

É dado ciência às partes para manifestação no prazo comum de 05 (cinco) dias, visando à decisão do juiz, com posterior intimação, na forma do art. 95 do N.C.P.C. art. 465 § 3º do Código de 2015.

Inovando, a nova legislação, no art. 465 § 4º, autoriza o juiz a liberar 50% (cinquenta por cento) do valor dos honorários para o perito no início dos trabalhos, ficando o sobejante apenas para o final depois de entregue o laudo e prestados os eventuais esclarecimentos solicitados pelos interessados.

Também em dispositivo inovador (art. 465, § 5º, do Código de 2015), se a perícia for inconclusiva ou deficiente poderá o magistrado reduzir os honorários anteriormente arbitrados.

Trata-se de uma faculdade com certa dificuldade de análise imediata, merecendo apreciação isolada e em casos concretos, até porque o magistrado não é um técnico na prova pericial *sub examen* para ter a absoluta precisão de ser inconclusiva e/ou deficiente. Solução para o Direito Pretoriano dar a arte final, malgrado entender que mais razoável é o julgador solicitar ao *expert* ou Órgãos os esclarecimentos pertinentes, deixando a aludida redução para casos extremos...

Para tal exceção, bem sintetiza o *Codex Iuris Canonici* em seu Cân. 1.580, como mencionado no capítulo Origem da Perícia, com o critério: *ex bono et aequo*.

Forçoso é reconhecer, na melhor exegese do art. 996 do Novo Digesto Processual, que o perito não tem legitimidade para recorrer da decisão que fixa seus honorários, nem para sustentar sua tese perante a Egrégia Superior Instância, apesar de alguns poucos corajosos V. Arestos em sentido contrário, em postulações vencidas no Direito Pretoriano, que, porém, *de lege ferenda,* mereceriam melhor sorte, até como forma de elidir eventual fraude, motivo pelo qual me faculto reserva para oportuna maior reflexão sobre o tema, em face da citação no dispositivo legal, quanto ao "terceiro prejudicado"...

Esclarecem NELSON NERY JUNIOR E ROSA MARIA DE ANDRADE NERY, na obra supramencionada, em referência ao art. 499 (Código de 1973), p. 862:

> **Perito. Recurso**. Perito não tem legitimidade para recorrer da decisão que lhe fixa honorários (2º TACiv. SP, MS 289882, rel. Juiz Acayaba de Toledo, j. 24/9/1990, *BolAASP* 1766/1. supl.). No mesmo sentido *RJTJSP* 134/323, 100/302; *JTACivSP* 107/222, 106/347, 105/254, Nery, *Recursos*5, n. 3.4.1.2., p. 264. Em sentido contrário, admitindo o recurso do perito: *RJTJSP* 104/313 (negrito do original).

Imagine-se que, por equívoco ou outro qualquer motivo, o juiz arbitrou os honorários periciais em valor muito aquém do preciso.

A parte responsável pelo adiantamento dos honorários não tem interesse em recorrer, haja vista que menor será o seu ônus e, quanto à adversa, pouco importa, pois quanto mais reduzido o valor arbitrado, em caso de sua sucumbência, maior será seu benefício (*fraudis interpretatio semper in jure civile non ex eventu duntaxat sed ex consilio quoque desideratur.* A interpretação da fraude, em Direito Civil, se faz não só pelo resultado [do ato] como pela intenção [dos autores]).

Por outro lado, o perito, que já assumiu o encargo, frente ao disposto no art. 157, § 1º, do Novo Código de 2015, fica em difícil situação para realizar um trabalho e, por vezes, ir de encontro à tabela mínima expedida pelo Instituto de sua classe, só lhe sendo facultado se declarar suspeito, por motivo de foro íntimo (145 § 1º c.c. art. 148, inciso II do Código de 2015), deixando, nesta hipótese, confusa solução para o magistrado, pois dificilmente outro louvado aceitará o encargo com os honorários como deferidos, mormente se, *indemne* de dúvida, em confronto com seu órgão de classe.

Por tais considerações, de *lege ferenda*, melhor seria dar maior amplitude a norma legal supramencionada para nela incluir pelo menos o perito, já que é um relevante auxiliar da Justiça, entendendo-se, também, que a decisão homologatória de honorários é suscetível de causar à parte lesão grave e de difícil reparação pois não há como laborar o profissional técnico sem saber se os seus ganhos se encontram ou não aviltados.

Em assim não sendo, só o elastério do Direito Pretoriano pode elidir algum impasse processual para concretização da prova pericial, admitindo a legitimidade e a possibilidade da interposição do recurso cabível.

Temos que o normal dos procedimentos é o juiz aceitar as ponderações de seu perito, até porque se é ele pessoa de sua absoluta confiança para realização de tão importante prova, nada mais coerente que adotar como precisas e corretas as suas alegações sobre a exatidão do pedido e, com base no sustentado, homologar os seus honorários.

A confiabilidade norteia todo o procedimento entre juiz e perito, que, logicamente, quando não existe, prejudica todo o trabalho, deixando-se, por conseguinte, à evidência, de mencionar a infeliz posição daqueles que, sem razoável motivação, fixam os honorários de seu perito sem lhe fazer prévia consulta. Não há como se confundir o julgar a valoração do trabalho alheio mediante critérios estabelecidos nos autos pelas partes e demais interessados, com o fato de, adrede, fazer sua valoração e, pior, por vezes até mesmo sem a apresentação de quesitação.

Certo que, não concordando os interessados com a homologação dos honorários, a solução é a interposição do competente recurso, como veremos no capítulo seguinte.

Elucide-se, a bem da verdade, que a matéria não é exatamente nova, basta que se pesquise a lei italiana, em especial a *Legge 8 luglio 1980, nº 319 e o Decreto del Presidente della Republica 19 dicembre 1981* e no último como forma de *Determinazione degli onerari per autopsie in caso di morte per infortunio sul lavoro o per malattia professionale:*

> Art. un. In caso di morte in conseguenza di infotunio sul lavoro o di malattia professionale nell'industria e nell'agricoltura, l'onorario per autopsia com il referto è determinato nelle seguenti misure:
>
> per esame necroscopico completo: L 300.000;
>
> per esame necroscopico completo su cadavere esumato: L 500.000.

O Direito Processual francês se posiciona no art. 267, quanto ao momento para o início das diligências periciais, respeitando o depósito da remuneração, ficando, entretanto, a responsabilidade para o juiz sobre a necessidade do imediato trabalho técnico:

> Art. 267. Dès le prononcé de la décision nommant l'expert, le secrétaire de la jurisdiction lui en notifie copie par tout moyen.
>
> L'expert fait connaître sans délai au juge son acceptation; il doit commencer les opérations d'expertise dès qu'il est averti que les parties ont

> consigné la provision mise à leur charge, ou le montant de la première échéance dont la consignation a peut être assortie, à moins que le juge ne lui enjoigne d'entreprendre immédiatement ses opérations. (Décret nº 89.511 du 20 juillet 1989, art. 4. Journal officiel du 25 juillet 1989, en vigueur le 15 septembre 1989; Décret nº 2005 - 1678 du 28 décembre 2005, art. 37, *Journal official du* 29 décembre 2005, en vigueur le 1er mars 2006).

No mais, resume-se o tema, na sede recursal, para solução final, quanto possível e ou razoável, vez que, no mais das vezes, mesmo a concessão do efeito suspensivo pode ser inócua, não só pelo já recebimento da quantia, como pela realização da diligência a que se destinava.

A dificuldade, frente à sucessividade das ocorrências, gera a melhor prudência, entre julgadores de ambos os graus e os interessados, para elidir prejuízos à lide, sendo que só no exame do caso concreto se pode perquirir a melhor solução.

O novo Código Processual de 2015 não repetiu a norma do art. 585, inc. VI, quando autorizava a propositura de ação de execução, qualificando expressamente o crédito do perito como título executivo extrajudicial ficando tão somente no art. 784, inciso XII, "todos os demais títulos aos quais, por disposição expressa, a lei atribuir força executiva".

Relevante é enfatizar que o prazo prescricional para eventual propositura de ação, pelo novo Código Civil, é de 05 (cinco) anos, na forma do art. 206, § 5º, inciso II, para os profissionais liberais em geral, dando, portando, mais tempo ao profissional, porque pela antiga lei substantiva o lapso temporal era de apenas 01 (um) ano (art. 178, § 6º, inciso VI, do antigo Código Civil de 1916).

Não há, entretanto, como confundir o prazo prescricional supramencionado com aquele do § 1º do mesmo artigo, inciso III, que é de um ano para os peritos, aliás, o mesmo do antigo Código Civil, conforme já constava do art. 178 § 6º, inciso VII, do estatuto substantivo de 1916 em entendimento pacificado do Direito Pretoriano.

> Art. 206. Prescreve:
>
> § 1º Em 1 (um) ano:
>
> (...)

> III - a pretensão dos tabeliães, auxiliares da justiça, serventuários judiciais, árbitros e peritos, pela percepção de emolumentos, custas e honorários.
>
> (...)
>
> § 5º Em cinco anos:
>
> II - a pretensão dos profissionais liberais em geral, procuradores judiciais, curadores e professores pelos seus honorários, contado o prazo da conclusão dos serviços, da cessação dos respectivos contratos ou mandato;

No que tange aos honorários periciais, não se pode deixar de mencionar o hodierno entendimento do Colendo Supremo Tribunal Federal acerca da responsabilidade pelo seu adiantamento nas Ações Civis Públicas.

Em recente decisão proferida na Ação Cível Originária (ACO) nº 1.560/MS-Mato Grosso do Sul, julgada em 13/12/2018, o Ministro Ricardo Lewandowski pontuou que o entendimento do Superior Tribunal de Justiça (STJ) a respeito da matéria, firmado na vigência do antigo CPC e mantido após o advento do CPC de 2015, deve ser repensado, por isso que interpretações sistemáticas com o atual arcabouço legislativo processual melhor ficam adequadas aos incentivos para a atuação das partes no processo.

Capítulo 6

Recursos

RECURSOS: Impugnação dos honorários. Decisão do Juízo. Agravo de instrumento e revogação do agravo retido (N.C.P.C. de 2015). Nova sistemática recursal. Impossibilidade de o perito saber o valor de seus honorários. Solução de ordem prática e de *lege ferenda*. Desistência do encargo por motivo de foro íntimo. Controvérsias e entendimentos doutrinários sobre os temas.

Havendo divergência sobre os honorários, impende a decisão sempre fundamentada do magistrado para solucionar a *vexata quaestio*, autorizando, em sequência, o recurso processual.

Dificuldade se nos apresenta, caso o interessado impugnante recorra da decisão, com a interposição de agravo.

Diferentemente, dos anteriores Códigos Processuais e suas leis posteriores, o Agravo de Instrumento tem sua total reformulação na sistemática prevista nos art. 1.015 a 1.020 do novo Diploma de 2015, motivo pelo qual se cita algumas delas.

Não há mais o chamado "agravo retido", que, como sustentava em edições anteriores, sempre deixava o louvado em uma situação difícil, pois sua apreciação era com a expressa manifestação na Apelação e, desta forma, só saberia ele o *quantum* final de seus honorários, se mantidos ou reduzidos, quando já apresentado o trabalho técnico, podendo gerar, na hipótese, a fixação de valor ínfimo e até ficar aquém da tabela do órgão de classe, o que, à evidência, soubesse ele antes, com certeza declinaria da sua designação até por motivo íntimo...

O relator do recurso interposto poderá atribuir efeito suspensivo ao agravo e até mesmo deferir, total ou parcialmente a pretensão, comunicando ao juiz sua decisão (art. 1.019, inciso I, N.C.P.C.).

A problemática persiste na hipótese de existência do recurso e só com o efeito devolutivo, isto é, sem o deferimento da suspensividade e ou antecipação da tutela, total ou parcialmente, momento então que o processo principal segue o curso normal e o perito fica sem saber se vai ou não receber o *quantum* requerido e homologado, sujeito, ainda, a novo exame pela Superior Instância, que o poderia reduzir ou impor solução desconfortável ao louvado, como acima enfocado.

Sustentava, antes da Lei nº 11.187, que deveria o magistrado de segundo grau conceder, no mais das vezes, o efeito suspensivo ao agravo e, principalmente, se lhe parecesse, *primo ictu oculi*, extorsiva a pretensão honorária, pois pior ficaria se o perito concretizasse o ato, recebesse os honorários, tudo antes do julgamento do agravo e, após, sendo surpreendido com a redução pelo Tribunal dos seus honorários, tivesse que devolver o excedente levantado.

De igual sorte, em análise anterior à Lei nº 11.187, enfatizava que o relator deveria conceder a antecipação da tutela, na hipótese rara, mas não impossível, do recurso ser para majorar os honorários, quando muito aquém do real o fixado pelo juiz, evitando, desta forma, que o louvado declinasse de seu encargo, prejudicando a celeridade da lide, trazendo, em definitiva exegese, para si a responsabilidade de tal concessão e prosseguimento do feito com a concretização da prova.

Registre-se que neste último caso, não se está pretendendo que uma das partes interponha o recurso em seu aparente desfavor, pois pode ser ele requerido pelo Ministério Público (art. 996 do N.C.P.C), ao perceber a irrealidade da decisão, com sérios prejuízos, inclusive na hipótese de outros peritos não aceitarem o encargo com os honorários como fixados e a matéria já preclusa.

Solução prática à ocorrência de tal imbróglio é a realização de audiência especial, em primeira instância, para sensibilizar as partes e interessados (quiçá convocando o perito) e, em suma, chegar-se a um *quantum* de honorários, que não os fixados, mas que venham a atender às exigências em lide e ultimar aceitação de profissional para realização da prova deferida, tudo devidamente homologado pelo juiz, como forma de acordo, aplicando-se o art. 1.018, § 1º, do N.C.P.C., sem se ficar aguardando uma solução das Instâncias Superiores, que, malgrado a nova legislação de 2015 determinar o prazo máximo de 01 (um) mês para julgamento do agravo de instrumento, contando-se o lapso temporal da intimação do agravado (art. 1.020 do N.C.P.C.), por solicitação do relator, não é difícil se concluir por ser uma proposta legislativa, em médio prazo, de imposição onírica e totalmente inócua, bastando que se levante a estatística da interposição de agravos de instrumento com muito maior complexidade e relevância jurídica entre outras hipóteses, que se encontram paralisadas por mais de um ano nas sedes das Câmaras e Tribunais Superiores, sem solução final, sem condições de dia para pauta de julgamento, em face dos inúmeros feitos já existentes e entre um *mare magnum* de decisões das respectivas relatorias sem um caminhar decisório efetivo e final...

Em suma: acaba o processo principal, prejudica-se, quanto possível e permitido legalmente o Agravo de Instrumento e o louvado apresentou sua peça técnica sem saber quanto vai receber e, se já efetuado o pagamento, que eventualmente terá que devolver...

Por derradeiro, neste particular, pouco comum, mas não impossível, que as partes, apesar de em polos opostos, estejam imbuídas no sentido de pagar menos de honorários, do que o correto requerido e estabeleçam "impugnações concordantes", visando induzir em erro o julgador. Daí, repita-se, a lamentável e discutível falta de legitimação do perito, para defender sua própria pretensão nos autos do agravo.

Ousa-se sugerir ao perito no sistema legal do novo Código de 2015, que, na ocorrência de acentuada dúvida no que tange aos honorários, mormente com a interposição de agravo de instrumento e, pior, sem a concessão do efeito suspensivo e não havendo prejuízo às partes, solicite, fundamentando com precisão a problemática ao juiz que o início do prazo para a entrega do laudo seja só após a total definição da remuneração a ser recebida, autorizando ao perito a renúncia ao encargo por motivo de foro íntimo, caso assim não entendesse.

No mais, aguarda-se que, em ocorrendo hipóteses como as anteriormente citadas, tenha o Direito Pretoriano, bem como a relatoria dos aludidos recursos, a sensibilidade para autorizar, pelo menos na fundamentação do recurso na forma de instrumento, com a suspensividade deferida, enfatizar no *decisum* que a realização da prova técnica somente terá seu prazo iniciado quando o louvado tiver ciência plena de seus honorários, com julgamento definitivo em grau superior.

Em outras palavras, reconhecer que a decisão que homologa os honorários periciais pode sim causar às partes lesão grave e de difícil reparação e especial ao louvado, em havendo recurso, bastando se analisar as conjecturas e ilações acima sugeridas.

Não seria pedir em ousadia, *de lege ferenda*, um dispositivo processual tratando desta matéria, fazendo com que se evitassem prejuízos dos interessados na lide, dos profissionais que atuam com a melhor atenção e probidade profissional e, em última análise, elidindo fraudes para redução equivocada e adredemente forjada em grau recursal...

Em suma: início do prazo para o perito apresentar o laudo apenas após o julgamento do recurso pela instância superior, obrigação do magistrado de superar a discussão, antes de homologar os honorários com uma audiência especial com as partes e interessados e a intimação do perito para comparecimento, visando a uma conciliação da verba a ser deferida pelo trabalho profissional e, acima de tudo, devolver o prazo para o louvado entregar a peça técnica, a contar da data da aludida audiência especial, ficando, depois de tudo acima explicitado o início de eventual prazo para o recurso do agravo de instrumento em discussão pela Segunda Instância e o mais conexo.

Não se pede em exagero, porque basta um parágrafo e/ou um inciso, quer no capítulo "Da Prova Pericial" (art. 464 e seguintes do N.C.P.C.) ou em local menos técnico, mas válido pelo conteúdo da alteração, onde se estabelecem as normas "Do Perito" (art. 156 e seguintes da Lei de 2015).

Fica, mais uma vez, sem querer ser dono da verdade e/ou ousadamente ultrapassar o devido processo legal da competência federal para fins de alteração da legislação federal processual nossa simples sugestão para reflexão daqueles que melhor podem dar solução ao tema, apresentando, desde já meu apreço e consideração pela compreensão e alto espírito público com relevância ao saber jurídico...

O N.C.P.C. de 2015, em seu art. 1.015, inovou, limitando drasticamente as hipóteses de cabimento de interposição de Agravo de Instrumento, excluindo desse rol as questões afetas as provas e, portanto, as decisões interlocutórias versando sobre a produção de prova pericial.

Ocorre que a taxatividade do rol do art. 1.015 do N.C.P.C. vem sendo mitigada pelo Colendo Superior Tribunal de Justiça para que o manejo do recurso instrumental seja admitido para atacar outras decisões interlocutórias relativas à prova que não aquelas hipóteses previstas nos incisos VI e XI do referido dispositivo legal.

Nesse sentido, a jurisprudência do TJ/SP firmada quando do julgamento do Agravo nº 2240960-87.2017.8.26.0000, em 03/04/2018, de Relatoria do Desembargador Maurício Pessoa (ementa colacionada no capítulo 6 desta obra).

CAPÍTULO 7

LINEAMENTOS

LINEAMENTOS: Lei de Locações: ação revisional e renovatória. Prova pericial no procedimento sumaríssimo dos Juizados Especiais: peça técnica; pagamento de honorários e comparecimento em Juízo. Desapropriação: por interesse público; interesse social; imissão na posse de imóveis urbanos; imóvel rural, por interesse social, para fins de reforma agrária.

Sobre o tema em estudo merecem, ainda, algumas rápidas considerações, que se seguem.

No que tange às ações revisionais e renovatórias deve-se atentar para a lei regendo a matéria (Lei nº 8.245, de 18/10/1991), elucidando-se, no entanto, que os princípios do N.C.P.C. de 2015, referentes à perícia e o mais conexo, são aplicáveis a estas ações, não ocorrendo modificações relevantes, exceto de ordem procedimental, destacando-se a não mais aplicação do rito sumário para a ação revisional, vez que não há mais tal procedimento no novo Diploma Processual, desde a sua entrada em vigor, isto é, na segunda quinzena de 2016 (art. 1.045).

Recomendamos, ainda, a atenção para o procedimento sumaríssimo, imposto pela Lei nº 9.099, de 26/09/1995, que dispõe sobre os Juizados Especiais Cíveis e Criminais, em especial o art. 79, que manda aplicar as normas do Código Civil e do Processual, quando houver omissão e o art. 35 e seu parágrafo único, *verbis*:

> Art. 35. Quando a prova do fato exigir, o juiz poderá inquirir técnicos de sua confiança, permitida às partes a apresentação de parecer técnico.
>
> Parágrafo único. No curso da audiência, poderá o juiz, de ofício ou a requerimento das partes, realizar inspeção em pessoas ou coisas, ou determinar que

o faça pessoa de sua confiança, que lhe relatará informalmente o verificado.

Não há dúvida de que a matéria autoriza exame mais aprofundado sobre o trabalho técnico realizado por profissional habilitado, inclusive no que concerne à possibilidade de cobrança ou não de honorários e ou exclusivamente despesas, face ao disposto no art. 54 da lei citada, bem como a testilha "dicotômica" entre os termos perito e exame técnico (*vide* abaixo em especial sobre o informado no TRF1-0230300) para apresentação de parecer, *concessa gratia*, em meu sentir meramente "acadêmica" e sem maior relevância em hermenêutica doutrinária, motivo pelo qual não se sustenta a divergência com maior "entusiasmo", bastando para tal o teor dos V. Arestos abaixo transcritos:

> (TRF1-0215821). AÇÃO REVISIONAL. FIES. CAUSA QUE NÃO ULTRAPASSA O VALOR DE 60 (SESSENTA) SALÁRIOS MÍNIMOS. AUSÊNCIA DE COMPLEXIDADE... III. As demandas relativas à revisão de financiamento estudantil não constituem matéria complexa, prescindível a prova pericial, fator que não afronta o art. 98, inciso I, da Constituição da República. Ademais, o art. 12 da Lei nº 10.259/2001 expressamente prevê a possibilidade da produção da prova pericial. IV. Matéria consolidada na jurisprudência do colendo Superior Tribunal de Justiça (STJ) e na deste eg. TRF - 1ª Região... (Apelação Cível nº 0009542-72.2008.4.01.3500/GO, 6ª Turma do TRF da 1ª Região, Rel. Jirair Aram Meguerian, Rel. Convocado Reginaldo Márcio Pereira. j. 06.09.2013, unânime, DJ 30.09.2013).
>
> (TRF1-169275)... I – Muito embora a Constituição Federal, em seu art. 98, I, disponha que compete aos Juizados Especiais Federais o julgamento das causas de menor complexidade, o art. 12 da Lei 10.259/2001 prevê expressamente a possibilidade de produção de prova pericial... (Conflito de Competência nº 0008816-20.2011.4.01.0000/GO, 3ª Seção do TRF da 1ª Região, Rel. Jirair Aram Meguerian, Rel. Convocado Francisco Neves da Cunha. j. 06.09.2011, unânime, DJ 19.09.2011).
>
> (TRF2-0079383)... POSSIBILIDADE DE PERÍCIA NOS JUIZADOS ESPECIAIS FEDERAIS. COMPETÊNCIA DO JUÍZO SUSCITANTE... 7. "A necessidade de produção de prova pericial, além de não ser o critério próprio para definir a competência, não é sequer incompatível com o rito dos Juizados Federais, que prevê expressamente a produção dessa espécie de prova (art. 12 da Lei 10.259/01)" (STJ - CC 96.353/SC, Rel. Min. TEORI ALBINO ZAVASCKI, DJe de 09.09.08; no mesmo sentido: STJ - REsp 1205956/SC, Rel. Ministro CASTRO MEIRA, SEGUNDA TURMA, julgado em 23.11.2010, DJe 01.12.2010;

AgRg no CC 103.089/SC, Rel. Ministro CASTRO MEIRA, PRIMEIRA SEÇÃO, julgado em 25.03.2009, DJe 20.04.2009)... Nesse sentido, eventual perícia contábil a ser realizada na presente demanda não se revela de grande complexidade, podendo ser realizada de forma rápida e célere, sem prejudicar o interesse das partes e o rito dos Juizados Especiais Federais, nos termos do art. 12 da Lei 10.259/01... (Conflito de Competência nº 2012.02.01.020549-2/RJ, 5ª Turma Especializada do TRF da 2ª Região, Rel. Aluisio Mendes. j. 30.04.2013, unânime, e-DJF2R 08.05.2013).

(TRF2-0076629). PROCESSUAL CIVIL. CONFLITO NEGATIVO DE COMPETÊNCIA. JUÍZO FEDERAL E JUIZADO ESPECIAL FEDERAL. VALOR DA CAUSA INFERIOR A 60 SALÁRIOS MÍNIMOS. RENÚNCIA EXPRESSA DA DEMANDANTE (FL. 23). COMPETÊNCIA ABSOLUTA. NECESSIDADE DE PROVA PERICIAL. COMPATIBILIDADE COM O RITO DOS JUIZADOS ESPECIAIS FEDERAIS (ART. 12 DA LEI 10.259/2001)...(Conflito de Competência nº 2012.02.01.020463-3/RJ, 8ª Turma Especializada do TRF da 2ª Região, Rel. Vera Lúcia Lima. unânime, e-DJF2R 04.03.2013).

(TRF2-036571). CONFLITO DE COMPETÊNCIA - JUIZADO ESPECIAL FEDERAL - NECESSIDADE DE PROVA PERICIAL - COMPATIBILIDADE COM O RITO DOS JUIZADOS - LEI Nº 10.259/2001... A necessidade de produção de prova pericial, além de não ser critério próprio para definir a competência, não é sequer incompatível com o rito dos Juizados Federais, nos termos do art. 12 da Lei nº 10.259/01... (Conflito de Competência nº 2009.02.01.017401-0/RJ, 6ª Turma Especializada do TRF da 2ª Região, Rel. Frederico Gueiros. j. 22.03.2010, unânime, e-DJF2R 15.04.2010).

(JEF4-0265863) LAUDO PERICIAL. INTIMAÇÃO. NÃO NECESSIDADE. Não há necessidade de intimar as partes da apresentação do laudo pericial no âmbito dos Juizados Especiais Federais, consoante artigo 12 da Lei 10.259/2001: "Art. 12. Para efetuar o exame técnico necessário à conciliação ou ao julgamento da causa, o Juiz nomeará pessoa habilitada, que apresentará o laudo até cinco dias antes da audiência, independentemente de intimação das partes". Além do mais "não se pronunciará qualquer nulidade sem que tenha havido prejuízo" (artigo 13 da Lei 9.099/95). "Não é causa de nulidade nos Juizados Especiais Federais a mera falta de intimação das partes da entrega do laudo pericial". (Enunciado FONAJEF nº 84, aprovado no 4º Fórum Nacional dos Juizados Especiais Federais). Recurso improvido. (Recurso Cível nº 5028698-02.2012.404.7100/RS, 4ª Turma Recursal do Rio Grande do Sul/JEF da 4ª Região, Rel. Paulo Paim da Silva. j. 05.07.2012, unânime).

(TRF1-0230300 - PROCESSUAL CIVIL. CONFLITO NEGATIVO DE COMPETÊNCIA ENTRE JUIZADO ESPECIAL FEDERAL E JUÍZO FEDERAL. VALOR DA CAUSA. OBSERVÂNCIA DO GRAU DE COMPLEXIDADE DA CAUSA. EXAME TÉCNICO. PERÍCIA COMPLEXA... II - O rito dos Juizados Especiais Federais possibilita a realização de exame técnico, art. 12 da Lei 10.259/2001. A letra do legislador não pode ser considerada vã, assim, ao empregar no texto da lei as palavras "exame técnico" e não a palavra "perícia", como no CPC, o legislador buscou diferenciar o trabalho do expert do juízo no rito dos JEFs, de modo que esse fosse mais simples e rápido. Contudo, a mera necessidade de perícia afasta a competência do JEF. (Conflito de Competência nº 0036842-57.2013.4.01.0000/MT, 1ª Seção do TRF da 1ª Região, Rel. Francisco de Assis Betti. j. 16.10.2014, unânime, e-DJF1 29.10.2014).

Destaca-se, *in hypothesis*, que o acesso ao Juizado Especial independerá, em primeiro grau de jurisdição, do pagamento de custas, taxas ou despesas, bem como o art. 55, o qual estabelece que não há condenação em custas e honorários de advogado, exceto no caso de litigância de má-fé.

Por outro lado, a já mencionada Lei nº 10.259, de 12/07/2001 (Juizados Especiais na Justiça Federal), em seu art. 12 e §§ 1º e 2º, versa sobre a prova pericial e, inclusive, admite o pagamento de honorários, com a seguinte redação:

> Art. 12. Para efetuar o exame técnico necessário à conciliação ou ao julgamento da causa, o Juiz nomeará pessoa habilitada, que apresentará o laudo até cinco dias antes da audiência, independentemente de intimação das partes.
>
> § 1º Os honorários do técnico serão antecipados à conta de verba orçamentária do respectivo Tribunal e, quando vencida na causa a entidade pública, seu valor será incluído na ordem de pagamento a ser feita em favor do Tribunal.
>
> § 2º Nas ações previdenciárias e relativas à assistência social, havendo designação de exame, serão as partes intimadas para, em dez dias, apresentar quesitos e indicar assistentes.

Em sede de desapropriação, *mutatis mutandis*, lembramos, em complementação ao já elucidado, em resumo, os principais aspectos:

A) Decreto-Lei nº 3.365, de 21/06/1941 (Desapropriação por interesse público): despachada a inicial é designado o perito, facultando-se às partes a indicação do assistente técnico (art. 14); o expropriante é quem deposita os honorários; apresentada a contestação e não havendo concordância sobre a oferta, o perito apresentará o laudo em até 05 (cinco) dias antes da A. I. J., podendo solicitar novo prazo (art. 23 e parágrafos); as benfeitorias necessárias feitas após a desapropriação e as úteis com a autorização do expropriante devem ser consideradas (art. 26, §1º); a valorização contida no art. 27 só é descontada se imediata e especial (específica e individual para o expropriado), e não se geral, que beneficia a todos com a obra pública.

B) Lei nº 4.132, de 10/09/1962 (Desapropriação por interesse social) e Decreto-Lei nº 512, de 21/03/1969 (DNER): aplica-se o Decreto-Lei nº 3.365, de 21/06/1941.

C) Decreto-Lei nº 1.075, de 22/01/1970 (imissão na posse de imóveis urbanos): impugnada a oferta é nomeado perito avaliador para em 48 (quarenta e oito) horas indicar o provisório e o laudo é apresentado no máximo em 05 (cinco) dias (art. 2º).

D) Lei Complementar nº 76, de 06/07/1993 (procedimento especial, de rito sumário, para o processo de desapropriação de imóvel rural, por interesse social, para fins de reforma agrária): é rito especial ficando para melhor se perquirir a hipótese de aplicação do rito sumário, isto é, se ficará revogado, haja vista não mais existir no novo Código de Processo Civil e/ou se se aproveita do Código revogado o procedimento, não sendo demais registrar que nas revogações expressas do art. 1.072 do novo Código de 2015 nada há a respeito, aliás, para nenhuma das leis e decretos-leis mencionados nesse capítulo, salvo a exegese, até certo ponto discutível em face da especialidade dessas normas legais, quanto à incompatibilidade do disposto antigo delas em relação ao novo de 2015... Acrescente-se, igualmente, que neste caso o perito e os assistentes técnicos prestam compromisso (art. 9º, inciso III) no prazo de 05 (cinco) dias da intimação; o juiz fixa o prazo para entrega do laudo, não excedente a sessenta dias (art. 9º, §2º); A. I. J. em prazo não superior a 15 (quinze) dias da conclusão da perícia (art. 11); o juiz para fixar a indenização, além dos laudos, pode usar outros meios de convencimento, inclusive a pesquisa de mercado (art. 12, § 1º); as despesas e honorários advocatícios e periciais são fixados na forma do art. 19 (expropriado: se o valor da indenização for igual ou inferior ao preço oferecido e expropriante: se superior ao preço oferecido). Faculto-me a releitura deste tema em edições posteriores, depois da vigência efetiva e prática do N.C.P.C. em conexão com as leis especiais enfocadas.

Capítulo 8

Exegese no Novo Processo Penal

EXEGESE NO NOVO PROCESSO PENAL: Lei nº 11.689, de 09 de junho de 2008; Lei nº 11.690, de 09 de junho de 2008; Lei nº 11.719, de 20 de junho de 2008; Lei nº 12.030, de 17 de setembro de 2009; Decreto Federal nº 7.003, de 09 de novembro de 2009. Sistemática da prova pericial e atuação do perito no atual ordenamento processual penal. Exegese dos novos dispositivos nos procedimentos processuais penais. Exigências, direitos e obrigações.

A perícia, o perito e a prova pericial passaram por fortes modificações com a edição da nova legislação, com as Leis nºs 11.689, 11.690 e 11.719, no mês de junho de 2008, e com a Lei nº 12.030 de 17 de setembro de 2009, em sede do direito processual penal, merecendo alguns parcos comentários.

A exegese dos vários dispositivos legais poderá levar o profissional do direito e os técnicos em perícia, nos mais variados momentos, a uma inicial turbulência, até que o Direito Pretoriano venha a preencher as lacunas na melhor hermenêutica.

Em assim sendo, pretende-se neste capítulo auxiliar àqueles que terão esta árdua tarefa nos tribunais, quer com a instrução dos processos, como em grau recursal, quando à controvérsia interpretativa se apresentar enodoada pelas sustentações aparentemente paradoxais.

Não é demais acrescentar que o novo Código de Processo Civil, em seu art. 156, § 1º, acrescenta os Órgãos Técnicos ou Científicos como peritos, o que foi comentado em capítulos anteriores e entre eles estão os Institutos de Criminalísta, entre outros com natureza pública e/ou assemelhada.

Relevante estas considerações iniciais para se retirar das exposições, que ora seguem, uma conotação definitiva de interpretação das normas jurídicas novas no atual ordenamento jurídico, em face da grande alteração sistemática ocorrida.

Observa-se que a Lei nº 11.690 trouxe nova redação ao art. 159 do Código de Processo Penal.

O art. 159 com a redação dada pela Lei nº 8.862, de 28/3/1994, no *caput*, apresentava para o exame de corpo de delito e outras perícias a presença de dois peritos oficiais, enquanto a nova disposição faz menção a um só perito oficial, entretanto acrescenta a necessidade de ser portador de diploma de curso superior.

Redação antiga:

> Art. 159. Os exames de corpo de delito e as outras perícias serão feitos por dois peritos oficiais. (Redação dada pela Lei nº 8.862, de 28/3/1994.)

Nova redação:

> Art. 159. O exame de corpo de delito e as outras perícias serão realizados por perito oficial, portador de diploma de curso superior.

Procurou, em bom tempo, a lei tornar obrigatório o diploma de curso superior, seguindo o que dispõe o § 1º do art. 156 do N.C.P.C., quando menciona "profissionais legalmente habilitados, quiçá por ser o perito oficial pertencente a quadro devidamente regulamentado e objeto de concurso público, que em seu edital fará tais considerações e, quanto aos Órgãos o respaldo da autoridade governamental, que traz a presunção legal de completo conhecimento técnico e científico.

A interpretação acima parece se conexionar com o § 1º da nova lei, quando enfatiza que "na falta de perito oficial o exame será realizado por 2 (duas) pessoas idôneas portadoras de diploma de curso superior preferencialmente na área específica, dentre as que tiverem habilitação técnica relacionada com a natureza do exame."

Deixa-se a palavra "preferencialmente" para a mesma inteligência que se deu, quando da explicação do § 5º do art. 156 acima citado (indicação dos peritos por livre escolha do juiz), no capítulo terceiro.

No mais, a determinação se autoriza, quer por se exigir duas pessoas, como o curso superior e a habilitação técnica, vez que não sendo perito oficial, não ocorreu concurso público e o mais que o edital faz por credenciar os concorrentes...

Acredita-se, quiçá para extirpar eventuais dúvidas sobre o acima explicitado, ter surgido a Lei nº 12.030, de 17 de setembro de 2009, dispondo sobre as perícias oficiais, podendo-se, facilmente verificar, que seus dispositivos se apresentam repetitivos, em face da nova redação do art. 159 do C.P.P., como a anterior e principal exigência, frente à hierarquia das leis, do art. 37, inciso II, da Constituição Federal ("Art. 37. II – a investidura em cargo ou emprego público depende de aprovação prévia em concurso público de provas ou de provas e títulos, de acordo com a natureza e a complexidade do cargo ou emprego, na forma prevista em lei, ressalvadas as nomeações para cargo em comissão declarado em lei de livre nomeação e exoneração").

Dispõe a Lei nº 12.030, de 17 de setembro de 2009:

> Art. 1º Esta Lei estabelece normas gerais para as perícias oficiais de natureza criminal.
>
> Art. 2º No exercício da atividade de perícia oficial de natureza criminal, é assegurado autonomia técnica, científica e funcional, exigido concurso público, com formação acadêmica específica, para o provimento do cargo de perito oficial.
>
> Art. 3º Em razão do exercício das atividades de perícia oficial de natureza criminal, os peritos de natureza criminal estão sujeitos a regime especial de trabalho, observada a legislação específica de cada ente a que se encontrem vinculados.
>
> Art. 4º (Vetado)
>
> Art. 5º Observado o disposto na legislação específica de cada ente a que o perito se encontra vinculado, são peritos de natureza criminal os peritos criminais, peritos médico-legistas e peritos odontolegistas com formação superior específica detalhada em regulamento, de acordo com a necessidade de cada órgão e por área de atuação profissional.

Registre-se, que desinfluente é também a Lei nº 12.030, quanto à exigência de concurso público para os peritos que já ingressaram sem curso superior, ressalvados os peritos médicos, pelo simples fato de que a anterior Lei nº 11.690, de 09 de junho de 2008, em seu art. 2º, já havia garantido o direito de todos nesta situação, até a data da sua entrada em vigor, restando, pois, irreversível, valendo, *per viam consequentiae,* a obrigatoriedade para a data da inicial vigência da Lei nº 12.030 de 17 de setembro de 2009 (pelo art. 6º é de 90 dias após a publicação), ou seja, *ex nunc,* e não *ex tunc.*

Em suma, o art. 2º da Lei nº 11.690 excepciona a exigência do diploma de curso superior para os peritos já em atuação, menos no concernente aos médicos, o que dispensa maiores explicações, os primeiros, pela área de atuação autorizativa pelo exercício reiterado da função (áreas para as quais se habilitaram), na sua grande totalidade, por concurso público, e os segundos, por absoluta imposição legal do exercício da medicina, havendo precisa judiciosidade desta nova lei, sem prejuízo da posterior, de 2009, como alhures explicitado.

Por relevante se transcrever o art. 2º:

> Art. 2º Aqueles peritos que ingressaram sem exigência do diploma de curso superior até a data de entrada em vigor desta Lei continuarão a atuar exclusivamente nas respectivas áreas para as quais se habilitaram, ressalvados os peritos médicos.

De igual sorte a previsão quanto ao "regime especial de trabalho, observada a legislação específica de cada ente a que se encontrem vinculados" (art. 3º, Lei nº 12.030), obviamente nada altera, porquanto vincula a existência de norma legal anterior, indene de dúvida, com procedimentos administrativos reiterados e, no mesmo diapasão, nada acrescenta, exceto mais uma frase inútil, como, igualmente acontece com o art. 5º (Lei nº 12.030), que pretende definir os peritos criminais, já estando eles totalmente identificados de longa data...

Prefere-se nem comentar muito a frase tautológica do art. 5º, quando informa com conotação de "evidência paquimétrica": "... são peritos de natureza criminal os peritos criminais...". Melhor, enfim, seria dizer quem ou quais têm esta qualificação, pela função, atividade e/ou o mais conexo, como foram identificados os médicos e odontologistas, no mesmo dispositivo legal.

Destaque-se, no mais, que, com pouca mudança redacional, que não chega a alterar o sentido do texto, estão os parágrafos 1º do art. 159, tanto na Lei nova, quanto a que se achava em vigor anteriormente, como se transcreve:

> **Lei nova:** § 1º Na falta de perito oficial o exame será realizado por 2 (duas) pessoas idôneas portadoras de diploma de curso superior preferencialmente na área específica, dentre as que tiverem habilitação técnica relacionada com a natureza do exame
>
> **Lei Anterior**: § 1º Não havendo peritos oficiais, o exame será realizado por duas pessoas idôneas, portadoras de diploma de curso superior, escolhidas, de preferência, entre as que tiverem habilitação técnica relacionada à natureza do exame. (Redação dada pela Lei nº 8.862, de 28/3/1994.)

Perdeu a nova legislação (Lei nº 11.690) a oportunidade de revogar a necessidade do § 2º quanto à obrigatoriedade dos peritos não oficiais prestarem compromisso de bem e fielmente desempenhar o encargo, como o fez, de longa data, o Código de Processo Civil, em seu art. 422, com a redação dada pela Lei nº 8.455, de 1992 e o novo Código de 2015, no art. 466, como se disse em momento anterior que "por demais ultrapassada, em tempos hodiernos, é a tomada de compromisso, já que, para fins de sanção ao profissional há vários dispositivos legais, quer em sede cível, como penal e de órgãos de classe, para plenitude do atendimento punitivo e de ressarcimento, ficando mesmo dispensável o retardamento do processo para atendimento desta vetusta formalidade (*vide* comentários no Capítulo quarto).

Em célere escorço: não sendo perito oficial três são as exigências:

1) duas pessoas idôneas;
2) curso superior com preferencial habilitação técnica na área específica do exame;
3) compromisso.

O § 3º faculta às partes, interessados e ao órgão do Ministério Público a formulação de quesitos e indicação do assistente técnico, parágrafo que não havia anteriormente no art. 159, porém consta, em parte, no art. 176, que, aliás, não foi revogado expressamente, mas não gera problemas de conflitância, haja vista sua forma sintética ("Art. 176. A autoridade e as partes poderão formular quesitos até o ato da diligência").

O Direito Processual Penal aparentemente faz uma preferência pela prova realizada pelos peritos oficiais, tanto que no § 4º do mesmo art. 159, o assistente técnico tem sua atuação a partir de sua admissão pelo juiz e após a conclusão dos exames, com intimação das partes.

Três pontos são relevantes, neste particular, merecendo acentuada atenção: o primeiro, que se torna definitivamente desinfluente eventual "conferência reservada", nas pegadas do revogado art. 430 do C.P.C. de 1973 e, em segundo momento, que a "admissão pelo juiz" deve se concretizar em tempo bem razoável, para evitar a inocuidade do exame realizado pelo assistente técnico, já que se trata de corpo de delito e os vestígios podem desaparecer em curto prazo, conforme a ofensa em análise, gerando evidente prejuízo às partes (acusação e/ou defesa), devendo ser tudo apreciado caso a caso para fins de solução do mérito e, o derradeiro, o constitucional devido processo legal, frente aos princípios do contraditório e da ampla defesa, que se analisa abaixo.

Teimo em me filiar à tese de que, seja na área que for do Direito, não há como se violar os princípios constitucionais supramencionados, guardando as reservas apenas para a excepcionalidade em evidência incontestável e/ou em fácil percepção de relevante prejuízo social.

Em assim pensando que, com absoluta razão, ocorrem nas medidas de absoluta urgência, como a decretação das prisões cautelares ou provisórias (já que todas as provisórias são de natureza cautelar, preferindo-se, assim, a terminologia apenas de prisão cautelar) e as formas de buscas e apreensões se com tal natureza jurídica, sob pena de inviabilizar-se todo o procedimento, quando dada a ciência ao interessado sobre o ato a ser realizado.

Por amor à brevidade se transcreve a tese de EUGÊNIO PACELLI OLIVEIRA, inserta em seu livro *Curso de Processo Penal*, 11ª edição, Editora Lumen Juris, Rio de Janeiro, 2009, atualizado de acordo com a Reforma Processual Penal de 2008, p. 44-45, *in litteris*:

> "Do ponto de vista da jurisprudência nacional, o tema pode não despertar maiores indagações, estando ali assentado, como regra, a não aplicação dos citados princípios constitucionais à fase de investigação. No entanto, parece crescente na doutrina brasileira, ao menos em pesquisas e encontros acadêmicos (seminários, congressos etc.), o entendimento segundo o qual a presença do contraditório no inquérito policial seria uma exigência constitucional.
>
> Do ponto de vista da ordem jurídica brasileira em vigor, não vemos como acolher a ideia. Embora a instauração de investigação criminal, por si só, já implique uma afetação no âmbito do espaço da cidadania plena do investigado (isso é, na constituição de sua dignidade pessoal

e de sua reputação social, além do evidente transtorno na sua tranquilidade), não podemos nela identificar um gravame que, sob a perspectiva do Direito positivo, possa ser equiparado a uma sanção. Fosse assim, uma aplicação de sanção regularmente prevista em lei, não hesitaríamos em exigir o efetivo exercício do contraditório e da ampla defesa já nessa fase.

Nesse sentido, sequer as alterações trazidas com a Lei 11.690/08, instituindo a possibilidade de o acusado indicar assistente técnico para a apreciação da perícia oficial, permitindo-lhe inclusive a apresentação de pareceres (art. 159, § 5º, CPP) e esclarecimentos orais, implica o estabelecimento do contraditório na fase de investigação. E isso porque é a própria Lei (art. 157, § 4º, CPP) que esclarece, primeiro, que o assistente somente ingressa a partir de sua admissão pelo juiz e após a elaboração do laudo oficial, e, depois, que a sua participação se dará no curso do processo judicial (§ 5º, CPP). Não há previsão, portanto, de acompanhamento da perícia oficial, o que, com efeito, implicaria a produção da respectiva prova em contraditório.

Não obstante, *de lege ferenda*, isto é, para a lei futura, não vemos maiores inconvenientes na proposta, incluindo o acompanhamento da perícia oficial, desde que seja ressalvado o sigilo para determinadas questões, incluídas entre as chamadas medidas cautelares, como pode ocorrer com a representação da autoridade policial, ou do Ministério Público (como se denominará requerimento), para fins de decretação de prisões cautelares e provisórias, de autorização para buscas e apreensões, e, enfim, de quaisquer medidas que tragam a marca da urgência e que, por isso mesmo, poderão ser inviabilizadas se franqueado o seu conhecimento ao interessado na sua eficácia.

De se ver que o contraditório na fase de investigação pode até se revelar muito útil, na medida em que muitas ações penais poderiam ser evitadas pela intervenção da defesa, com a apresentação e/ou indicação de material probatório suficiente a infirmar o juízo de valor emanado da autoridade policial ou do Ministério Público por ocasião da instauração da investigação. Em relação às provas periciais, então, reiteramos que o contraditório já deveria se realizado, e o quanto antes, particularmente para aquelas hipóteses em que o objeto da perícia (corpo de delito) corra o risco de perecimento no tempo ou de alteração substancial de suas características mais relevantes. Por que não a participação da defesa, desde logo, na elaboração do laudo técnico?

Daí por que correta a decisão da Sexta Turma do Superior Tribunal de Justiça, no julgamento do HC 69.405-SP, Rel. Min. Nilson Naves, em 23/10/2007, ao determinar a realização de diligências requeridas pela defesa, ao tempo que assinalava que, naquele caso concreto, a medida não implicaria nenhum prejuízo ao procedimento investigatório.

Repita-se, contudo: a Lei 11.690/08, que modificou a redação do art. 159, § 4º, § 5º, CPP não determina a participação do assistente técnico na fase de investigação, como já aqui, linhas atrás, deixamos assentado. Prevê apenas a atuação do assistente técnico no curso do processo judicial.

Para enriquecimento da exposição acima, se assim é possível, dada a sua clareza, transcreve-se o texto do R. Julgado citado, HC nº 69.405-SP, sendo Rel. Min. Nilson Naves, datado de 23/10/2007:

Habeas Corpus Nº 69.405 - SP (2006/0240511-4) Relator: Ministro Nilson Naves. Impetrante: Antônio Sérgio A. de Moraes Pitombo e outros. Advogado: Priscila Corrêa Gioia. Impetrado: Tribunal de Justiça do Estado de São Paulo. Paciente: Carlos Alberto Kalil

Ementa: Inquérito policial (natureza). Diligências (requerimento/possibilidade). *Habeas corpus* (cabimento).

1. Embora seja o inquérito policial procedimento preparatório da ação penal (HCs 36.813, de 2005, e 44.305, de 2006), é ele garantia "contra apressados e errôneos juízos" (Exposição de motivos de 1941).

2. Se bem que, tecnicamente, ainda não haja processo – daí que não haveriam de vir a pelo princípios segundo os quais ninguém será privado de liberdade sem processo legal e a todos são assegurados o contraditório e a ampla defesa –, é lícito admitir possa haver, no curso do inquérito, momentos de violência ou de coação ilegal (HC nº 44.165, de 2007).

3. A lei processual, aliás, permite o requerimento de diligências. Decerto fica a diligência a juízo da autoridade policial, mas isso, obviamente, não impede possa o indiciado bater a outras portas.

4. Se, tecnicamente, inexiste processo, tal não haverá de constituir empeço a que se garantam direitos sensíveis – do ofendido, do indiciado etc.

5. Cabimento do *habeas corpus* (Constituição, art. 105, I, *c*).

6. Ordem concedida a fim de se determinar à autoridade policial que atenda as diligências requeridas.

ACÓRDÃO

Vistos, relatados e discutidos os autos em que são partes as acima indicadas, acordam os Ministros da Sexta Turma do Superior Tribunal de Justiça, por unanimidade, conceder a ordem de *habeas corpus* nos termos do voto do Sr. Ministro Relator. A Sra. Ministra Maria Thereza de Assis Moura e o Sr. Ministro Carlos Fernando Mathias (Juiz convocado do TRF 1ª Região) votaram com o Sr. Ministro Relator. Ausentes, justificadamente, os Srs. Ministros Hamilton Carvalhido e Paulo Gallotti. Presidiu o julgamento o Sr. Ministro Nilson Naves. Sustentaram oralmente o Dr. Antonio Sérgio A. de Moraes Pitombo, pela parte, Carlos Alberto Kalil, e o Subprocurador-Geral da República Brasilino Pereira dos Santos.

Brasília, 23 de outubro de 2007 (data do julgamento).
Ministro Nilson Naves
Relator

VOTO

O Exmo. Sr. Ministro Nilson Naves (Relator): Conquanto os impetrantes pavimentem o caminho deste *habeas corpus* com preceitos segundo os quais ninguém será privado de liberdade sem processo legal e a todos são assegurados o contraditório e a ampla defesa, preceitos que, a meu juízo, não vêm bem a pelo, tratando-se o inquérito policial de expediente preparatório da ação penal, o caso deságua mesmo no art. 14 do Cód. de Pr. Penal, de teor seguinte: "O ofendido, ou seu representante legal, e o indiciado poderão requerer qualquer diligência, que será realizada, ou não, a juízo da autoridade."

2. A propósito do inquérito, é-me, então, oportuno recordar duas ementas por mim escritas, uma para o HC-36.813, de 2005, outra para o HC-44.305, de 2006:

"Processual Penal. Inquérito policial (procedimento preparatório). Provas (validade e eficácia). Sentença condenatória. Fundamento exclusivo: provas produzidas no inquérito (nulidade). Violação do contraditório (ocorrência).

1. O inquérito policial é procedimento preparatório que apresenta conteúdo meramente informativo com o fim de fornecer elementos tendentes à abertura da ação penal.

2. A prova, para que tenha valor, deve ser feita perante juiz competente, com as garantias de direito conferidas aos indiciados e de acordo com as prescrições estabelecidas na lei.

3. As provas produzidas ao longo da fase inquisitiva têm validade e eficácia na formação da convicção do juiz tão somente se confirmadas por outros elementos colhidos durante a fase instrutória judicial. Do contrário, não se prestam a fundamentar o juízo condenatório, sob pena de violação do contraditório.

4. É trabalho da acusação transformar os elementos do inquérito em elementos de convicção do juiz.

5. *Habeas corpus* concedido para restabelecer a sentença absolutória."

"Condenação (fundamentos). Provas (fase inquisitorial). Contraditório e ampla defesa (inobservância). Nulidade (ocorrência).

1. É condição infastável do devido processo legal a observância do contraditório e da ampla defesa. Não se concebe, dessa maneira, possa haver legítima condenação quando o Poder Judiciário se embasar somente em provas colhidas, unilateralmente, na fase do inquérito policial, embora suficientes para o oferecimento da denúncia.

2. É trabalho da acusação transformar os elementos do inquérito em elementos de convicção do juiz, o que não ocorreu na espécie.

3. *Habeas corpus* deferido para se restabelecer a sentença absolutória."

Escreveu Francisco Campos na Exposição de Motivos de 08/09/41:

"... há em favor do inquérito policial, como instrução provisória antecedendo à propositura da ação penal, um argumento dificilmente contestável: é ele uma garantia contra apressados e errôneos juízos, formados quando ainda persiste a trepidação moral causada pelo crime ou antes que seja possível uma exata visão de conjunto dos fatos, nas suas circunstâncias objetivas e subjetivas."

3. Se de tal natureza o nosso inquérito, então não haveriam mesmo de vir sempre (a qualquer tempo e a qualquer hora) a pelo os apontados incisos LIV e LV – do art. 5º da Constituição –, porque, tecnicamente, ainda não há processo; não o havendo, não se está privando ninguém de sua liberdade, nem se está deixando de assegurar o contraditório e a ampla defesa.

Contudo, ao que sempre pensei e ao que, quero crer, esta Casa também pensa, pode haver, no curso do inquérito, momentos de violência ou de coação ilegal, tanto é que ementei, desta maneira, o HC-44.165, *DJ* de 23/04/07:

"Inquérito policial (acesso aos autos). Sigilo das investigações (relatividade). Incompatibilidade de normas (antinomia de princípio). Defesa (ordem pública primária).

1. Há, no nosso ordenamento jurídico, normas sobre sigilo, bem como normas sobre informação; enfim, normas sobre segurança e normas sobre liberdade.

2. Havendo normas de opostas inspirações ideológicas – antinomia de princípio –, a solução do conflito (aparente) há de privilegiar a liberdade.

Afinal, somente se considera alguém culpado após o trânsito em julgado de sentença penal condenatória.

3. A defesa é de ordem pública primária (Carrara); sua função consiste em ser a voz dos direitos legais – inocente ou criminoso o acusado.

4. De mais a mais, é direito do advogado examinar autos de flagrante e de inquérito, findos ou em andamento (Lei nº 8.906/94, art. 7º, inciso XIV).

> 5. A Turma ratificou a liminar – de caráter unipessoal – e concedeu a ordem a fim de permitir ao advogado vista, em cartório, dos autos de inquérito."

Aliás, o próprio art. 14 ao ofendido, ao seu representante legal e ao indiciado faculta requerimento. Decerto fica a diligência a juízo da autoridade policial, mas isso, obviamente, não impede possam tais pessoas ir a outras autoridades – do Ministério Público ou do Judiciário.

Os acontecimentos, por conseguinte, não ficam em mãos apenas da autoridade policial. Embora não haja ainda, tecnicamente repito, processo, tal não haverá de constituir empeço a que se garantam direitos, diria, sensíveis, das pessoas – ofendidos, indiciados etc.

4. Torno à decisão originária, segundo a qual

> "... a própria parte peticionária e interessada na produção da prova indicada pode, se assim pretender, juntar as declarações das pessoas a quem se refere, eis que não há contraditório no J. P. Outrossim, a quebra do sigilo telefônico mostra-se desnecessária na medida em que o peticionário, detentor das contas, poderá, se assim pretender, fazer a sua juntada aos autos, mediante requerimento à D. autoridade policial ou a este juízo."

O meu entendimento, porém, é no sentido de que não se decidiu bem quanto à quebra do sigilo, também relativamente à audiência das testemunhas, a respeito das quais se requereu, no particular, o seguinte:

> "(i) oitiva das seguintes testemunhas, desde já liberadas, pelo requerente, do dever de sigilo profissional: ...

A audiência não trará problemas ao inquérito: ao contrário, fornecerá elementos à autoridade policial para as suas conclusões.

Depois, o significado da oitiva pelo delegado é diverso do fornecimento de simples declarações – bem diverso, aliás. Creio que, quanto à quebra de sigilo telefônico, o raciocínio seja o mesmo. Vejam ainda: foi ela requerida pelo próprio paciente.

5. Embora provenha a indicada coação de decisão em mandado de segurança, dúvida creio não haja a propósito do cabimento do meio processual ora utilizado, também da competência deste Tribunal – Constituição, art. 105, I, *c*.

> 6. Em conclusão, concedo a ordem com o intuito de determinar à autoridade policial que atenda as diligências requeridas.

Com absoluta percuciência o Prof. Dr. PAULO DE TARSO DUARTE MENEZES, Juiz de Direito do Estado de Pernambuco, em publicação na Revista *Juris Plenum* nº 28, de julho de 2009, Editora Plenum, p. 112, leciona:

> "Um processo penal voltado a ser um sistema de garantias não deve desprezar a coexistência da prática do contraditório e da ampla defesa. Aquele contra quem se quer infligir penas da maior gravidade, quais sejam, penas corporais não pode ser submetido a um sistema de defesa meramente formal e retórico, cabendo, desta forma, ao Estado facultar oportunidades de exercício, mediato e imediato, de articulações reais de resistência pelo réu à demanda processual penal."

No mesmo artigo o Ilustre Magistrado, na página 113, transcreve o art. 8º, números 2, letras *c* e *f* da Convenção Americana sobre Direitos Humanos, hoje integrante do arcabouço jurídico brasileiro, através do Decreto Federal nº 678/1992, trazendo o destaque também para os peritos (letra *f*), motivo deste registro.

Diz a norma jurídica como inserta no texto aludido:

> Art. 8º [...]
>
> 2. Toda pessoa acusada de delito tem direito a que se presuma sua inocência enquanto não se comprove legalmente sua culpa. Durante o processo, toda pessoa tem direito, em plena igualdade, às seguintes garantias mínimas: [...]
>
> c) concessão ao acusado do tempo e dos meios adequados para a preparação de sua defesa. [...]
>
> f) direito da defesa de inquirir as testemunhas presentes no tribunal e de obter o comparecimento, como testemunhas ou peritos, de outras pessoas que possam lançar luz sobre os fatos.

Ultrapassado este ponto de reflexão, em seguimento, tem-se que o § 5º do art. 159 traz muitas conjecturas e acaba por gerar dúvidas. O inciso I autoriza às partes alguns procedimentos em relação aos peritos, isto é: 1) requerimento de oitiva para esclarecimento ou resposta a quesitos; 2) intimação do louvado com o questionamento encaminhado com antecedência mínima de 10 (dias); 3) possibilidade de respostas em laudo complementar.

Por outro lado, o inciso II permite às partes: 1) indicar assistentes técnicos; 2) assistentes técnicos apresentam parecer ou serão inquiridos em audiência.

Tenho seguidamente entendido na esfera cível e não menos correta ora para a penal, que o perito e o assistente técnico não podem ser confundidos com testemunha.

Para maior facilidade procura-se lembrar o que consta do Capítulo Terceiro:

> É bom lembrar que comparecendo o perito em audiência não deve, em termos, permitir que seja confundido com a qualidade de testemunha. Esta narra os acontecimentos, conforme a percepção de seus sentidos e o perito é um técnico especializado na apuração do fato questionado. Deve o juiz, com o seu poder de polícia, impedir a distorção da aludida prova oral.
>
> Bem elucida o Professor LOPES DA COSTA ao afirmar que o perito é uma "testemunha pericial preconstituída".
>
> Assim, deve a sua participação ficar restrita à quesitação anteriormente apresentada e juntada aos autos, nada sendo vedado, inclusive, que a responda por escrito, com anexação no processo antes da audiência, permitindo-se mera ratificação posterior, ao ser indagado, ou até mesmo a sua dispensa, em obediência ao princípio da celeridade, facultado ao juiz, na forma do art. 139 e seus incisos do N.C.P.C. (Capítulo Terceiro).

Fácil, desta forma é perceber que o inciso I do § 5º do art. 159 bem pode ser adequado ao tecnicamente afirmado acima, até porque a opção de "laudo complementar" importa em resposta por escrito; quanto ao inciso II melhor prudência traz o juiz que determinar às partes, aos interessados e ao órgão do Ministério Público a apresentação de quesitos por escrito e, dando-se ciência ao assistente técnico, conseguir a resposta pela mesma forma, ficando, no máximo, em tal não acontecendo, colher em audiência a resposta exclusivamente ao quesitado, sem qualquer outra participação de perguntas, quer da defesa, como da acusação, bem como do próprio magistrado, sob pena de se transformar um profissional técnico, que só assim atua no feito, em testemunha.

Prefere-se, desta forma, entender a frase "ou ser inquiridos em audiência" do inciso II, no aspecto técnico de obtenção de respostas aos quesitos previamente apresentados, e não como testemunha, com formulação de questionamentos no momento da audiência e por todos os interessados...

Não me parece esta exegese diferente da sistemática da Lei nº 11.690, bastando para tanto que se verifique o disposto no art. 212, com a nova redação por ela dada:

> Art. 212. As perguntas serão formuladas pela partes diretamente à testemunha, não admitindo o juiz aquelas que puderem induzir a resposta, não tiverem relação com a causa ou importarem na repetição de outra já respondida.

Verifica-se com rara clareza, que as perguntas são apenas para testemunhas, pois em momento algum o dispositivo legal trata de perito e/ou assistente técnico.

Forçoso é reconhecer, entretanto, que maior dificuldade ocorrerá no procedimento relativo aos processos da competência do tribunal do júri, com previsão na Lei nº 11.689, precipuamente no disposto nos arts. 411 §§ 1º e 2º, 431 e 473, § 3º.

Para melhor entendimento, transcrevem-se os artigos tão somente nos pontos objeto de análise.

> Art. 411. Na audiência de instrução, proceder-se-á à tomada de declarações do ofendido, se possível, à inquirição das testemunhas arroladas pela acusação e pela defesa, nesta ordem, bem como aos esclarecimentos dos peritos, às acareações e ao reconhecimento de pessoas e coisas, interrogando-se, em seguida, o acusado e procedendo-se o debate.
>
> § 1º Os esclarecimentos dos peritos dependerão de prévio requerimento e de deferimento pelo juiz.
>
> § 2º As provas serão produzidas em uma só audiência, podendo o juiz indeferir as consideradas irrelevantes, impertinentes ou protelatórias.
>
> Art. 431. Estando o processo em ordem, o juiz presidente mandará intimar as partes, o ofendido, se for possível, as testemunhas e os peritos, quando houver requerimento, para a sessão de instrução e julgamento, observando-se, no que couber, o disposto no art. 420 deste Código [*o art. 420 trata das formas de intimação da decisão de pronúncia*].
>
> Art. 473. Prestado o compromisso pelos jurados, será iniciada a instrução plenária quando o juiz presidente, o Ministério Público, o assistente, o querelante e o

> defensor do acusado tomarão, sucessiva e diretamente, as declarações do ofendido, se possível, e inquirirão as testemunhas arroladas pela acusação.
>
> § 3º As partes e os jurados poderão requerer acareações, reconhecimento de pessoas e coisas e esclarecimento dos peritos, bem como a leitura de peças que se refiram, exclusivamente, às provas colhidas por carta precatória e às provas cautelares, antecipadas ou não repetíveis.

Os artigos acima transcritos trazem momentos processuais distintos, ou seja, o art. 411 está na fase primeira "Da Acusação e da Instrução Preliminar"; o art. 431 na "Da Organização da Pauta", logo já tendo sido o réu pronunciado e o art. 473 na parte final, quando "Da Instrução em Plenário" do júri.

O art. 411, não obstante se tratar de uma instrução em procedimento inicial, não menciona a possibilidade de apresentação de laudo complementar como consta do art. 159 § 5º, inciso I, com a nova redação dada pela Lei nº 11.690, deixando o § 1º do mesmo art. 411 uma lacuna por só autorizar esclarecimentos dos peritos na dependência de "prévio requerimento e de deferimento pelo juiz", secundado pelo § 2º para ter-se a prova em uma só audiência.

Parece-me de boa conduta a aplicação do art. 159, § 5º, inciso I, vez que em nada conflita com o procedimento, repita-se, inicial, dos feitos de competência do Tribunal do Júri.

O art. 431 traz enfoque de mera organização da pauta, sendo, pois, sua ressonância no art. 473. Nesta hipótese, como se trata de Plenário e só nesta hora é composto o Corpo de Jurados, difícil fica a aplicação do art. 159, § 5º, inciso I, e tudo o mais conexo, que se procurou enfocar, ficando mesmo por conta da Presidência do júri os procedimentos de melhor técnica, para não se transformar o perito, que é um profissional técnico, em testemunha, criando dúvidas em julgadores não togados.

Certo que, em havendo replica e tréplica, só será admitida a reinquirição de testemunha já ouvida em plenário, logo não mais qualquer esclarecimento de perito, conforme dispõe o § 4º do art. 476, que, aliás, em nada traz de diferente, neste particular, com o antigo e revogado art. 473 do C.P.P.

Não há que se confundir, entretanto o ponto acima com o que contém o art. 481 e seu parágrafo único da Lei nº 11.689:

> Art. 481. Se a verificação de qualquer fato, reconhecida como essencial para o julgamento da causa, não puder ser realizada imediatamente, o juiz presidente

> dissolverá o Conselho, ordenando a realização das diligências entendidas.
>
> Parágrafo único. Se a diligência consistir na produção de prova pericial o juiz presidente, desde logo, nomeará perito e formulará quesitos, facultando às partes também formulá-los e indicar assistentes técnicos, no prazo de 5 (cinco) dias.

Destaque-se, ainda, que a lei coloca a palavra "perito" no singular, assim, a prova será realizada por apenas um técnico. Nada obsta, entretanto, que em sendo a matéria de corpo de delito e não havendo perito oficial, que, para maior transparência de toda a diligência se aplique a regra geral do art. 159, §§1º e 2º, com a nova redação dada pela Lei nº 11.690.

Procurou a Lei nº 11.719 fazer algumas modificações nos ritos processuais, havendo pertinência neste comentário apenas na parte que tange aos peritos.

Em assim sendo, em sede pericial, no Livro II (Dos Processos em Espécie), Título I (Do Processo Comum) Capítulo I (Da Instrução Criminal) alterou o art. 400 e no Título II (Dos Processos Especiais), Capítulo V (Do Processo Sumário), os arts. 531 e 538.

Dispõem os artigos ora mencionados:

> Art. 400. Na audiência de instrução e julgamento, a ser realizada no prazo máximo de 60 (sessenta) dias proceder-se-á à tomada de declarações do ofendido, à inquirição das testemunhas arroladas pela acusação e pela defesa, nesta ordem, ressalvado o disposto no art. 222 deste Código [*o art. 222 é referente à expedição de carta precatória, para inquirição de testemunha, que morar fora da jurisdição do juiz da causa, para oitiva pelo juiz de sua residência*], bem como aos esclarecimentos dos peritos, às acareações e ao reconhecimento de pessoas e coisas, interrogando-se, em seguida, o acusado.
>
> § 1º As provas serão produzidas numa só audiência, podendo o juiz indeferir as consideradas irrelevantes, impertinentes ou protelatórias.
>
> § 2º Os esclarecimentos dos peritos dependerão de prévio requerimento das partes.
>
> Art. 531. Na audiência de instrução e julgamento, a ser realizada no prazo máximo de 30 (trinta) dias, proceder-

> -se-á a tomada de declarações do ofendido, se possível, à inquirição das testemunhas arroladas pela acusação e pela defesa, nesta ordem, ressalvado o disposto no art. 222 deste Código [*o art. 222 é referente à expedição de carta precatória, para inquirição de testemunha, que morar fora da jurisdição do juiz da causa, para oitiva pelo juiz de sua residência*], bem como aos esclarecimentos dos peritos, às acareações e ao reconhecimento de pessoas e coisas, interrogando-se, em seguida, o acusado e procedendo-se, finalmente, ao debate.
>
> Art. 538. Nas infrações penais de menor potencial ofensivo, quando o juizado especial criminal encaminhar ao juízo comum as peças existentes para a adoção de outro procedimento, observar-se-á o procedimento sumário previsto neste Capítulo.

Em breve escorço, pode-se analisar todos os dispositivos legais transcritos, porque a precípua nova determinação legal procura dar mais ênfase aos prazos para conclusão do processo, ressalvando, logicamente o disposto no art. 222, já que, em havendo necessidade de expedição de precatória para oitiva de testemunha, difícil seria uma determinação peremptória, posto as particularidades de cada Comarca do juiz deprecado...

No enfoque dos esclarecimentos periciais o § 2º do art. 400 traz a exigência de prévio requerimento das partes, obviamente para a necessária ciência e intimação do perito e, logicamente, se a determinação for do juiz, nada mais razoável que assim também ocorra.

Por outro lado, o art. 531 não apresenta este ordenamento, mas fácil é se concluir, que sem tal providência não há como o louvado "adivinhar" que deverá comparecer em juízo...

Como o art. 538 remete ao rito sumário a explicação *supra* se lhe aplica.

No mais as precauções são as mesmas já, *ex abundantia*, exaltadas, quanto ao perito em audiência, sua qualidade de técnico e não testemunha e o mais similar...

Relevante, meramente *en passant*, deixar evidenciado que o novo ordenamento processual penal apresentou modernidade, prestigiando o direito de defesa, quando colocou o interrogatório como último ato da audiência (arts. 400 e 531 do C.P.P., com a redação da Lei nº 11.719, de 20/06/2008, e art. 411 do C.P.P., com a redação da Lei nº 11.689 de 09/06/2008), entretanto, sem embargos, de igual procedimento não se fez presente, quando preferiu dar maior ênfase ao princípio da celeridade ao admitir a audiência única e, assim, sem a bipartição da prova, facultando o arrolamento das testemunhas de defesa em segundo momento...

Não é demais, ainda, acrescentar que os §§ 7º e 8º do art. 411 do C.P.P., com a nova redação, autorizam o desdobramento da audiência, desde que respeitada a ordem de inquirição, como bem elucida o Prof. GUILHERME DE SOUZA NUCCI, na página 51, em seu livro *Tribunal do Júri* (Editora Revista dos Tribunais – SP).

Por derradeiro, não é exagero lembrar, como já afirmado anteriormente (Capítulo 3), que o perito é um auxiliar da Justiça, na forma do art. 149 do novo Estatuto Processual Civil, entretanto tenho sustentado em conferências e aulas, para melhor reflexão, que hodiernamente o louvado perdeu grande parte desta natureza jurídica, tornando-se, no mais das vezes um coadjuvante do próprio mérito da demanda, ou seja, seu conclusivo não é mais uma mera forma de sugerir, mas sim de decidir.

Necessário se faz observar a relevância da peça técnica em ações como as que visam à renovação e revisão de contrato de locação, sendo a única impugnação com relação ao valor do novo aluguel, lides com o exclusivo escopo de demarcar e/ou dividir área, interdição, falsificação de documento, etc., quando a solução meritória fica apenas conexionada com o laudo, sem melhor oportunidade para o julgador reverter à proposta técnica até pela vedação do art. 156 do N.C.P.C., sem ressonância com o art. 472 do mesmo diploma legal.

Não se olvida que ao juiz fica facultado o princípio do livre convencimento, no entanto fácil é perceber que isto não ocorre com frequência, nas hipóteses supramencionadas, quando a solução está tão somente na peça técnica, no máximo, analisando-se as sustentações apresentadas pelo laudo do *expert*, frente ao parecer de eventual assistente técnico, sem se pretender, analogicamente, incluir o último no rol constante do art. 149 do N.C.P.C.

Por outro lado, roupagem diversa há em sede processual penal, pois melhor ocorre a qualidade de mero auxiliar da Justiça para o perito, vez que sua função está limitada unicamente à demonstração da materialidade, ficando todo o mais, como a autoria, a culpabilidade e o que for conexo, para apreciação do julgador.

Enfim, teses para reflexão, que ultrapassam o limite deste Capítulo...

Capítulo 9

Perícia Digital

PERÍCIA DIGITAL: Definição. Internet. Integração do mundo real e virtual. Forense computacional. Crimes cibernéticos. Legislação estrangeira e brasileira. Direito Comparado. Convenção de Budapeste. Cooperação. Etapas da perícia digital. Jurisprudência.

O Direito é uma ciência em constante mutação, eis que a contemporaneidade é elemento essencial à eficácia da norma jurídica, que deve se sobrepor à realidade social: "Para melhor compreender este fenômeno, pode imaginar-se (sic) o plano em que atua o direito, como sobreposto àquele em que vive a realidade social".[1]

A incidência da norma sobre o fato é primordial para a manutenção da ordem social, conforme se infere da lição de PONTES DE MIRANDA ao discorrer sobre a Teoria da Incidência Escalonada: "(...) há o fato de incidir, sempre que ocorra o que ela prevê e regula".[2]

Nessa toada, as últimas duas décadas, em especial após o advento da internet, que hodiernamente é ferramenta indispensável para a prática das mais variadas tarefas, desde as mais corriqueiras até as mais complexas, foram de efervescência e transformaram os costumes de forma contundente, exigindo especial atenção dos legisladores e dos operadores do Direito. Para tanto, basta ver que foi introduzido no Código Penal

---

1 BETTI, Emílio. *Teoria do negócio jurídico*. Tradução de Servanda Editora. Campinas: Servanda, 2008. p. 23.

2 PONTES DE MIRANDA, Francisco Cavalcanti. *Tratado de direito privado*: parte geral. Campinas: Bookseller, 2000. t. I, p. 57.

brasileiro o art. 154-A,[3] que inovou ao estatuir no ordenamento jurídico o crime de "Invasão de Dispositivo Informático".

O "fenômeno internet" cresceu de maneira tão avassaladora, permeando todas as camadas da sociedade de modo tão arraigado que, apenas com demasiado esforço da memória, podemos rememorar que a internet surgiu nos EUA, de modo tímido, na década de 1960, dando azo ao aprimoramento de novos sistemas que repaginaram a tecnologia da informação, repercutindo de modo insofismável nos costumes e alterando paradigmas, criando a denominada sociedade globalizada ou "aldeia global", tornando-se um marco nas relações sociais, por isso conectou o mundo, transpondo obstáculos temporais e geográficos, instituindo um universo paralelo, o chamado mundo virtual.

Nessa senda, de chofre, passaram a coexistir o mundo real e o virtual, e o grande desafio foi transformar o virtual em um facilitador do real, sendo certo que, *ab initio*, aferrados na teoria do concreto, para muitos era difícil aceitar essa dicotomia.

Sobre o tema, vale trazer à colação os ensinamentos do filósofo franco-canadense PIERRE LÉVY, um dos pioneiros a discorrer sobre o ciberespaço, *in litteris*:

> "(...) O virtual encontra-se antes da concretização efetiva ou formal (a árvore está virtualmente presente no grão). No sentido filosófico, o virtual é obviamente uma dimensão muito importante da realidade. Mas no uso corrente, a palavra

3 Art. 154-A. Invadir dispositivo informático de uso alheio, conectado ou não à rede de computadores, com o fim de obter, adulterar ou destruir dados ou informações sem autorização expressa ou tácita do usuário do dispositivo ou de instalar vulnerabilidades para obter vantagem ilícita: (Redação dada pela Lei nº 14.155, de 2021)
Pena – reclusão, de 1 (um) a 4 (quatro) anos, e multa. (Redação dada pela Lei nº 14.155, de 2021)
§ 1º Na mesma pena incorre quem produz, oferece, distribui, vende ou difunde dispositivo ou programa de computador com o intuito de permitir a prática da conduta definida no caput. (Incluído pela Lei nº 12.737, de 2012) Vigência.
§ 2º Aumenta-se a pena de 1/3 (um terço) a 2/3 (dois terços) se da invasão resulta prejuízo econômico. (Redação dada pela Lei nº 14.155, de 2021)
§ 3º Se da invasão resultar a obtenção de conteúdo de comunicações eletrônicas privadas, segredos comerciais ou industriais, informações sigilosas, assim definidas em lei, ou o controle remoto não autorizado do dispositivo invadido: (Incluído pela Lei nº 12.737, de 2012) Vigência.
Pena – reclusão, de 2 (dois) a 5 (cinco) anos, e multa. (Redação dada pela Lei nº 14.155, de 2021)
§ 4º Na hipótese do § 3º, aumenta-se a pena de um a dois terços se houver divulgação, comercialização ou transmissão a terceiro, a qualquer título, dos dados ou informações obtidas. (Incluído pela Lei nº 12.737, de 2012) Vigência.
§ 5º Aumenta-se a pena de um terço à metade se o crime for praticado contra: (Incluído pela Lei nº 12.737, de 2012) Vigência.
I – Presidente da República, governadores e prefeitos; (Incluído pela Lei nº 12.737, de 2012) Vigência.
II – Presidente do Supremo Tribunal Federal; (Incluído pela Lei nº 12.737, de 2012) Vigência.
III – Presidente da Câmara dos Deputados, do Senado Federal, de Assembleia Legislativa de Estado, da Câmara Legislativa do Distrito Federal ou de Câmara Municipal; ou (Incluído pela Lei nº 12.737, de 2012) Vigência.
IV – dirigente máximo da administração direta e indireta federal, estadual, municipal ou do Distrito Federal. (Incluído pela Lei nº 12.737, de 2012) Vigência. Ação penal (Incluído pela Lei nº 12.737, de 2012) Vigência.

> virtual é muitas vezes empregada para significar irrealidade – enquanto a "realidade" pressupõe uma efetivação material, uma presença tangível. A expressão "realidade virtual" soa então como um oximoro, um passe de mágica misterioso. Em geral acredita-se que uma coisa deva ser ou real ou virtual, que ela não pode, portanto, possuir as duas qualidades ao mesmo tempo. Contudo, a rigor, em filosofia o virtual não se opõe ao real, mas sim ao atual: virtualidade e atualidade são apenas dois modos diferentes da realidade. Se a produção da árvore está na essência do grão, então a virtualidade da árvore é bastante real (sem que seja, ainda, atual)".[4]

Nessa mesma trilha, vale trazer à colação as ponderações do filósofo francês GILLES DELEUZE, que, em sua obra *Différence et Réppétition*, traça um paralelo entre o possível e o virtual, erradicando as dúvidas sobre a tangibilidade daquilo que existe no universo virtual.[5]

"O virtual é bastante real dentro da sua virtualidade, que por sua vez, não possui o condão de eliminar a conceituação do possível. Gilles Deleuze explica que o possível permanece presente na natureza do real, somente não se reveste, ainda, de existência fática. Logo, o virtual além de obviamente real, assim como este, não encontra óbice na sua 'possível e concreta' virtualidade".[6]

Dessa forma, apesar de qualquer discussão filosófica sobre o tema, o mundo virtual se tornou uma realidade inexorável, e a internet, os dispositivos tecnológicos (computadores, smartphones, tablets etc.), as redes sociais e as transações por meio virtual passaram a ser regra e foram impostos aos cidadãos. Hodiernamente, as crianças, desde a tenra idade, já se beneficiam da internet e os idosos são obrigados a se adaptar às inovações sob pena de serem alijados de alguns atos da vida cotidiana, e, com isso, surge no direito a figura da perícia digital como elemento essencial à instrução processual e solução de conflitos na esfera cível e persecução criminal, porquanto meio de prova idôneo para apurar práticas cibernéticas criminosas.

No contexto jurídico, a internet e a digitalização impactaram diretamente os contratos e os atos negociais, pois as transações passaram a se aperfeiçoar sob a modalidade digital, através do uso de *tokens* e

4 LÉVY, Pierre. *Cibercultura*. Tradução de Carlos Irineu da Costa. São Paulo: Editora 34, 2008.

5 GILLES, Deleuze. *Difference et Repetition*. 12. ed. Paris: PUF, 2019.

6 O estudo comparado dos crimes cibernéticos: uma abordagem instrumentalista-constitucional acerca da sua produção probatória em contraponto à jurisprudência contemporânea brasileira. *Âmbito Jurídico*, nº 109, 01.02.2013. Disponível em: https://ambitojuridico.com.br.

senhas eletrônicas. Consectário lógico dessas mudanças de paradigma, a perícia documental e grafotécnica, em seus antigos parâmetros, está gradativamente decrescendo, enquanto a perícia digital cresce em progressão geométrica, tornando-se uma das mais borbulhantes áreas da ciência forense, com ênfase tanto na esfera cível quanto na esfera penal.

Nesse ponto, vale destacar mais uma vez a importância da prova pericial no âmbito não só do processo, mas da evolução da ciência jurídica como um todo, eis que, como se verá a seguir, em breves comentários no presente capítulo, grupos de estudo afetos à perícia atrelada aos crimes virtuais foi uma das molas propulsoras que alicerçaram a formação de uma legislação específica sobre o tema, bem como o engrandecimento da ciência forense.

Observe-se que os crimes cibernéticos são perpetrados por meio de computadores, redes de computadores ou artefatos eletrônicos conectados à internet, demandam a realização de perícia digital para seu deslinde e são das mais diversas espécies: crimes contra a honra, ameaça, induzimento e instigação ou auxílio a suicídio, furto, falsificação de documentos, estelionato, espionagem industrial, violação de segredo, apologia de crime, racismo, atentado a serviço de utilidade pública, pornografia infantil, corrupção de menores em salas de bate-papo de internet, violação de direitos de autor, inserção de dados falsos em sistema de informações, crimes contra equipamentos de votação, invasão de dispositivo informático.

A título exemplificativo, podemos enumerar dentre os crimes cibernéticos: acesso não autorizado, obtenção e transferência ilegal de dados, dano informático (art. 163 do CP),[7] disseminação de vírus, *social engineering* (método utilizado para falsear a realidade com a finalidade de trair a confiança de quem detém dados importantes para o agente criminoso, como senha bancária, através do acesso de qualquer meio de comunicação, não somente a internet, induzindo alguém em erro, para que forneça dados que serão utilizados para a prática de fraude virtual ou estelionato virtual), *phishing* (ardil que desperta a curiosidade da vítima

7 Art. 163. Destruir, inutilizar ou deteriorar coisa alheia:
Pena – detenção, de um a seis meses, ou multa.
Dano qualificado
Parágrafo único. Se o crime é cometido:
I – com violência à pessoa ou grave ameaça;
II – com emprego de substância inflamável ou explosiva, se o fato não constitui crime mais grave;
III – contra o patrimônio da União, de Estado, do Distrito Federal, de Município ou de autarquia, fundação pública, empresa pública, sociedade de economia mista ou empresa concessionária de serviços públicos; (Redação dada pela Lei nº 13.531, de 2017)
IV – por motivo egoístico ou com prejuízo considerável para a vítima:
Pena – detenção, de seis meses a três anos, e multa, além da pena correspondente à violência.

ao trazer anúncios falsos solicitando o acesso a determinado link e, ao acessá-lo, é baixado na máquina um programa autoexecutável [Cavalo de Troia] ou *keylogger* [função de capturar senhas]). Além destes, existem os crimes digitais impróprios, que são a prática de crimes já capitulados no Código Penal através do mundo virtual, tais como: ameaça, participação em suicídio, incitação e apologia ao crime, falsa identidade e falsidade ideológica, violação de direitos autorais (pirataria), pornografia infantil e crimes contra a honra, previstos nos arts. 138 a 140 do Código Penal (calúnia, difamação e injúria).[8]

Na atualidade, os estelionatos cometidos através do WhatsApp constituem fato corriqueiro, bem com a difamação por meio das redes sociais, como Facebook, e o mais conexo.

Nesse contexto, surgiu a perícia digital, que coloca o Louvado na posição de verdadeiro Pesquisador/Investigador, que, se valendo de sua *expertise* na área da tecnologia da informação, consegue, por meio da análise de *smartphones*, computadores pessoais e dispositivos relacionados, detectar os rastros deixados pelos criminosos virtuais.

Em meio a essa avalanche tecnológica, vieram os bônus e também os ônus da informática, tendo grande incremento os crimes virtuais, que não foram logo identificados e capitulados por regramento específico, mas analisados com fincas na Teoria Funcionalista da Escola de Munique, encampada pela racionalidade de CLAUS ROXIN. Assim, sopesados o injusto, a antijuricidade e a responsabilidade (*Verantwortlichkeit*), restou evidente a necessidade de prevenção e tipificação dos crimes informáticos equivalente à dos crimes já abrangidos pelo direito, sob pena de a falta de regulação denotar equivocada impressão de banalização da prática ilícita, conforme preleciona a *Broken Windows Theory*.[9]

Ad nauseam, repita-se, a internet unificou o mundo, transformando-o em uma aldeia virtual global que surgiu como território sem lei e, por

8 DOS CRIMES CONTRA A HONRA
Calúnia
Art. 138. Caluniar alguém, imputando-lhe falsamente fato definido como crime:
Pena – detenção, de seis meses a dois anos, e multa.
§ 1º Na mesma pena incorre quem, sabendo falsa a imputação, a propala ou divulga.
§ 2º É punível a calúnia contra os mortos.
Difamação
Art. 139. Difamar alguém, imputando-lhe fato ofensivo à sua reputação:
Pena – detenção, de três meses a um ano, e multa.
Injúria
Art. 140. Injuriar alguém, ofendendo-lhe a dignidade ou o decoro:
Pena – detenção, de um a seis meses, ou multa.

9 ROXIN, Claus. Reflexões sobre a problemática da imputação em direito penal. In: ROXIN, Claus. *Problemas fundamentais de direito penal*. Tradução de Ana Paulo dos Santos e Luís Natscheradetz. 3. ed. Lisboa: Vega, 1998.

isso, solo profícuo para proliferação das práticas ilícitas. Destarte, surge cristalina a necessidade de tipificação e punição dessas condutas ilegais.

Anote-se que a importância da prevenção dos crimes cibernéticos se justifica mormente pela natureza dos bens jurídicos tutelados na espécie, quais sejam, as formas de armazenamento, cessão e proteção de dados, que merecem ser sancionados com maior rigor.

Em suma, o bem maior aqui tutelado é a informação, por isso que a indevida obtenção de dados e sua inadequada e maliciosa utilização configuram o crime, conforme destaca em seus ensinamentos FREITAS CRESPO.[10]

No Brasil, a legislação específica sobre o tema ainda é insipiente, ela vem crescendo de forma consentânea com o avanço da tecnologia, todavia, ainda abaixo da demanda da sociedade, consistindo em verdadeiro paradoxo a criação de uma tecnologia de ponta que não se sabe como frear ou prevenir, como já destacou PIERRE LÉVY em sua obra, sendo certo que, se bem utilizada, a tecnologia pode ser uma aliada poderosíssima no avanço do estudo das ciências humanas.

Em se tratando os crimes cibernéticos de fenômeno mundial contemporâneo que, apesar das peculiaridades de cada país, guarda similitude em sua prática, é salutar o estudo comparado das principais legislações sobre o tema, mormente porque a globalização traz no seu rastro a cooperação como elemento essencial à solução rápida e eficaz das contendas.

Na América do Norte, vale mencionar os Estados Unidos, onde a principal lei de regência sobre a matéria é a Computer Fraud and Act – Lei de Fraude e Abuso Computacional –, cujo escopo é resguardar a acessibilidade dos sistemas para a obtenção de segredos nacionais ou com o intuito de obter vantagens financeiras.[11]

Por seu turno, a Suécia foi o primeiro país a elaborar norma incriminadora com o intuito de proteger os bens informáticos, enquanto a Itália dispõe de forma perfunctória acerca de delitos que guardam relação com a informática. A Alemanha, por sua vez, iniciou sua legislação sobre os crimes cibernéticos na década de 1980, sendo certo que naquele país essa modalidade de ilícito não é relevante em razão de sua baixa incidência e, portanto, não são punidas condutas reputadas de menor potencial ofensivo, como meras invasões de sistema, mas, sim, espionagem de dados,

10 CRESPO, Marcelo Xavier de Freitas. *Crimes digitais*. São Paulo: Saraiva, 2017.

11 CRESPO, Xavier de Freitas. Diretivas internacionais e direito estrangeiro. In: CRESPO, Xavier de Freitas. *Crimes digitais*. São Paulo: Saraiva, 2011. p. 120-155.

extorsão informática, falsificação de elementos probatórios, sabotagem informática, alterações de dados e utilização abusiva de cheques ou cartão magnéticos.[12]

De outro lado, a França, desde 1978, já possuía legislação sobre criminalidade informática, sendo um dos países precursores a dispor sobre o tema, que, evoluindo sua legislação sobre os crimes de informática, em 1988, acrescentou ao Código Penal um capítulo especial dedicado aos crimes virtuais, tais como: acesso fraudulento a sistema de elaboração de dados, sabotagem informática, destruição de dados, falsificação de documentos, uso de documentos informatizados.

No que tange à legislação brasileira acerca dos cibercrimes, não cabe nesta obra uma análise exauriente, sob pena de nos afastarmos do tema principal, que é a prova técnica em toda a sua abrangência, ou seja, desde o seu deferimento, com a nomeação do perito, até a homologação do laudo pericial, esgotadas as vias impugnativas.

No Brasil, a repressão aos crimes virtuais, de início, era muito insipiente e feita por meio de legislação penal não específica à míngua de tipos penais capitulando os crimes virtuais.

Ocorre que a repercussão na mídia de casos envolvendo vazamento de dados e fotos de celebridades impactou contundentemente a sociedade, porquanto trouxe à mesa de debates tema já bastante recorrente, objeto de prática delituosa recorrente e ainda não tipificada de forma exauriente e compatível com a gravidade da conduta e do bem jurídico ofendido.

Nessa senda, surgem os Projetos de Lei 89/2003 Substitutivo do PL 84/1999 (Azeredo)[13] em contraponto ao PL 2.793/2011 (Carolina Dieckmann)[14]. O Projeto de Lei Azeredo, criado com o escopo de coibir crimes virtuais, mormente a pedofilia, o uso indevido de dados etc., há mais de uma década, já se mostrava obsoleto diante dos avanços tecnológicos e já não mais atendia a *mens legis* que demandou sua criação.

De outro flanco, a lei brasileira denominada popularmente como Carolina Dieckmann, porquanto proposta quando do vazamento das fotos íntimas da atriz sem seu consentimento por meio de invasão ao seu

12 CRESPO, Xavier de Freitas. Diretivas internacionais e direito estrangeiro. In: CRESPO, Xavier de Freitas. *Crimes digitais*. São Paulo: Saraiva, 2011. p. 120-155.

13 Altera o Decreto-Lei nº 2.848, de 7 de dezembro de 1940 – Código Penal e a Lei nº 9296, de 24 de julho de 1996, e dá outras providências. (Dispõe sobre os crimes cometidos na área de informática, e suas penalidades, dispondo que o acesso de terceiros, não autorizados pelos respectivos interessados, a informações privadas mantidas em redes de computadores, dependerá de prévia autorização judicial.)

14 Dispõe sobre a tipificação criminal de delitos informáticos; altera o Decreto-Lei nº 2.848, de 7 de dezembro de 1940 – Código Penal; e dá outras providências.

computador (*phishing*), impõe como qualificadora da conduta, importando no aumento da pena, o fato de a vítima ser o Presidente da República, do Senado, da Câmara, do Supremo Tribunal Federal, ou pessoas de alto cargo que ostentam fé pública.

Duas novas leis a respeito de crimes cibernéticos sancionadas em 30 de novembro de 2012 entraram em vigor a partir de 2 de abril de 2013, são elas: Lei nº 12.735 e Lei nº 12.737. A primeira tipifica condutas realizadas mediante o uso de sistema eletrônico, digital ou similar, que sejam praticadas contra sistemas informatizados. A segunda criminaliza a invasão de computadores, o "roubo" de senhas e arquivos. Em 2014, com a Lei nº 12.965/2014, denominada Marco Civil da Internet, o Brasil, enfim, atinge sua maturidade legislativa sobre o tema e se torna um dos países com normas mais progressistas sobre o tema.

Após essas considerações sobre o tema, resta evidente que não há como dissociar os crimes cibernéticos da internet, sendo certo que, com ela, nasceu o fenômeno da globalização, criando a possibilidade de o sujeito ativo de um crime estar no Japão e o resultado da conduta delitiva ocorrer na América do Sul.

Uma vez pacificado que os crimes virtuais ultrapassam fronteiras territoriais, incumbe ao Direito se atualizar para poder, de forma homogênea, coibir esses delitos, exsurgindo daí a necessidade de cooperação internacional, conforme prevê a Convenção de Budapeste, que nasceu lastreada na experiência do "PC-CY (Comitê de Peritos em Crimes no Ciberespaço", já se notando, nesse aspecto, a importância da perícia para o desenvolvimento do tema em voga.

Nesse ponto, surge o grande paradoxo: se, por um lado, o Brasil, através de estudos e grupos de trabalho, foi inovador e muito contribuiu para o aprimoramento da forense computacional e para a legislação sobre os crimes virtuais, tendo, inclusive, aprovado a Lei do Marco Civil da Internet, por outro, ainda se mostra retrógrado, uma vez que, embora tenha sido convidado pelo Conselho da Europa em 2019 a integrar o conjunto de partes signatárias da Convenção de Budapeste, ainda não o fez, estando pendente de apreciação no Congresso Nacional o texto da Convenção de Budapeste no PDL 255/2021.[15]

Não se pode deixar de mencionar que o Brasil tem investido e alcançado êxito na criação de núcleos de investigação especializados no combate e prevenção dos delitos cometidos por meios eletrônicos, tanto no ramo

15 Aprova o texto da Convenção sobre o Crime Cibernético, celebrada em Budapeste, em 23 de novembro de 2001.

público como no privado. Na esfera federal, vale destacar a criação das Delegacias Especializadas de Repressão a Crimes contra Informática e Fraudes Eletrônicas, merecendo destaque a Unidade de Perícia Informática da Polícia Federal, criada desde 1996 e denominada Serviço de Perícia em Informática (SEPFIN), e na seara privada merece relevo a organização não governamental SaferNet Brasil, em parceria com o Ministério Público Federal, especializada no recebimento de denúncias de crimes que violem os direitos humanos praticados pelo meio virtual.

É digna de nota, também, a participação do Brasil em conferências internacionais sobre perícia forense, cujo tema é a identificação do criminoso cibernético. Aliás, não se pode deixar de consignar a contribuição da Ordem dos Advogados do Brasil no avanço da persecução dos criminosos virtuais, haja vista sua iniciativa quanto à promoção de estudos e elaboração de cartilhas de prevenção destinadas aos usuários de meios de telecomunicação, bem como o custeio de professores e pesquisadores brasileiros no exterior para o estudo dos cibercrimes. Além do objetivo principal de combate à cibercriminalidade, é objetivo dessas organizações dirimir problemas sociais causados pela "assimetria digital", uma vez que na era da sociedade virtual se tem a informação como item valioso ao avanço dos mercados, processos políticos, legislativos e jurídicos.[16]

No que concerne à perícia digital propriamente dita, como instrumento probatório idôneo, é certo que esse ramo é bem mais evoluído no exterior, onde surgiu a internet e berço da tecnologia da informação, consistindo em segmento ainda em constante aprimoramento no Brasil, onde também é conhecida como forense computacional ou computação forense e tem o escopo de rastrear mídias eletrônicas perquirindo pistas que corroborem a prática de crimes cometidos na ambiência digital ou física.

Na dicção de PEDRO ELEUTÉRIO: "A Computação forense é o ramo da informática designado a atender às expectativas legais".[17]

Em suma, pode-se concluir que a computação forense é ciência apta a formar os Peritos Digitais, eis que a eles não basta o vasto conhecimento na área de informática, porquanto lhes é exigido conhecimento jurídico suficiente a produzir um laudo capaz de valer como prova em Juízo.

Aliás, não se pode olvidar que o Perito Digital ganha cada vez mais espaço no mercado de trabalho, pois os ataques à segurança das informações

16 SANTOS, Coriolano Aurélio Camargo. *Atual cenário dos crimes cibernéticos no Brasil*. p. 14. Disponível em: http://pt.scribd.com/doc/41224053/Crimes-Ciberneticos. Acesso em: 10 set. 2012.

17 ELEUTÉRIO, Pedro Monteiro da Silva; MACHADO, Marcio Pereira. *Desvendando a computação forense*. São Paulo: Novatec, 2010. p. 16.

digitais, de acordo com o CERT (Grupo de Resposta a Incidentes de Segurança para a Internet no Brasil), vêm crescendo vertiginosamente.

A perícia digital, na maior parte dos casos, terá o desiderato de comprovar a prática de contravenções e crimes e, por isso, sua execução deve, obrigatoriamente, observar um protocolo muito rígido de modo a preservar a cadeia de custódia das provas e a higidez das evidências, eis que as evidências obtidas durante a investigação são frágeis e voláteis.

Frise-se que ao Perito Digital não basta apenas estar apto a analisar os rastros deixados pelos criminosos cibernéticos, mas, sim, capacitado para sobrepujar os desafios lançados pela Anti Forense Computacional, quais sejam, ocultação, codificação ou exclusão de evidências, mormente através de criptografia, esteganografia, sanitização de discos e utilização e propriedades não utilizadas ordinariamente por diferentes sistemas de arquivos.

A perícia digital se divide em quatro etapas: coleta, exame, análise e resultados. Essas fases devem ser observadas com rigidez pelo Perito, sob pena de invalidade da prova técnica, porquanto existem para garantir a higidez do laudo pericial e a preservação das evidências.

Na coleta, o essencial é que seja mantida a integridade dos dados coletados durante o processo investigatório, sendo recomendada a cópia dos dados através de espelhamento, extraindo-se hashes (uma função hash é um algoritmo que mapeia dados de comprimento variável para dados de comprimento fixo). De acordo com o Dicionário Aurélio Buarque de Holanda Ferreira:

> Algoritmo: conjunto de regras e operações bem definidas e ordenadas destinadas à solução de um problema, ou de uma classe de problemas em um número finito de etapas.

Os valores retornados por uma função *hash* são chamados valores hash, códigos hash, somas hash (*hash sums*), checksums ou simplesmente hashes de verificação do conteúdo.

Melhor explicitando, vale citar trecho da Tese de Mestrado "Validação de Dados Através de Hashes Criptográficos":

> Os hashes trabalham pegando uma entrada de tamanho variável, seja ela um texto ou arquivo qualquer, e gerando uma saída de tamanho fixo. Este cálculo hash é uma boa maneira de se provar a integridade dos dados em que se foram feitos os cálculos.[18]

18 LIMA, José Paulo da Silva. *Validação de dados através de hashes criptográficos: uma avaliação na perícia forense computacional brasileira*. Dissertação (Mestrado) – Universidade Federal de Pernambuco, 2015. p. 28.

Nessa toada, depreende-se que o escopo principal dos hashes é garantir a integridade e a autenticidade dos dados, sendo, portanto, elemento essencial na vida cotidiano, porquanto são eles utilizados quando procedemos às assinaturas digitais e nos valemos dos certificados digitais e especificamente para as periciais digitais eles garantem a fidedignidade do material coletado para análise.

A etapa concernente ao exame requer a implementação de procedimentos específicos para recuperar e catalogar os dados obtidos, sem, contudo, macular o disco de origem ("Perícia digital: tudo sobre os peritos no mundo cibernético"). Logo, verifica-se que a preservação do material examinado é uma das prioridades na perícia digital, sendo, portanto, de máxima importância também a observância da cadeia de custódia.

A análise consiste no exame dos dados obtidos na etapa anterior e buscará por evidências que estejam relacionadas ao crime que se busca desvendar, permitindo que, ao fim do procedimento, se obtenha uma conclusão sobre o fato que motivou a perícia. Como em outras modalidades de perícias existem métodos para análise, e paradigmas que devem ser usados como referência.

Note-se que o Instituto Nacional de Justiça dos Estados Unidos mantém, juntamente com o Instituto Nacional de Padrões e Tecnologia, um projeto conhecido como Biblioteca Nacional de Referência de Software – em inglês, National Software Reference Library (NSRL) –, no qual existe uma seção conhecida como Conjunto de Arquivos para Referência – em inglês, Reference Data Set (RDS).

Em apertada síntese, podemos dizer que o RDS é um banco de dados contendo assinaturas digitais de arquivos já conhecidos e rastreáveis que diminui drasticamente o trabalho do Louvado, porquanto reduz significativamente o número de arquivos a serem analisados.

Por derradeiro, com base nos resultados obtidos, o Louvado precisa elaborar um laudo conclusivo, no qual descreverá o delito e será o responsável pela autenticidade do documento e o seu conteúdo.

Conclusão:

De todo o exposto, é inevitável concluir o vertiginoso incremento que a forense computacional trouxe para o ramo da perícia jurídica, sendo certo que até mesmo a função do Louvado foi estendida, uma vez que o Perito Digital sai da condição apenas de *expert* que analisa elementos dentro de um processo judicial elaborando laudo com valor probatório, para ganhar espaço como verdadeiro consultor, uma vez que seus conhecimentos podem e devem ser usados como elemento profilático visando evitar a consumação das fraudes digitais e estelionatos virtuais.

Dessa forma, é inegável a importância da forense computacional para a sociedade contemporânea, porquanto a formação de Peritos Digitais, ao nosso sentir, é essencial para coibir os crimes cibernéticos, coadunando-se com os vetores do direito processual hodierno, que tem na cooperação e na prevenção alicerces para evitar os conflitos e, mormente, a necessidade de sua judicialização para o atingimento de uma solução.

Jurisprudência:

> RECURSO ORDINÁRIO EM MANDADO DE SEGURANÇA. REGULARIZAÇÃO DE ASSINATURA DE ADVOGADO EM PETIÇÕES ATRAVESSADAS EM PROCESSO FÍSICO. INQUÉRITO POLICIAL. ASSINATURA DIGITAL *X* ASSINATURA DIGITALIZADA. NECESSIDADE DE PERÍCIA PARA DETERMINAR SE A ASSINATURA EM QUESTÃO APRESENTA TODOS OS REQUISITOS EXIGIDOS PELA LEI PARA A ASSINATURA ELETRÔNICA. 1. O advogado tem direito de se valer da tecnologia da assinatura digital convalidada por autoridade certificadora credenciada em qualquer documento ou petição por ela produzido, seja em processo físico ou em processo virtual, tanto na seara civil, quanto na penal e na trabalhista. Inteligência do art. 1º, § 1º e § 2º, III, "a", da Lei n. 11.419, de 19/12/2006. 2. "A assinatura digital certificada digitalmente, por seu turno, permite a identificação inequívoca do signatário do documento, o qual passa a ostentar o nome do detentor do certificado digital utilizado, o número de série do certificado, bem como a data e a hora do lançamento da firma digital, presumindo-se verdadeiro o seu conteúdo em relação ao signatário, na forma do art. 10 da Medida Provisória n. 2.200-2, de 2001" (AgRg no AREsp 471.037/MG, Rel. Ministro Luis Felipe Salomão, Quarta Turma, julgado em 27/05/2014, *DJe* 03/06/2014). 3. Necessário, entretanto, distinguir assinatura digital da assinatura digitalizada. A assinatura digitalizada é a reprodução da assinatura autógrafa como imagem por um equipamento tipo scanner. Ela não garante a autoria e integridade do documento eletrônico, porquanto não existe uma associação inequívoca entre o subscritor e o texto digitalizado, uma vez que ela pode ser facilmente copiada e inserida em outro documento. 4. A "assinatura digitalizada ou escaneada, por se tratar de mera inserção de imagem em documento, não se confunde com a assinatura digital baseada em certificado digital emitido por autoridade certificadora credenciada, prevista no art. 1º, § 2º, III, 'a', da Lei n. 11.419/2006" (AgInt no AREsp 1.173.960/

RJ, Rel. Ministro Antonio Carlos Ferreira, Quarta Turma, *DJe* de 15/03/2018). 5. Nas informações prestadas, a autoridade apontada como coatora esclareceu ter determinado a regularização da assinatura das petições juntadas pela advogada impetrante em inquérito policial físico devido ao fato de que "aparentemente se trata de assinatura digitalizada". Vê-se, assim, que, no caso concreto, o que foi posto em questão foi a validade do que a impetrante alega constituir uma autêntica certidão digital devidamente certificada por autoridade certificadora credenciada, e não, como afirma a recorrente, seu direito de assinar petições digitalmente mesmo em processos físicos. A discussão quanto à validade e/ou existência de certificação válida de assinatura digital é tema que demanda instrução probatória inadmissível na seara do mandado de segurança. 6. Recurso ordinário a que se nega provimento (RMS 59.651/SP, 5ª Turma, Rel. Min. Reynaldo Soares da Fonseca, j. 23.04.2019, *DJe* 10.05.2019).

AGRAVO DE INSTRUMENTO. ALEGAÇÃO DE FRAUDE EM CONTRATO DE EMPRÉSTIMO. PROVA PERICIAL GRAFOTÉCNICA REALIZADA EM CÓPIA DE CONTRATO DIGITAL. ALEGAÇÃO DE ASSINATURA ESCANEADA. REQUERIMENTO DE NOVA PERÍCIA. NECESSIDADE DE ESCLARECIMENTOS PELO PERITO DE CONFIANÇA DO JUÍZO. RECURSO PROVIDO EM PARTE. 1. Insurge-se o recorrente contra a decisão do togado singular que indeferiu o requerimento de juntada do contrato original de mútuo bancário para realização de nova perícia, encaminhando os autos ao Grupo de Sentença. 2. Em nosso sistema processual civil vigora o livre convencimento motivado, onde o juiz tem liberdade para valorar as provas produzidas, devendo expor, racionalmente, quais os motivos que o fizeram chegar àquela conclusão, na forma do disposto nos arts. 130 e 131 do CPC. 3. Os arts. 437 e 438 do Código de Processo Civil só permitem a realização de nova perícia quando o juízo entender que os elementos constantes dos autos não são capazes de formar seu convencimento, o que restou comprovado no caso dos autos. 4. As questões que fundamentam a realização de nova perícia estão embasadas na possibilidade de montagem de contrato de empréstimo apresentado em juízo de forma digital, com sobreposição ou colagem de assinatura capturada de um contrato físico realizado há mais de 20 anos com o banco réu. 5. Existindo eventual possibilidade de produção da prova, não pode o Juiz da causa impedi-la de plano, devendo garantir o direito de tentativa de sua produção pela parte, evitando, assim, indevido cerceamento de defesa. 6. Imperativo que antes da prolação da sentença o Perito do

Juízo preste esclarecimentos sobre a alegada montagem do contrato digital e a necessidade (ou não) de nova perícia para apurar a irregularidade apontada pelo reclamante. 7. Recurso provido em parte (AI 0067692-79.2021.8.19.0000, 14ª Câmara Cível, Des. José Carlos Paes, j. 04.11.2021).

AGRAVO DE INSTRUMENTO. DIREITO PRIVADO NÃO ESPECIFICADO. MEDIDA CAUTELAR. PRODUÇÃO ANTECIPADA DE PROVAS. **PERÍCIA EM INFORMÁTICA**. *FUMUS BONI JURIS* E *PERICULUM IN MORA*. Tendo sido alegada a espionagem industrial e justificada a necessidade de se identificar e copiar os e-mails trocados pelo gerente de desenvolvimento de produtos da autora e terceiro, com razoáveis indícios de que a operacionalidade das máquinas, equipamentos, instalações e tecnologia por ela adotadas foram utilizadas em causa própria, revelando informações sigilosas a terceiros, razoável o deferimento do pedido. Seguimento negado em monocrática (AI 70036704583, 12ª Câmara Cível, Des(a). Ana Lúcia Carvalho Pinto Vieira Rebout, Comarca de Bento Gonçalves/RS, Data de publicação: 10.06.2010).

AGRAVO DE INSTRUMENTO. FALÊNCIA. PROCESSUAL CIVIL. HASTA PÚBLICA. DISCREPÂNCIA ENTRE A ÁREA OFERTADA E A EFETIVAMENTE ARREMATADA. NECESSIDADE DE VERIFICAÇÃO *IN LOCO* MEDIANTE **PERÍCIA DIGITAL** COM A PARTICIPAÇÃO DOS ASSISTENTES TÉCNICOS NECESSÁRIOS. À UNANIMIDADE, DERAM PARCIAL PROVIMENTO AO AGRAVO DE INSTRUMENTO (AI 70073730020, 6ª Câmara Cível, Des. Luís Augusto Coelho Braga, Comarca de Caxias do Sul/RS, Data de publicação: 26.02.2018).

PENAL E PROCESSUAL PENAL. APELAÇÃO CRIMINAL INTERPOSTA PELA PARTE RÉ. TRÁFICO INTERNACIONAL DE ENTORPECENTE E DE ARMAS DE USO RESTRITO (ART. 33 C/C ART. 40, I, DA LEI Nº 11.343/2006 E ART. 18 C/C ART. 19, DA LEI Nº 10.826/2003, NA FORMA DO ART. 69 DO CP). AUTORIA E MATERIALIDADE COMPROVADAS. MANUTENÇÃO DA SENTENÇA. RECURSO DESPROVIDO. I – Hipótese em que a ora apelante restou condenada por tráfico internacional de entorpecente e armas, por ter sido flagrada, juntamente com outros acusados, por policiais do BPTUR/RJ, no dia 26 de julho de 2013, por volta das 21 horas, na Rodoviária Novo Rio, mantendo a posse de duas pistolas calibre 9mm de uso restrito aos órgãos de segurança pública, três carregadores de pistolas desmuniciados, bem como 1,4 Kg (um quilo e quatrocentos gramas) de substância entorpecente que, após periciada, verificou-se tratar-se de cannabis sativa linneu (maconha), restando demonstrado que todo material apreendido era produto de tráfico internacional entre Brasil e Paraguai e destinados à internalização no território nacional. II – Autoria e materialidade delitivas bem delineadas, através do robusto conjunto probatório adunado aos autos tais como: (a) Laudo Preliminar de Constatação fls. 121/122), tendo os testes químicos realizados na substância apreendida resultado positivo para cannabis sativa linneu (maconha), encontrando-se o laudo definitivo às fls. 225/228; (b) Laudos de Perícia Criminal Federal (Exame de Arma), acostados às fls. 420/424 e 425/428 e (c) **Laudo de Perícia Federal (Informática)** às fls. 686/691. III – Recurso a que se nega provimento (201351010160053, 4ª Vara Federal Criminal do Rio de Janeiro, Rel. Des. Federal Messod Azulay Neto, Data de publicação: 18.01.2016).

APELAÇÃO CÍVEL. EMBARGOS À EXECUÇÃO. CONTRATO DE HONORÁRIOS ADVOCATÍCIOS. ALEGADA ADULTERAÇÃO NO DOCUMENTO PRODUZIDO DIGITALMENTE. ÍNDICIOS DE DIFERENTE USO DE FONTES, NA SUA PRODUÇÃO. NECESSIDADE DE SE REALIZAR **PERÍCIA DIGITAL**. CERCEAMENTO DE DEFESA. CARACTERIZAÇÃO. SENTENÇA INVALIDADE. RETORNO À ESFERA JURISDICIONAL DO PRIMEIRO GRAU. RECURSO CONHECIDO E PROVIDO (TJPR, 0032274-03.2017.8.16.0001, 13ª Câmara Cível, Rel. Des. José Camacho Santos, Data de publicação: 15.07.2021).

BIBLIOGRAFIA:

CARRIER, Brian. *File System Forensic Analysis*. Crawfordsville: Addison Wesley, 2005.

CRESPO, Marcelo Xavier de Freitas. *Crimes digitais*. São Paulo: Saraiva, 2017.

DELGADO, Vladimir Chaves. *Cooperação internacional em matéria penal na convenção sobre o cibercrime*. 2007. Dissertação (Mestrado) – Centro Universitário de Brasília, Brasília.

ELEUTÉRIO, Pedro Monteiro da Silva; MACHADO, Marcio Pereira. *Desvendando a computação forense*. São Paulo: Novatec, 2011.

FARMER, Dan; VENEMA, Wietse. *Perícia forense computacional*. Tradução de Edson Furmankiewicz e Carlos Schafranski. São Paulo: Pearson Prentice Hall, 2007.

GILLES, Deleuze. *Difference et repetition*. 12. ed. Paris: PUF, 2019.

LÉVY, Pierre. *Cibercultura*. Tradução de Carlos Irineu da Costa. São Paulo: Editora 34, 2008.

MACHADO, André Augusto Mendes. *A investigação criminal defensiva*. 2009. Dissertação (Mestrado) – Faculdade de Direito de São Paulo, São Paulo.

MAZONI, Ana Carolina. *Crimes na Internet e a Convenção de Budapeste*. 2009. Dissertação (Mestrado) – Faculdade de Ciências Jurídicas e Sociais, Brasília.

MELLO, Celso Albuquerque. *Curso de direito internacional público*. Rio de Janeiro: Renovar, 2004.

NUNES, Radam Nakai. *A cooperação jurídica penal internacional à luz do garantismo penal*. 2006. Dissertação (Mestrado) – Universidade Católica de Brasília, Brasília.

ORTON, Frank. Algumas características especiais do processo civil sueco. Tradução de Alexandre Freitas Câmara. *R. EMERJ*, Rio de Janeiro, v. 14, n. 54 p. 7-14. Disponível em: http://www.emerj.tjrj.jus.br/revistaemerj_online/edicoes/revista54/Revista54_7.pdf. Acesso em: 28 dez. 2021

RAMALHO TERCEIRO, Cecílio da Fonseca Vieira. O problema na tipificação penal dos crimes virtuais. *Jus Navigandi*, Teresina, ano 7, n. 58, 1º ago. 2002. Disponível em: https://ambitojuridico.com.br. Acesso em: 27 dez. 2021.

ROSA, Fabrizio. *Crimes de informática*. 2. ed. São Paulo: Bookseller, 2006.

ROXIN, Claus. Reflexões sobre a problemática da imputação em Direito Penal In: ROXIN, Claus. *Problemas fundamentais de direito penal*. Tradução de Ana Paulo dos Santos e Luís Natscheradetz. 3. ed. Lisboa: Vega, 1998.

SANTOS, Coriolano Aurélio Camargo. *Atual cenário dos crimes cibernéticos no Brasil*. Disponível em: http://pt.scribd.com/doc/41224053/Crimes-Ciberneticos. Acesso em: 27 dez. 2021.

Parte II

LEGISLAÇÃO

SUMÁRIO PARCIAL

PARTE II – LEGISLAÇÃO

01) CONSTITUIÇÃO DA REPÚBLICA FEDERATIVA DO BRASIL – PROMULGADA EM 05/10/1988: arts. 5º, inciso XIII, e 93, inciso IX.

02) A) CÓDIGO DE PROCESSO CIVIL REVOGADO DE 1973. Arts.: 19, §§ 1º e 2º; 20, §§ 1º 5º; 33; 134 a 139; 145 a 147; 151 e 152; 165; 202, §§ 1º e 2º; 258 a 260; 276 a 280; 286; 332 e 333; 383; 390 a 395; 420 a 443; 475; 485; 499; 522 a 529; 585 VI; 627 §§ 1º e 2º; 680 a 685; 716 a 724; 744 e 745; 846 a 851; 946 a 981; 1.003 a 1.011; 1.070 e 1.071; 1.205 a 1.210 e 1.218.

B) CÓDIGO DE PROCESSO CIVIL ATUAL DE 2015: Arts.: 91, §§ 1º e 2º; 95, §§ 1º a 3º, I e II, 4º e 5º; 98 e § 1º, I a VI; 144, I; 149; 156, §§ 1º a 5º; 157, §§ 1º e 2º; 158; 163, I a III; 260, I a IV, §§ 1º a 3º; 361, I a III e parágrafo único; 365 e parágrafo único; 422, §§ 1º a 3º; 464, § 1º, I a III e §§ 2º a 4º; 465, § 1º, I a III, § 2º, I a III, § 3º a § 6º; 466, §§ 1º e 2º; 467 e parágrafo único; 468, I e II, §§ 1º a 3º; 469 a 480; 481 a 484 e parágrafo único; 510; 569 a 573; 574 a 587; 588 a 598; 604, I a III; 606 e parágrafo único; 607; 630 a 638; 715, §§ 1º a 5º; 752, §§ 1º a 3º; 753; 754; 756, §§ 1º a 4º; 811 e parágrafo único; 812; 872, I e II e §§ 1º e 2º; 873, I a III e parágrafo único; 874, I e II; 917, §§ 5º a 7º ; 1.015, I a XIII e parágrafo único; 1.019, I a III; 1045.

03) DECRETO-LEI Nº 3.365, DE 21 DE JUNHO DE 1941. Dispõe sobre desapropriação por utilidade pública.

04) LEI Nº 4.132, DE 10 DE SETEMBRO DE 1962. Define os casos de desapropriação por interesse social e dispõe sobre sua aplicação.

05) DECRETO-LEI Nº 512, DE 21 DE MARÇO DE 1969. Regula a Política Nacional de Viação Rodoviária, fixa diretrizes para a reorganização do departamento nacional de estradas de rodagem e dá outras providências.

06) DECRETO-LEI Nº 1.075, DE 22 DE JANEIRO DE 1970. Regula a imissão de posse, *initio litis*, em imóveis residenciais urbanos.

07) LEI COMPLEMENTAR Nº 76, DE 6 DE JULHO DE 1993. Dispõe sobre o procedimento contraditório especial, de rito sumário, para o processo de desapropriação de imóvel rural, por interesse social, para fins de reforma agrária.

08) NOVO CÓDIGO CIVIL (LEI Nº 10.406, DE 10 DE JANEIRO DE 2002). Arts.: 206; 212; 325; 497; 498 e 2.028.

09) LEI Nº 7.347, DE 24 DE JULHO DE 1985. Disciplina a ação civil pública de responsabilidade por danos causados ao meio ambiente, ao consumidor, a bens e direitos de valor artístico, estético, histórico, turístico e paisagístico (vetado) e dá outras providências. Arts.: 7º e 8º.

10) LEI Nº 9.279, DE 14 DE MAIO DE 1996. Regula direitos e obrigações relativos à propriedade industrial. Arts.: 200 e 201.

11) LEI Nº 8.069, DE 13 DE JULHO DE 1990. ESTATUTO DA CRIANÇA E DO ADOLESCENTE. Art. 151.

12) DECRETO-LEI Nº 9.295, DE 27 DE MAIO DE 1946. Cria o conselho federal de contabilidade, define as atribuições do contador e do guarda-livros, e dá outras providências. Arts.: 25 e 26.

13) LEI Nº 8.078, DE 11 DE SETEMBRO DE 1990. CÓDIGO DO CONSUMIDOR. Arts.: 4º a 7º e 38.

14) CONSOLIDAÇÃO DAS LEIS DO TRABALHO. (DECRETO-LEI Nº 5.452, DE 1º DE MAIO DE 1943). Arts.: 195; 325; 340; 826 e 827.

15) CÓDIGO PENAL. (DECRETO-LEI Nº 2.848, DE 07 DE DEZEMBRO DE 1940). (Atualizado até a Lei nº 11.035, 22 de dezembro de 2004). Arts. 299; 304; 327; 342; 357.

16) CÓDIGO DE PROCESSO PENAL. DECRETO-LEI Nº 3.689, DE 3 DE OUTUBRO DE 1941. (Atualizado pelas Leis nºs 10.792, de 1º/12/2003, 11.689, de 09/6/2008, 11.690, de 09/6/2008 e 11.719, de 20/6/2008). Arts.: 14; 155 a 195; 212; 240 a 250; 275 a 281; 400 e 411; 429 a 431; 473; 476; 480 e 481; 527 a 538; 541 a 548; 682 e art. 2º da Lei nº 12.030, de 17/9/2009.

17) LEI Nº 12.030 DE 17 DE SETEMBRO DE 2009. Dispõe sobre perícias oficiais.

18) DECRETO FEDERAL Nº 7.003, DE 09 DE NOVEMBRO DE 2009. Regulamenta a licença para tratamento de saúde (perícia oficial para concessão da licença), de que tratam os arts. 202 a 205 da Lei nº 8.112, de 11 de dezembro de 1990.

20) LEI Nº 6.404, DE 15 DE DEZEMBRO DE 1976. Dispõe sobre as sociedades por ações. Art. 8º.

CONSTITUIÇÃO DA REPÚBLICA FEDERATIVA DO BRASIL PROMULGADA EM 05/10/1988

Art. 5º Todos são iguais perante a lei, sem distinção de qualquer natureza, garantindo-se aos brasileiros e aos estrangeiros residentes no País a inviolabilidade do direito à vida, à liberdade, à igualdade, à segurança e à propriedade, nos termos seguintes: (...)

XIII - é livre o exercício de qualquer trabalho, ofício ou profissão, atendidas as qualificações profissionais que a lei estabelecer; (...)

Art. 93 (...)

IX - todos os julgamentos dos órgãos do Poder Judiciário serão públicos, e fundamentadas todas as decisões, sob pena de nulidade, podendo a lei limitar a presença, em determinados atos, às próprias partes e a seus advogados, ou somente a estes, em casos nos quais a preservação do direito à intimidade do interessado no sigilo não prejudique o interesse público à informação; (Redação dada pela Emenda Constitucional nº 45, de 2004.)

Nota do Autor: A igualdade perante a lei é uma norma pétrea constitucional e toda e qualquer decisão deve ser fundamentada, sob pena de nulidade, na forma dos dispositivos acima, fazendo com que se atenda ao devido processo legal e aos princípios da ampla defesa e do contraditório.

CÓDIGO DE PROCESSO CIVIL REVOGADO DE 1973

Art. 19. Salvo as disposições concernentes à justiça gratuita, cabe às partes prover as despesas dos atos que realizam ou requerem no processo, antecipando--lhes o pagamento desde o início até sentença final; e bem ainda, na execução, até a plena satisfação do direito declarado pela sentença.

§ 1º O pagamento de que trata este artigo será feito por ocasião de cada ato processual.

§ 2º Compete ao autor adiantar as despesas relativas a atos, cuja realização o juiz determinar de ofício ou a requerimento do Ministério Público.

Art. 20. A sentença condenará o vencido a pagar ao vencedor as despesas que antecipou e os honorários advocatícios. Essa verba honorária será devida, também, nos casos em que o advogado funcionar em causa própria. (Redação dada pela Lei nº 6.355, de 08/09/1976.)

§ 1º O juiz, ao decidir qualquer incidente ou recurso, condenará nas despesas o vencido. (Redação dada pela Lei nº 5.925, de 01/10/1973.)

§ 2º As despesas abrangem não só as custas dos atos do processo, como também a indenização de viagem, diária de testemunha e remuneração do assistente técnico. (Redação dada pela Lei nº 5.925, de 01/10/1973.)

§ 3º Os honorários serão fixados entre o mínimo de dez por cento (10%) e o máximo de vinte por cento (20%) sobre o valor da condenação, atendidos: (Redação dada pela Lei nº 5.925, de 01/10/1973.)

a) o grau de zelo do profissional;

b) o lugar de prestação do serviço;

c) a natureza e importância da causa, o trabalho realizado pelo advogado e o tempo exigido para o seu serviço.

§ 4º Nas causas de pequeno valor, nas de valor inestimável, naquelas em que não houver condenação ou for vencida a Fazenda Pública, e nas execuções, embargadas ou não, os honorários serão fixados consoante apreciação equitativa do juiz, atendidas as normas das alíneas *a*, *b* e *c* do parágrafo anterior. (Redação dada pela Lei nº 8.952, de 13/12/1994.)

§ 5º Nas ações de indenização por ato ilícito contra pessoa, o valor da condenação será a soma das prestações vencidas com o capital necessário a produzir a renda correspondente às prestações vincendas (art. 602), podendo estas ser pagas, também mensalmente, na forma do § 2º do referido art. 602, inclusive em consignação na folha de pagamentos do devedor. (Parágrafo acrescentado pela Lei nº 6.745, de 05/12/1979.)

Art. 33. Cada parte pagará a remuneração do assistente técnico que houver indicado; a do perito será paga pela parte que houver requerido o exame, ou pelo autor, quando requerido por ambas as partes ou determinado de ofício pelo juiz.

Parágrafo único. O juiz poderá determinar que a parte responsável pelo pagamento dos honorários do perito deposite em juízo o valor correspondente a essa remuneração. O numerário, recolhido em depósito bancário à ordem do juízo e com correção monetária, será entregue ao perito após a apresentação do laudo, facultada a sua liberação parcial, quando necessária. (Parágrafo acrescentado pela Lei nº 8.952, de 13/12/1994.)

Art. 134. É defeso ao juiz exercer as suas funções no processo contencioso ou voluntário:

I - de que for parte;

II - em que interveio como mandatário da parte, oficiou como perito, funcionou como órgão do Ministério Público, ou prestou depoimento como testemunha;

III - que conheceu em primeiro grau de jurisdição, tendo-lhe proferido sentença ou decisão;

IV - quando nele estiver postulando como advogado da parte, o seu cônjuge ou qualquer parente seu, consanguíneo ou afim, em linha reta; ou na linha colateral até o segundo grau;

V - quando cônjuge, parente, consanguíneo ou afim, de alguma das partes, em linha reta, ou na colateral, até o terceiro grau;

VI - quando for órgão de direção ou de administração de pessoa jurídica, parte na causa.

Parágrafo único. No caso do número IV, o impedimento só se verifica quando o advogado já estava exercendo o patrocínio da causa; é, porém, vedado ao advogado pleitear no processo, a fim de criar o impedimento do juiz.

Art. 135. Reputa-se fundada a suspeição de parcialidade do juiz, quando:

I - amigo íntimo ou inimigo capital de qualquer das partes;

II - alguma das partes for credora ou devedora do juiz, de seu cônjuge ou de parentes destes, em linha reta ou na colateral até o terceiro grau;

III - herdeiro presuntivo, donatário ou empregador de alguma das partes;

IV - receber dádivas antes ou depois de iniciado o processo; aconselhar alguma das partes acerca do objeto da causa, ou subministrar meios para atender às despesas do litígio;

V - interessado no julgamento da causa em favor de uma das partes.

Parágrafo único. Poderá ainda o juiz declarar-se suspeito por motivo íntimo.

Art. 136. Quando dois ou mais juízes forem parentes, consanguíneos ou afins, em linha reta e no segundo grau na linha colateral, o primeiro, que conhecer da causa no tribunal, impede que o outro participe do julgamento; caso em que o segundo se escusará, remetendo o processo ao seu substituto legal.

Art. 137. Aplicam-se os motivos de impedimento e suspeição aos juízes de todos os tribunais. O juiz que violar o dever de abstenção, ou não se declarar suspeito, poderá ser recusado por qualquer das partes (artigo 304).

Art. 138. Aplicam-se também os motivos de impedimento e de suspeição:

I - ao órgão do Ministério Público, quando não for parte, e, sendo parte, nos casos previstos nos números I a IV do artigo 135;

II - ao serventuário de justiça;

III - ao perito; (Redação dada pela Lei nº 8.455, de 24/08/1992.)

IV - ao intérprete.

§ 1º A parte interessada deverá arguir o impedimento ou a suspeição, em petição fundamentada e devidamente instruída, na primeira oportunidade em que lhe couber falar nos autos; o juiz mandará processar o incidente em separado e sem suspensão da causa, ouvindo o arguido no prazo de cinco dias, facultando a prova quando necessária e julgando o pedido.

§ 2º Nos tribunais caberá ao relator processar e julgar o incidente.

Art. 139. São auxiliares do juízo, além de outros, cujas atribuições são determinadas pelas normas de organização judiciária, o escrivão, o oficial de justiça, o perito, o depositário, o administrador e o intérprete.

DO PERITO

Art. 145. Quando a prova do fato depender de conhecimento técnico ou científico, o juiz será assistido por perito, segundo o disposto no artigo 421. (A Lei nº 7.270, de 10/12/1984, acrescentou a este artigo os três parágrafos que se seguem.)

§ 1º Os peritos serão escolhidos entre profissionais de nível universitário, devidamente inscritos no órgão de classe competente, respeitado o disposto no capítulo VI, seção VII, deste Código.

§ 2º Os peritos comprovarão sua especialidade na matéria sobre que deverão opinar, mediante certidão do órgão profissional em que estiverem inscritos.

§ 3º Nas localidades onde não houver profissionais qualificados que preencham os requisitos dos parágrafos anteriores, a indicação dos peritos será de livre escolha do juiz.

Art. 146. O perito tem o dever de cumprir o ofício, no prazo que lhe assinala a lei, empregando toda a sua diligência; pode, todavia, escusar-se do encargo alegando motivo legítimo.

Parágrafo único. A escusa será apresentada dentro de cinco dias, contados da intimação ou do impedimento superveniente, sob pena de se reputar renunciado o direito a alegá-la (artigo 423). (Redação dada pela Lei nº 8.455, de 24/08/1992.)

Art. 147. O perito que, por dolo ou culpa, prestar informações inverídicas, responderá pelos prejuízos que causar à parte, ficará inabilitado, por dois anos, a funcionar em outras perícias e incorrerá na sanção que a lei penal estabelecer.

INTÉRPRETE

Art. 151. O juiz nomeará intérprete toda vez que o repute necessário para:

I – analisar documento de entendimento duvidoso, redigido em língua estrangeira;

II – verter em português as declarações das partes e das testemunhas que não conhecerem o idioma nacional;

III - traduzir a linguagem mímica dos surdos-mudos, que não puderem transmitir a sua vontade por escrito.

Art. 152. Não pode ser intérprete quem:

I - não tiver a livre administração dos seus bens;

II - for arrolado como testemunha ou serve como perito no processo;

III - estiver inabilitado ao exercício da profissão por sentença penal condenatória, enquanto durar o seu efeito.

DOS ATOS DO JUIZ

Art. 165. As sentenças e acórdãos serão proferidos com observância do disposto no art. 458; as demais decisões serão fundamentadas, ainda que de modo conciso.

Nota do Autor: O dispositivo ratifica a exigência legal do art. 93, inc. IX, da Constituição Federal.

DAS CARTAS

Art. 202. São requisitos essenciais da carta de ordem, da carta precatória e da carta rogatória:

I - a indicação dos juízes de origem e de cumprimento do ato;

II - o inteiro teor da petição, do despacho judicial e do instrumento do mandato conferido ao advogado;

III - a menção do ato processual, que lhe constitui o objeto;

IV - o encerramento com a assinatura do juiz.

§ 1º O juiz mandará trasladar, na carta, quaisquer outras peças, bem como instruí-la com mapa, desenho ou gráfico, sempre que estes documentos devam ser examinados, na diligência, pelas partes, peritos ou testemunhas.

§ 2º Quando o objeto da carta for exame pericial sobre documento, este será remetido em original, ficando nos autos reprodução fotográfica.

DO VALOR DA CAUSA

Art. 258. A toda causa será atribuído um valor certo, ainda que não tenha conteúdo econômico imediato.

Art. 259. O valor da causa constará sempre da petição inicial e será:

I – na ação de cobrança de dívida, a soma do principal, da pena e dos juros vencidos até a propositura da ação;

II – havendo cumulação de pedidos, a quantia correspondente à soma dos valores de todos eles;

III – sendo alternativos os pedidos, o de maior valor;

IV – se houver também pedido subsidiário, o valor do pedido principal;

V – quando o litígio tiver por objeto a existência, validade, cumprimento, modificação ou rescisão de negócio jurídico, o valor do contrato;

VI – na ação de alimentos, a soma de 12 (doze) prestações mensais, pedidas pelo autor;

VII – na ação de divisão, de demarcação e de reivindicação, a estimativa oficial para lançamento do imposto.

Art. 260. Quando se pedirem prestações vencidas e vincendas, tomar-se-á em consideração o valor de umas e outras. O valor das prestações vincendas será igual a uma prestação anual, se a obrigação for por tempo indeterminado, ou por tempo superior a 1 (um) ano; se, por tempo inferior, será igual à soma das prestações.

DO PROCEDIMENTO SUMÁRIO

(Lei nº 9.245, de 26/12/1995)

Art. 276. Na petição inicial, o autor apresentará o rol de testemunhas e, se requerer perícia, formulará quesitos, podendo indicar assistente técnico.

Art. 277.

§ 4º O Juiz, na Audiência, decidirá de plano a impugnação ao valor da causa ou a controvérsia sobre a natureza da demanda, determinando, se for o caso, a conversão do procedimento sumário em ordinário.

§ 5º A conversão também ocorrerá quando houver necessidade de prova técnica de maior complexidade.

Art. 278. Não obtida a conciliação, oferecerá o réu, na própria audiência, resposta escrita ou oral, acompanhada de documentos e rol de testemunhas e, se requerer perícia, formulará seus quesitos desde logo, podendo indicar assistente técnico.

Art. 280. No procedimento sumário não são admissíveis a ação declaratória incidental e a intervenção de terceiros, salvo a assistência, o recurso de terceiro prejudicado e a intervenção fundada em contrato de seguro. (Redação dada pela Lei nº 10.444, de 7/5/2002.)

DO PEDIDO

Art. 286. O pedido deve ser certo ou determinado. É lícito, porém, formular pedido genérico: (Redação dada pela Lei nº 5.925, de 01/10/1973.)

I - nas ações universais, se não puder o autor individuar na petição os bens demandados; (Redação dada pela Lei nº 5.925, de 01/10/1973.)

II - quando não for possível determinar, de modo definitivo, as consequências do ato ou do fato ilícito; (Redação dada pela Lei nº 5.925, de 01/10/1973.)

III - quando a determinação do valor da condenação depender de ato que deva ser praticado pelo réu. (Redação dada pela Lei nº 5.925, de 01/10/1973.)

DAS PROVAS

Art. 332. Todos os meios legais, bem como os moralmente legítimos, ainda que não especificados neste Código, são hábeis para provar a verdade dos fatos, em que se funda a ação ou a defesa.

Art. 333. O ônus da prova incumbe:

I - ao autor, quanto ao fato constitutivo do seu direito;

II - ao réu, quanto à existência de fato impeditivo, modificativo ou extintivo do direito do autor.

Parágrafo único. É nula a convenção que distribui de maneira diversa o ônus da prova quando:

I - recair sobre direito indisponível da parte;

II - tornar excessivamente difícil a uma parte o exercício do direito.

DOS DOCUMENTOS

Art. 383. Qualquer reprodução mecânica, como a fotográfica, cinematográfica, fonográfica ou de outra espécie, faz prova dos fatos ou das coisas representadas, se aquele contra quem foi produzida lhe admitir a conformidade.

Parágrafo único. Impugnada a autenticidade da reprodução mecânica, o juiz ordenará a realização de exame pericial.

DA ARGUIÇÃO DE FALSIDADE

Art. 390. O incidente de falsidade tem lugar em qualquer tempo e grau de jurisdição, incumbindo à parte, contra quem foi produzido o documento, suscitá-lo a contestação ou no prazo de 10 (dez) dias, contados da intimação da sua juntada aos autos.

Art. 391. Quando o documento for oferecido antes de encerrada a instrução, a parte o arguirá de falso, em petição dirigida ao juiz da causa, expondo os motivos em que funda a sua pretensão e os meios com que provará o alegado.

Art. 392. Intimada a parte, que produziu o documento, a responder no prazo de 10 (dez) dias, o juiz ordenará o exame pericial.

Parágrafo único. Não se procederá ao exame pericial, se a parte, que produziu o documento, concordar em retirá-lo e a parte contrária não se opuser ao desentranhamento.

Art. 393. Depois de encerrada a instrução, o incidente de falsidade correrá em apenso aos autos principais; no tribunal processar-se-á perante o relator, observando-se o disposto no artigo antecedente.

Art. 394. Logo que for suscitado o incidente de falsidade, o juiz suspenderá o processo principal.

Art. 395. A sentença, que resolver o incidente, declarará a falsidade ou autenticidade do documento.

DA PROVA PERICIAL

Art. 420. A prova pericial consiste em exame, vistoria ou avaliação.

Parágrafo único. O juiz indeferirá a perícia quando:

I – a prova do fato não depender do conhecimento especial de técnico;

II – for desnecessária em vista de outras provas produzidas;

III – a verificação for impraticável.

Art. 421. O juiz nomeará o perito, fixando de imediato o prazo para a entrega do laudo. (Redação dada pela Lei nº 8.455, de 24/08/1992.)

§ 1º Incumbe às partes, dentro em cinco dias, contados da intimação do despacho de nomeação do perito:

I – indicar o assistente técnico;

II – apresentar quesitos.

§ 2º Quando a natureza do fato o permitir, a perícia poderá consistir apenas na inquirição pelo juiz do perito e dos assistentes, por ocasião da audiência de instrução e julgamento, a respeito das coisas que houverem informalmente examinado ou avaliado. (Redação dada pela Lei nº 8.455, de 24/08/1992.)

Art. 422. O perito cumprirá escrupulosamente o encargo que lhe foi cometido, independentemente de termo de compromisso. Os assistentes técnicos são de confiança da parte, não sujeitos a impedimento ou suspeição. (Redação dada pela Lei nº 8.455, de 24/08/1992.)

Art. 423. O perito pode escusar-se (artigo 146), ou ser recusado por impedimento ou suspeição (artigo 138, III); ao aceitar a escusa ou julgar procedente a impugnação, o juiz nomeará novo perito. (Redação dada pela Lei nº 8.455, de 24/08/1992.)

Art. 424. O perito pode ser substituído quando: (Redação dada pela Lei nº 8.455, de 24/08/1992.)

I - carecer de conhecimento técnico ou científico;

II - sem motivo legítimo, deixar de cumprir o encargo no prazo que lhe foi assinado. (Redação dada pela Lei nº 8.455, de 24/08/1992.)

Parágrafo único. No caso previsto no inciso II, o juiz comunicará a ocorrência à corporação profissional respectiva, podendo, ainda, impor multa ao perito, fixada tendo em vista o valor da causa e o possível prejuízo decorrente do atraso no processo. (Redação dada pela Lei nº 8.455, de 24/08/1992.)

Art. 425. Poderão as partes apresentar, durante a diligência, quesitos suplementares. Da juntada dos quesitos aos autos dará o escrivão ciência à parte contrária.

Art. 426. Compete ao juiz:

I - indeferir quesitos impertinentes;

II - formular os que entender necessários ao esclarecimento da causa.

Art. 427. O juiz poderá dispensar prova pericial quando as partes, na inicial e na contestação, apresentarem sobre as questões de fato pareceres técnicos ou documentos elucidativos que considerar suficientes. (Redação dada pela Lei nº 8.455, de 24/08/1992.)

Art. 428. Quando a prova tiver de realizar-se por carta, poderá proceder-se à nomeação de perito e indicação de assistentes técnicos no juízo, ao qual se requisitar a perícia.

Art. 429. Para o desempenho de sua função, podem o perito e os assistentes técnicos utilizar-se de todos os meios necessários, ouvindo testemunhas, obtendo informações, solicitando documentos que estejam em poder de parte ou em repartições públicas, bem como instruir o laudo com plantas, desenhos, fotografias e outras quaisquer peças.

Art. 430. (Revogado pela Lei nº 8.455, de 24/08/1992.)

Art. 431. (Revogado pela Lei nº 8.455, de 24/08/1992.)

Art. 431-A. As partes terão ciência da data e local designados pelo juiz ou indicados pelo perito para ter início a produção da prova. (Redação dada pela Lei nº 10.358 de 27/12/2001, com vigência a partir de 27/03/2002.)

Art. 431-B. Tratando-se de perícia complexa, que abranja mais de uma área de conhecimento especializado, o juiz poderá nomear mais de um perito e a parte indicar mais de um assistente técnico. (Redação dada pela Lei nº 10.358, de 27/12/2001, com vigência a partir de 27/03/2002.)

Art. 432. Se o perito, por motivo justificado, não puder apresentar o laudo dentro do prazo, o juiz conceder-lhe-á, por uma vez, prorrogação, segundo o seu prudente arbítrio.

Parágrafo único. (Revogado pela Lei nº 8.455, de 24/08/1992.)

Nota do Autor: A Lei nº 8.455, de 24/08/1992, deu ao art. 433 a seguinte redação:

Art. 433. O perito apresentará o laudo em cartório, no prazo fixado pelo juiz, pelo menos vinte dias antes da audiência de instrução e julgamento.

Parágrafo único. Os assistentes técnicos oferecerão seus pareceres no prazo comum de dez dias, após intimadas as partes da apresentação do laudo. (Redação dada pela Lei nº 10.358 de 27/12/2001, com vigência a partir de 27/03/2002.)

Art. 434. Quando o exame tiver por objeto a autenticidade ou a falsidade de documento, ou for de natureza médico-legal, o perito será escolhido, de preferência, entre os técnicos dos estabelecimentos oficiais especializados. O juiz autorizará a remessa dos autos, bem como do material sujeito a exame, ao diretor do estabelecimento. (Redação dada pela Lei nº 8.952, de 13/12/1994.)

Parágrafo único. Quando o exame tiver por objeto a autenticidade da letra e firma, o perito poderá requisitar, para efeito de comparação, documentos existentes em repartições públicas; na falta destes, poderá requerer ao juiz que a pessoa a quem se atribuir a autoria do documento lance em folha de papel, por cópia, ou sob ditado, dizeres diferentes, para fins de comparação.

Art. 435. A parte, que desejar esclarecimento do perito e do assistente técnico, requererá ao juiz que mande intimá-lo a comparecer à audiência, formulando desde logo as perguntas, sob forma de quesitos.

Parágrafo único. O perito e o assistente técnico só estarão obrigados a prestar os esclarecimentos a que se refere este artigo, quando intimados cinco dias antes da audiência.

Nota do Autor: Vale relembrar que as perguntas serão apresentadas por escrito e que o perito não é testemunha, mas sim um técnico.

Art. 436. O juiz não está adstrito ao laudo pericial, podendo formar a sua convicção com outros elementos ou fatos provados nos autos.

Art. 437. O juiz poderá determinar, de ofício ou a requerimento da parte, a realização de nova perícia, quando a matéria não lhe parecer suficientemente esclarecida.

Art. 438. A segunda perícia tem por objeto os mesmos fatos sobre que recaiu a primeira e destina-se a corrigir eventual omissão ou inexatidão dos resultados a que esta conduziu.

Art. 439. A segunda perícia rege-se pelas disposições estabelecidas para a primeira.

Parágrafo único. A segunda perícia não substitui a primeira, cabendo ao juiz apreciar livremente o valor de uma e outra.

Art. 440. O juiz, de ofício ou a requerimento da parte, pode, em qualquer fase do processo, inspecionar pessoas ou coisas, a fim de se esclarecer sobre fato que interesse à decisão da causa.

Art. 441. Ao realizar a inspeção direta, o juiz poderá ser assistido de um ou mais peritos.

Art. 442. O juiz irá ao local onde se encontre a pessoa ou coisa, quando:

I – julgar necessário para a melhor verificação ou interpretação dos fatos que deva observar;

II – a coisa não puder ser apresentada em juízo, sem consideráveis despesas ou graves dificuldades;

III – determinar a reconstituição dos fatos.

Parágrafo único. As partes têm sempre direito a assistir à inspeção, prestando esclarecimentos e fazendo observações que reputem de interesse para a causa.

(O artigo 443 é aqui reproduzido com a redação que lhe deu a Lei nº 5.925, de 01/10/1973.)

Art. 443. Concluída a diligência, o juiz mandará lavrar o auto circunstanciado, mencionando nele tudo quanto for útil ao julgamento da causa.

Parágrafo único. O lauto poderá ser instruído com desenho, gráfico ou fotografia.

DA LIQUIDAÇÃO DE SENTENÇA

(Modificação pela Lei nº 11.232, de 22/12/2005)

Art. 475-C. Far-se-á a liquidação por arbitramento quando:

I – determinado pela sentença ou convencionado pelas partes;

II – o exigir a natureza do objeto da liquidação.

Art. 475-D. Requerida a liquidação por arbitramento, o juiz nomeará o perito e fixará o prazo para entrega do laudo.

Parágrafo único. Apresentado o laudo, sobre o qual poderão as partes manifestar-se no prazo de 10 (dez) dias, o juiz proferirá decisão ou designará, se necessário, audiência.

DA AÇÃO RESCISÓRIA

Art. 485. A sentença de mérito, transitada em julgado, pode ser rescindida quando:

I – se verificar que foi dada por prevaricação, concussão ou corrupção do juiz;

II – proferida por juiz impedido ou absolutamente incompetente;

III – resultar de dolo da parte vencedora em detrimento da parte vencida, ou de colusão entre as partes, a fim de fraudar a lei;

IV – ofender a coisa julgada;

V – violar literal disposição de lei;

VI – se fundar em prova, cuja falsidade tenha sido apurada em processo criminal ou seja provada na própria ação rescisória;

VII – depois da sentença, o autor obtiver documento novo, cuja existência ignorava, ou de que não pôde fazer uso, capaz, por si só, de lhe assegurar pronunciamento favorável;

VIII – houver fundamento para invalidar confissão, desistência ou transação, em que se baseou a sentença;

IX – fundada em erro de fato, resultante de atos ou de documentos da causa.

§ 1º Há erro, quando a sentença admitir um fato inexistente, ou quando considerar inexistente um fato efetivamente ocorrido.

§ 2º É indispensável, num como noutro caso, que não tenha havido controvérsia, nem pronunciamento judicial sobre o fato.

DOS RECURSOS

DAS DISPOSIÇÕES GERAIS

Art. 499. O recurso pode ser interposto pela parte vencida, pelo terceiro prejudicado e pelo Ministério Público.

§ 1º Cumpre ao terceiro demonstrar o nexo de interdependência entre o seu interesse de intervir e a relação jurídica submetida à apreciação judicial.

§ 2º O Ministério Público tem legitimidade para recorrer assim no processo em que é parte, como naqueles em que oficiou como fiscal da lei.

DO AGRAVO

(Modificação pela Lei nº 9.139, de 30/11/95, pela Lei nº 10.352, de 26/12/2001, e pela Lei nº 11.187 de 19/10/2005)

Art. 522. Das decisões interlocutórias caberá agravo, no prazo de 10 (dez) dias, na forma retida, salvo quando se tratar de decisão suscetível de causar à parte lesão grave e de difícil reparação, bem como nos casos de inadmissão da apelação e nos relativos aos efeitos em que a apelação é recebida, quando será admitida a sua interposição por instrumento. [Com a nova redação dada pela Lei nº 11.187, de 19/10/2005, com vigência após 90 dias da publicação].

Parágrafo único – O agravo retido independe de preparo.

Art. 523. Na modalidade de agravo retido o agravante requererá que o tribunal dele conheça, preliminarmente, por ocasião do julgamento da apelação.

§ 1º Não se conhecerá do agravo se a parte não requerer expressamente, nas razões ou na resposta da apelação, sua apreciação pelo Tribunal.

§ 2º Interposto o agravo, e ouvido o agravado no prazo de 10 (dez) dias, o juiz poderá reformar sua decisão. [Com a nova redação dada pela Lei nº 10.352, de 26/12/2001, com vigência a partir de 26/03/2002.]

§ 3º Das decisões interlocutórias proferidas na audiência de instrução e julgamento caberá agravo na forma retida, devendo ser interposto oral e imediatamente, bem como constar do respectivo termo (art. 457), nele expostas sucintamente as razões do agravante. [Com a nova redação dada pela Lei nº 11.187, de 19/10/2005, com vigência após 90 dias da publicação.]

§ 4º Revogado. [Com a nova redação dada pela Lei nº 11.187, de 19/10/2005, com vigência após 90 dias da publicação.]

Art. 524. O agravo de instrumento será dirigido diretamente ao tribunal competente, através de petição com os seguintes requisitos:

I – a exposição do fato e do direito;

II – as razões do pedido de reforma da decisão;

III – o nome e o endereço completo dos advogados, constantes do processo.

Art. 525. A petição de agravo de instrumento será instruída:

I – obrigatoriamente, com cópias da decisão agravada, da certidão da respectiva intimação e das procurações outorgadas aos advogados do agravante e do agravado;

II – facultativamente, com outras peças que o agravante entender úteis.

§ 1º Acompanhará a petição o comprovante do pagamento das respectivas custas e do porte de retorno, quando devidos, conforme tabela que será publicada pelos tribunais.

§ 2º No prazo do recurso, a petição será protocolada no tribunal, ou postada no correio sob registro com aviso de recebimento, ou, ainda, interposta por outra forma prevista na lei local.

Art. 526. O agravante, no prazo de 3 (três) dias, requererá juntada, aos autos do processo de cópia da petição do agravo de instrumento e do comprovante de sua interposição, assim como a relação dos documentos que instruíram o recurso.

Parágrafo único. O não cumprimento do disposto neste artigo, desde que argüido e provado pelo agravado, importa inadmissibilidade do agravo. [Com a nova redação dada pela Lei nº 10.352, de 26/12/2001.]

Art. 527. [Todo o artigo e seus incisos com a nova redação dada pelas Leis nºs 10.352, de 26/12/2001, com vigência a partir de 26/03/2002, e 11.187, de 19/10/2005, com vigência após 90 dias da publicação.] Recebido o agravo de instrumento no tribunal, e distribuído *incontinenti*, o relator:

I – negar-lhe-á seguimento, liminarmente, nos casos do art. 557;

II – converterá o agravo de instrumento em agravo retido, salvo quando se tratar de decisão suscetível de causar à parte lesão grave e de difícil reparação, bem como nos casos de inadmissão da apelação e nos relativos aos efeitos em que a apelação é recebida, mandando remeter os autos ao juiz da causa; [Com a nova redação dada pela Lei nº 11.187, de 19/10/2005, com vigência após 90 dias da publicação.]

III – poderá atribuir efeito suspensivo ao recurso (art. 558), ou deferir, em antecipação de tutela, total ou parcialmente, a pretensão recursal, comunicando ao juiz sua decisão;

IV – poderá requisitar informações ao juiz da causa, que as prestará no prazo de 10 (dez) dias;

V – mandará intimar o agravado, na mesma oportunidade, por ofício dirigido ao seu advogado, sob registro e com aviso de recebimento, para que responda no prazo de 10 (dez) dias (art. 525, § 2º), facultando-lhe juntar a documentação que entender conveniente, sendo que, nas comarcas sede de tribunal e naquelas em que o expediente forense for divulgado no diário oficial, a intimação far-se-á mediante publicação no órgão oficial; [Com a nova redação dada pela Lei nº 11.187, de 19/10/2005, com vigência após 90 dias da publicação.]

VI – ultimadas as providências referidas nos incisos III a V do *caput* deste artigo, mandará ouvir o Ministério Público, se for o caso, para que se pronuncie no prazo de 10 (dez) dias. [Com a nova redação dada pela Lei nº 11.187, de 19/10/2005, com vigência após 90 dias da publicação.]

Parágrafo único. A decisão liminar, proferida nos casos dos incisos II e III do *caput* deste artigo, somente é passível de reforma no momento do julgamento do agravo, salvo se o próprio relator a reconsiderar. [Com a nova redação dada pela Lei nº 11.187, de 19/10/2005, com vigência após 90 dias da publicação.]

Art. 528. Em prazo não superior a 30 (trinta) dias da intimação do agravado, o relator pedirá dia para julgamento.

Art. 529. Se o juiz comunicar que reformou inteiramente a decisão, o relator considerará prejudicado o agravo.

DO TÍTULO EXECUTIVO

Art. 585. São títulos executivos extrajudiciais: (Redação dada pela Lei nº 5.925, de 01/10/1973.)

VI – o crédito de serventuário de justiça, de perito, de intérprete, ou de tradutor, quando as custas, emolumentos ou honorários forem aprovados por decisão judicial; (Redação dada pela Lei nº 5.925, de 01/10/1973 e, após, pela Lei nº 11.382, de 06/12/2006, com alteração apenas do número do inciso, ou seja, de V para VI).

DA ENTREGA DE COISA CERTA

Art. 627. O credor tem direito a receber, além de perdas e danos, o valor da coisa, quando esta não lhe for entregue, se deteriorou, não for encontrada ou não for reclamada do poder de terceiro adquirente.

§ 1º Não constando do título o valor da coisa, ou sendo impossível a sua avaliação, o exeqüente far-lhe-á a estimativa, sujeitando-se ao arbitramento judicial. (Redação dada pela Lei nº 10.444, de 7/5/2002.)

§ 2º Serão apurados em liquidação o valor da coisa e os prejuízos. (Redação dada pela Lei nº 10.444, de 7/5/2002.)

DA AVALIAÇÃO

(Modificação pela Lei nº 11.382, de 06/12/2006)

Art. 680. A avaliação será feita pelo oficial de justiça (art. 652), ressalvada a aceitação do valor estimado pelo executado (art. 668, parágrafo único, inciso V); caso sejam necessários conhecimentos especializados, o juiz nomeará avaliador, fixando-lhe prazo não superior a 10 (dez) dias para entrega do laudo.

Art. 681. O laudo da avaliação integrará o auto de penhora ou, em caso de perícia (art. 680), será apresentado no prazo fixado pelo juiz, devendo conter:

I – a descrição dos bens, com os seus característicos, e a indicação do estado em que se encontram;

II – o valor dos bens.

Parágrafo único. Quando o imóvel for suscetível de cômoda divisão, o avaliador, tendo em conta o crédito reclamado, o avaliará em partes, sugerindo os possíveis desmembramentos.

Art. 682. O valor dos títulos da dívida pública, das ações das sociedades e dos títulos de crédito negociáveis em bolsa será o da cotação oficial do dia, provada por certidão ou publicação no órgão oficial.

Art. 683. É admitida nova avaliação quando:

I - qualquer das partes arguir, fundamentadamente, a ocorrência de erro na avaliação ou dolo do avaliador;

II - se verificar, posteriormente à avaliação, que houve majoração ou diminuição no valor do bem; ou

III - houver fundada dúvida sobre o valor atribuído ao bem (art. 668, parágrafo único, inciso V).

Art. 684. Não se procederá à avaliação se:

I - o exequente aceitar a estimativa feita pelo executado (art. 668, parágrafo único, inciso V);

II - se tratar de títulos ou de mercadorias, que tenham cotação em bolsa, comprovada por certidão ou publicação oficial;

III - (Revogado pela Lei nº 11.382, de 06/12/2006.)

Art. 685. Após a avaliação, poderá mandar o juiz, a requerimento do interessado e ouvida a parte contrária:

I - reduzir a penhora aos bens suficientes, ou transferi-la para outros, que bastem à execução, se o valor dos penhorados for consideravelmente superior ao crédito do exequente e acessórios;

II - ampliar a penhora, ou transferi-la para outros bens mais valiosos, se o valor dos penhorados for inferior ao referido crédito.

Parágrafo único. Uma vez cumpridas essas providências, o juiz dará início aos atos de expropriação de bens.

DO USUFRUTO DE MÓVEL OU IMÓVEL

(Modificação pela Lei nº 11.382, de 06/12/2006)

Art. 716. O juiz pode conceder ao exeqüente o usufruto de móvel ou imóvel, quando o reputar menos gravoso ao executado e eficiente para o recebimento do crédito.

Art. 717. Decretado o usufruto, perde o executado o gozo do móvel ou imóvel, até que o exeqüente seja pago do principal, juros, custas e honorários advocatícios.

Art. 718. O usufruto tem eficácia, assim em relação ao executado como a terceiros, a partir da publicação da decisão que o conceda.

Art. 720. Quando o usufruto recair sobre o quinhão do condômino na copropriedade, o administrador exercerá os direitos que cabiam ao executado.

Art. 722. Ouvido o executado, o juiz nomeará perito para avaliar os frutos e rendimentos do bem e calcular o tempo necessário para o pagamento da dívida.

I - (Revogado.)

II - (Revogado.)

§ 1º Após a manifestação das partes sobre o laudo, proferirá o juiz decisão; caso deferido o usufruto de imóvel, ordenará a expedição de carta para averbação no respectivo registro.

§ 2º Constarão da carta a identificação do imóvel e cópias do laudo e da decisão.

§ 3º (Revogado.)

Art. 724. O exequente usufrutuário poderá celebrar locação do móvel ou imóvel, ouvido o executado.

Parágrafo único. Havendo discordância, o juiz decidirá a melhor forma de exercício do usufruto.

DOS EMBARGOS À EXECUÇÃO FUNDADA EM TÍTULO EXTRAJUDICIAL

(Modificação pela Lei nº 11.382, de 06/12/2006)

Art. 744. (Revogado.)

Art. 745. Nos embargos, poderá o executado alegar:

I - nulidade da execução, por não ser executivo o título apresentado;

II - penhora incorreta ou avaliação errônea;

III - excesso de execução ou cumulação indevida de execuções;

IV - retenção por benfeitorias necessárias ou úteis, nos casos de título para entrega de coisa certa (art. 621);

V - qualquer matéria que lhe seria lícito deduzir como defesa em processo de conhecimento.

§ 1º Nos embargos de retenção por benfeitorias, poderá o exequente requerer a compensação de seu valor com o dos frutos ou danos considerados devidos pelo executado, cumprindo ao juiz, para a apuração dos respectivos valores, nomear perito, fixando-lhe breve prazo para entrega do laudo.

§ 2º O exequente poderá, a qualquer tempo, ser imitido na posse da coisa, prestando caução ou depositando o valor devido pelas benfeitorias ou resultante da compensação.

Art. 745-A. No prazo para embargos, reconhecendo o crédito do exequente e comprovando o depósito de 30% (trinta por cento) do valor em execução, inclusive custas e honorários de advogado, poderá o executado requerer seja admitido a pagar o restante em até 6 (seis) parcelas mensais, acrescidas de correção monetária e juros de 1% (um por cento) ao mês.

§ 1º Sendo a proposta deferida pelo juiz, o exequente levantará a quantia depositada e serão suspensos os atos executivos; caso indeferida, seguir-se-ão os atos executivos, mantido o depósito.

§ 2º O não pagamento de qualquer das prestações implicará, de pleno direito, o vencimento das subsequentes e o prosseguimento do processo, com o imediato início dos atos executivos, imposta ao executado multa de 10% (dez por cento) sobre o valor das prestações não pagas e vedada a oposição de embargos.

DA PRODUÇÃO ANTECIPADA DE PROVAS

Art. 846. A produção antecipada da prova pode consistir em interrogatório da parte, inquirição de testemunhas e exame pericial.

Art. 847. Far-se-á o interrogatório da parte ou a inquirição das testemunhas antes da propositura da ação, ou na pendência desta, mas antes da audiência de instrução:

I – se tiver de ausentar-se;

II – se, por motivo de idade ou de moléstia grave, houver justo receio de que ao tempo da prova já não exista, ou esteja impossibilitada de depor.

Art. 848. O requerente justificará sumariamente a necessidade da antecipação e mencionará com precisão os fatos sobre que há de recair a prova.

Parágrafo único. Tratando-se de inquirição de testemunhas, serão intimados os interessados a comparecer à audiência em que prestará o depoimento.

Art. 849. Havendo fundado receio de que venha a tornar-se impossível ou muito difícil a verificação de certos fatos na pendência da ação, é admissível o exame pericial.

Art. 850. A prova pericial realizar-se-á conforme o disposto nos arts. 420 a 439.

Art. 851. Tomado o depoimento ou feito exame pericial, os autos permanecerão em cartório, sendo lícito aos interessados solicitar as certidões que quiserem.

DA AÇÃO DE DIVISÃO E DA DEMARCAÇÃO DE TERRAS PARTICULARES

SEÇÃO I

DAS DISPOSIÇÕES GERAIS

Art. 946. Cabe:

I – a ação de demarcação ao proprietário para obrigar o seu confinante a estremar os respectivos prédios, fixando-se novos limites entre eles ou aviventando-se os já apagados;

II – a ação de divisão ao condômino para obrigar os demais consortes, a partilhar a coisa comum.

Art. 947. É lícita a cumulação destas ações; caso em que deverá processar-se primeiramente a demarcação total ou parcial da coisa comum, citando-se os confinantes e condôminos.

Art. 948. Fixados os marcos da linha de demarcação, os confinantes considerar-se-ão terceiros quanto ao processo divisório; fica-lhes, porém, ressalvado o direito de vindicarem os terrenos de que se julguem despojados por invasão das linhas limítrofes constitutivas do perímetro ou a reclamarem uma indenização pecuniária correspondente ao seu valor.

Nota do Autor: A Lei nº 5.925, de 01/10/1973, deu ao art. 949 a seguinte redação:

Art. 949. Serão citados para a ação todos os condôminos, se ainda não transitou em julgado a sentença homologatória da divisão; e todos os quinhoeiros dos terrenos vindicados, se proposta posteriormente.

Parágrafo único. Neste último caso, a sentença que julga procedente a ação, condenando a restituir os terrenos ou a pagar a indenização, valerá como título executivo em favor dos quinhoeiros para haverem dos outros condôminos, que forem parte na divisão, ou de seus sucessores por título universal, na proporção que lhes tocar, a composição pecuniária do desfalque sofrido.

SEÇÃO II
DA DEMARCAÇÃO

Art. 950. Na petição inicial, instruída com os títulos da propriedade, designar-se-á o imóvel pela situação e denominação, descrever-se-ão os limites por constituir, aviventar ou renovar e nomear-se-ão todos os confinantes da linha demarcada.

Art. 951. O autor pode requerer a demarcação com queixa de esbulho ou turbação, formulando também o pedido de restituição do terreno invadido com os rendimentos que deu, ou a indenização dos danos pela usurpação verificada.

Art. 952. Qualquer condômino é parte legítima para promover a demarcação do imóvel comum, citando-se os demais como litisconsortes.

Art. 953. Os réus que residirem na comarca serão citados pessoalmente; os demais, por edital.

Art. 954. Feitas as citações, terão os réus o prazo comum de vinte dias para contestar.

Art. 955. Havendo contestação, observar-se-á o procedimento ordinário; não havendo, aplica-se o disposto no artigo 330, número II.

Art. 956. Em qualquer dos casos do artigo anterior, o juiz, antes de proferir a sentença definitiva, nomeará dois arbitradores e um agrimensor para levantarem o traçado da linha demarcada.

Art. 957. Concluídos os estudos, apresentarão os arbitradores minucioso laudo sobre o traçado da linha demarcanda, tendo em conta os títulos, marcos, rumos, a fama da vizinhança, as informações de antigos moradores do lugar e outros elementos que coligirem.

Parágrafo único. Ao laudo, anexará o agrimensor a planta da região e o memorial das operações de campo, os quais serão juntos aos autos, podendo as partes, no prazo comum de dez dias, alegar o que julgarem conveniente.

Art. 958. A sentença, que julgar procedente a ação, determinará o traçado da linha demarcanda.

Art. 959. Tanto que passe em julgado a sentença, o agrimensor efetuará a demarcação, colocando os marcos necessários. Todas as operações serão consignadas em planta e memorial descritivo com as referências convenientes para a identificação, em qualquer tempo, dos pontos assinalados.

Art. 960. Nos trabalhos de campo observar-se-ão as seguintes regras:

I – a declinação magnética da agulha será determinada na estação inicial;

II – empregar-se-ão os instrumentos aconselhados pela técnica;

III – quando se utilizarem fitas metálicas ou correntes, as medidas serão tomadas horizontalmente, em lances determinados pelo declive, de vinte metros no máximo;

IV – as estações serão marcadas por pequenas estacas, fortemente cravadas, colocando-se ao lado estacas maiores, numeradas;

V – quando as estações não tiverem afastamento superior a cinquenta metros, as visadas serão feitas sobre balizas com o diâmetro máximo de doze milímetros;

VI – tomar-se-ão por aneroides ou por cotas obtidas mediante levantamento taqueométrico as altitudes dos pontos mais acidentados.

Art. 961. A planta será orientada segundo o meridiano do marco primordial, determinada a declinação magnética, e conterá:

I – as altitudes relativas de cada estação do instrumento e a conformação altimétrica ou orográfica aproximativa dos terrenos;

II – as construções existentes, com indicação dos seus fins, bem como os marcos, valos, cercas, muros divisórios e outros quaisquer vestígios que possam servir ou tenham servido de base à demarcação;

III – as águas principais, determinando-se, quando possível, os volumes, de modo que se lhes possa calcular o valor mecânico;

IV – a indicação, por cores convencionais, das culturas existentes, pastos, campos, matas, capoeiras e divisas do imóvel.

Parágrafo único. As escalas das plantas podem variar entre os limites de um para quinhentos a um para cinco mil, conforme a extensão das propriedades rurais, sendo admissível a de um para dez mil nas propriedades de mais de cinco quilômetros quadrados.

Art. 962. Acompanharão as plantas as cadernetas de operações de campo e o memorial descritivo, que conterá:

I - o ponto de partida, os rumos seguidos e a aviventação dos antigos com os respectivos cálculos;

II - os acidentes encontrados, as cercas, valos, marcos antigos, córregos, rios, lagoas e outros;

III - a indicação minuciosa dos novos marcos cravados, das culturas existentes e sua produção anual;

IV - a composição geológica dos terrenos, bem como a qualidade e extensão dos campos, matas e capoeiras;

V - as vias de comunicação;

VI - as distâncias à estação da estrada de ferro, ao porto de embarque e ao mercado mais próximo;

VII - a indicação de tudo o mais que for útil para o levantamento da linha ou para a identificação da linha já levantada.

Art. 963. É obrigatória a colocação de marcos assim na estação inicial - marco primordial -, como nos vértices dos ângulos, salvo se algum destes últimos pontos for assinalado por acidentes naturais de difícil remoção ou destruição.

Art. 964. A linha será percorrida pelos arbitradores, que examinarão os marcos e rumos, consignando em relatório escrito a exatidão do memorial e planta apresentados pelo agrimensor ou as divergências porventura encontradas.

Art. 965. Junto aos autos o relatório dos arbitradores, determinará o juiz que as partes se manifestem sobre ele no prazo comum de dez dias. Em seguida, executadas as correções e retificações que ao juiz pareçam necessárias, lavrar-se-á o auto de demarcação em que os limites demarcandos serão minuciosamente descritos de acordo com o memorial e a planta.

Art. 966. Assinado o auto pelo juiz, arbitradores e agrimensor, será proferida a sentença homologatória da demarcação.

SEÇÃO III
DA DIVISÃO

Art. 967. A petição inicial elaborada com observância dos requisitos do art. 282 e instruída com os títulos de domínio do promovente, conterá:

I - a indicação da origem da comunhão e a denominação, situação, limites e característicos do imóvel;

II – o nome, o estado civil, a profissão e a residência de todos os condôminos, especificando-se os estabelecidos no imóvel com benfeitorias e culturas;

III – as benfeitorias comuns.

Art. 968. Feitas as citações como preceitua o artigo 953, prosseguir-se-á na forma dos artigos 954 e 955.

Art. 969. Prestado o compromisso pelos arbitradores e agrimensor, terão início, pela medição do imóvel, as operações de divisão.

Art. 970. Todos os condôminos serão intimados a apresentar, dentro em dez dias, os seus títulos, se ainda não o tiverem feito; e a formular os seus pedidos sobre a constituição dos quinhões.

Art. 971. O juiz ouvirá as partes no prazo comum de dez dias.

Parágrafo único. Não havendo impugnação, o juiz determinará a divisão geodésica do imóvel; se houver, proferirá, no prazo de dez dias, decisão sobre os pedidos e os títulos que devam ser atendidos na formação dos quinhões.

Art. 972. A medição será efetuada na forma dos artigos 960 a 963.

Art. 973. Se qualquer linha do perímetro atingir benfeitorias permanentes dos confinantes, feitas há mais de um ano, serão elas respeitadas, bem como os terrenos onde estiverem, os quais não se computarão na área dividenda.

Parágrafo único. Consideram-se benfeitorias, para os efeitos deste artigo, as edificações, muros, cercas, cultura e pastos fechados, não abandonados há mais de dois anos.

Nota do Autor: O art. 974 está com a redação determinada pela Lei nº 5.925, de 01/10/1973.

Art. 974. É lícito aos confinantes do imóvel dividendo demandar a restituição dos terrenos que lhes tenham sido usurpados.

§ 1º Serão citados para a ação todos os condôminos, se ainda não transitou em julgado a sentença homologatória da divisão; e todos os quinhoeiros dos terrenos vindicados, se proposta posteriormente.

§ 2º Neste último caso terão os quinhoeiros o direito, pela mesma sentença que os obrigar à restituição, a haver dos outros condôminos do processo divisório, ou de seus sucessores a título universal, a composição pecuniária proporcional as desfalque sofrido.

Art. 975. Concluídos os trabalhos de campo, levantará o agrimensor a planta do imóvel e organizará o memorial descritivo das operações, observado o disposto nos artigos 961 a 963.

§ 1º-A planta assinalará também:

I – as povoações e vias de comunicação existentes no imóvel;

II – as construções e benfeitorias, com a indicação dos seus fins, proprietários e ocupantes;

III – as águas principais que banham o imóvel;

IV – a composição geológica, qualidade e vestimenta dos terrenos, bem como valor destes e das culturas.

§ 2º O memorial descritivo indicará mais:

I – a composição geológica, a qualidade e o valor dos terreno, bem como a cultura e o destino a que melhor possam adaptar-se;

II – as águas que banham o imóvel, determinando-lhes, tanto quanto possível, o volume, de modo que se lhes possa calcular o valor mecânico;

III – a qualidade e a extensão aproximada de campos e matas;

IV – as indústrias exploradas e as susceptíveis de exploração;

V – as construções, benfeitorias e culturas existentes, mencionando-se os respectivos proprietários e ocupantes;

VI – as vias de comunicação estabelecidas e as que devam ser abertas;

VII – a distância aproximada à estação de transporte de mais fácil acesso;

VIII – quaisquer outras informações que possam concorrer para facilitar a partilha.

Art. 976. Durante os trabalhos de campo procederão os arbitradores ao exame, classificação e avaliação das terras, culturas, edifícios e outras benfeitorias, entregando o laudo ao agrimensor.

Art. 977. O agrimensor avaliará o imóvel no seu todo, se os arbitradores reconhecerem que a homogeneidade das terras não determina variedade de preços; ou o classificará em áreas, se houver diversidade de valores.

Art. 978. Em seguida, os arbitradores e o agrimensor proporão, em laudo fundamentado, a forma da divisão, devendo consultar, quanto possível, a comodidade das partes, respeitar, para adjudicação a cada condômino, a preferência dos terrenos contíguos às suas residências e benfeitorias e evitar o retalhamento dos quinhões em glebas separadas.

§ 1º O cálculo será precedido do histórico das diversas transmissões efetuadas a partir do ato ou fato gerador da comunhão, atualizando-se os valores primitivos.

§ 2º Seguir-se-ão, em títulos distintos, as contas de cada condômino, mencionadas todas as aquisições e alterações em ordem cronológica, bem como as respectivas datas e as folhas dos autos onde se encontrem os documentos correspondentes.

§ 3º O plano de divisão será também consignado em um esquema gráfico.

Art. 979. Ouvidas as partes, no prazo comum de dez dias, sobre o cálculo e o plano da divisão, deliberará o juiz a partilha. Em cumprimento desta decisão, procederá o agrimensor, assistido pelos arbitradores, à demarcação dos quinhões, observando, além do disposto nos arts. 963 e 964, as seguintes regras:

I - as benfeitorias comuns, que não comportarem divisão cômoda, serão adjudicadas a um dos condôminos mediante compensação;

II - instituir-se-ão as servidões, que forem indispensáveis, em favor de uns quinhões sobre os outros, incluindo o respectivo valor no orçamento para que, não se tratando de servidões naturais, seja compensado o condômino aquinhoado com o prédio serviente;

III - as benfeitorias particulares dos condôminos, que excederem a área a que têm direito, serão adjudicadas ao quinhoeiro vizinho mediante reposição;

IV - se outra coisa não acordarem as partes, as compensações e reposições serão feitas em dinheiro.

Nota do Autor: A Lei nº 5.925, de 01/10/1973, deu ao art. 980 a redação que se segue:

Art. 980. Terminados os trabalhos e desenhados na planta os quinhões e as servidões aparentes, organizará o agrimensor o memorial descritivo. Em seguida, cumprido o disposto no art. 965, o escrivão lavrará o auto de divisão, seguido de uma folha de pagamento para cada condômino. Assinado o auto pelo juiz, agrimensor e arbitradores, será proferida a sentença homologatória da divisão.

§ 1º O auto conterá:

I - a confinação e a extensão superficial do imóvel;

II - a classificação das terras com o cálculo das áreas de cada consorte e a respectiva avaliação, ou a avaliação do imóvel na sua integridade, quando a homogeneidade das terras não determinar diversidade de valores;

III - o valor e a quantidade geométrica que couber a cada condômino, declarando-se as reduções e compensações resultantes da diversidade de valores das glebas componentes de cada quinhão.

§ 2º Cada folha de pagamento conterá:

I - a descrição das linhas divisórias do quinhão, mencionadas aos confinantes;

II - a relação das benfeitorias e culturas do próprio quinhoeiro e das que lhe foram adjudicadas por serem comuns ou mediante compensação;

III - a declaração das servidões instituídas, especificados os lugares, à extensão e modo de exercício.

Art. 981. Aplica-se às divisões o disposto nos arts. 952 a 955. (Redação dada pela Lei nº 5.925, de 01/10/1973.)

DA AVALIAÇÃO E DO CÁLCULO DO IMPOSTO

Art. 1.003. Findo o prazo do art. 1.000, sem impugnação ou decidida a que houver sido oposta, o juiz nomeará um perito para avaliar os bens do espólio, se não houver na comarca avaliador judicial.

Parágrafo único. No caso previsto no art. 993, parágrafo único, o juiz nomeará um contador para levantar o balanço ou apurar os haveres.

Art. 1.004. Ao avaliar os bens do espólio, observará o perito, no que for aplicável, o disposto nos arts. 681 a 683.

Art. 1.005. O herdeiro que requerer, durante a avaliação, a presença do juiz e do escrivão, pagará as despesas da diligência.

Art. 1.006. Não se expedirá carta precatória para a avaliação de bens situados fora da comarca por onde corre o inventário, se eles forem de pequeno valor ou perfeitamente conhecidos do perito nomeado.

Art. 1.007. Sendo capazes todas as partes, não se procederá à avaliação, se a Fazenda Pública, intimada na forma do art. 237, I, concordar expressamente com o valor atribuído, nas primeiras declarações, aos bens do espólio. (Redação dada pela Lei nº 5.925, de 1º/10/1973.)

Art. 1.008. Se os herdeiros concordarem com o valor dos bens declarados pela Fazenda Pública, a avaliação cingir-se-á aos demais. (Redação dada pela Lei nº 5.925, de 1º/10/1973.)

Art. 1.009. Entregue o laudo de avaliação, o juiz mandará que sobre ele se manifestem as partes no prazo de 10 (dez) dias, que correrá em cartório.

§ 1º Versando a impugnação sobre o valor dado pelo perito, o juiz a decidirá de plano, à vista do que constar dos autos.

§ 2º Julgando procedente a impugnação, determinará o juiz que o perito retifique a avaliação, observando os fundamentos da decisão.

Art. 1.010. O juiz mandará repetir a avaliação:

I – quando viciada por erro ou dolo do perito;

II – quando se verificar, posteriormente à avaliação, que os bens apresentam defeito que lhes diminui o valor.

Art. 1.011. Aceito o laudo ou resolvidas as impugnações suscitadas a seu respeito lavrar-se-á em seguida o termo de últimas declarações, no qual o inventariante poderá emendar, aditar ou completar as primeiras.

DAS VENDAS A CRÉDITO COM RESERVA DE DOMÍNIO

Art. 1.070. Nas vendas a crédito com reserva de domínio, quando as prestações estiverem representadas por título executivo, o credor poderá cobrá-las, observando-se o disposto no Livro II, Título II, Capítulo IV.

§ 1º Efetuada a penhora da coisa vendida, é licito a qualquer das partes, no curso do processo, requerer-lhe a alienação judicial em leilão.

§ 2º O produto do leilão será depositado, sub-rogando-se nele a penhora.

Art. 1.071. Ocorrendo mora do comprador, provada com o protesto do título, o vendedor poderá requerer, liminarmente e sem audiência do comprador, a apreensão e depósito da coisa vendida.

§ 1º Ao deferir o pedido, nomeará o juiz perito, que procederá à vistoria da coisa e arbitramento do seu valor, descrevendo-lhe o estado e individuando-a com todos os característicos.

§ 2º Feito o depósito, será citado o comprador para, dentro em 5 (cinco) dias, contestar a ação. Neste prazo poderá o comprador, que houver pago mais de 40% (quarenta por cento) do preço, requerer ao juiz que lhe conceda 30 (trinta) dias para reaver a coisa, liquidando as prestações vencidas, juros, honorários e custas.

§ 3º Se o réu não contestar, deixar de pedir a concessão do prazo ou não efetuar o pagamento referido no parágrafo anterior, poderá o autor, mediante a apresentação dos títulos vencidos e vincendos, requerer a reintegração imediata na posse da coisa depositada; caso em que, descontada do valor arbitrado a importância da dívida acrescida das despesas judiciais e extrajudiciais, o autor restituirá ao réu o saldo, depositando-o em pagamento.

§ 4º Se a ação for contestada, observar-se-á o procedimento ordinário, sem prejuízo da reintegração liminar.

DA ESPECIALIZAÇÃO DA HIPOTECA LEGAL

Art. 1.205. O pedido para especialização de hipoteca legal declarará a estimativa da responsabilidade e será instruído com a prova do domínio dos bens, livres de ônus, dados em garantia.

Art. 1.206. O arbitramento do valor da responsabilidade e a avaliação dos bens far-se-á por perito nomeado pelo juiz.

§ 1º O valor da responsabilidade será calculado de acordo com a importância dos bens e dos saldos prováveis dos rendimentos que devem ficar em poder dos tutores e curadores durante a administração, não se computando, porém, o preço do imóvel.

§ 2º Será dispensado o arbitramento do valor da responsabilidade nas hipotecas legais em favor:

I - da mulher casada, para garantia do dote, caso em que o valor será o da estimação, constante da escritura antenupcial;

II - da Fazenda Pública, nas cauções prestadas pelos responsáveis, caso em que será o valor caucionado.

§ 3º Dispensa-se a avaliação, quando estiverem mencionados na escritura os bens do marido, que devam garantir o dote.

Art. 1.207. Sobre o laudo manifestar-se-ão os interessados no prazo comum de 5 (cinco) dias. Em seguida, o juiz homologará ou corrigirá o arbitramento e a avaliação; e, achando livres e suficientes os bens designados, julgará por sentença a especialização, mandando que se proceda à inscrição da hipoteca.

Parágrafo único. Da sentença constarão expressamente o valor da hipoteca e os bens do responsável, com a especificação do nome, situação e característicos.

Art. 1.208. Sendo insuficientes os bens oferecidos para a hipoteca legal em favor do menor, de interdito ou de mulher casada e não havendo reforço mediante caução real ou fidejussória, ordenará o juiz a avaliação de outros bens; tendo-os, proceder-se-á como nos artigos antecedentes; não os tendo, será julgada improcedente a especialização.

Art. 1.209. Nos demais casos de especialização, prevalece a hipoteca legal dos bens oferecidos, ainda que inferiores ao valor da responsabilidade, ficando salvo aos interessados completar a garantia pelos meios regulares.

Art. 1.210. Não dependerá de intervenção judicial a especialização de hipoteca legal sempre que o interessado, capaz de contratar, a convencionar, por escritura pública, com o responsável.

DAS DISPOSIÇÕES FINAIS E TRANSITÓRIAS

Art. 1.218. Continuam em vigor até serem incorporados nas leis especiais os procedimentos regulados pelo Decreto-lei nº 1.608, de 18 de setembro de 1939, concernentes:

I – ao loteamento e venda de imóveis a prestações (arts. 345 a 349);

II – ao despejo (arts. 350 a 353);

III – à renovação de contrato de locação de imóveis destinados a fins comerciais (arts. 354 a 365);

IV – ao Registro Torrens (arts. 457 a 464);

V – às averbações ou retificações do registro civil (arts. 595 a 599);

VI – ao bem de família (arts. 647 a 651);

VII – à dissolução e liquidação das sociedades (arts. 655 a 674);

VIII – aos protestos formados a bordo (arts. 725 a 729); (Inciso acrescentado pela Lei nº 6.780, de 12/5/1980.)

IX – à habilitação para casamento (arts. 742 a 745); (Inciso VIII renumerado pela Lei nº 6.780, de 12/5/1980.)

X – ao dinheiro a risco (arts. 754 e 755); (Inciso IX renumerado pela Lei nº 6.780, de 12/5/1980.)

XI – à vistoria de fazendas avariadas (art. 756); (Inciso X renumerado pela Lei nº 6.780, de 12/5/1980.)

XII – à apreensão de embarcações (arts. 757 a 761); (Inciso XI renumerado pela Lei nº 6.780, de 12/5/1980.)

XIII – à avaria a cargo do segurador (arts. 762 a 764); (Inciso XII renumerado pela Lei nº 6.780, de 12/5/1980.)

XIV – às avarias (arts. 765 a 768); (Inciso XIII renumerado pela Lei nº 6.780, de 12/5/1980).

XV – (Inciso XIV renumerado pela Lei nº 6.780, de 12/5/1980 e revogado pela Lei nº 7.542, de 26/9/1986.)

Nota do Autor: Texto original: aos salvados marítimos (arts. 769 a 771);

XVI – às arribadas forçadas (arts. 772 a 775). (Inciso renumerado pela Lei nº 6.780, de 12/5/1980.)

CÓDIGO DE PROCESSO CIVIL NOVO DE 2015

Das Despesas, dos Honorários Advocatícios e das Multas

Art. 91. As despesas dos atos processuais praticados a requerimento da Fazenda Pública, do Ministério Público ou da Defensoria Pública serão pagas ao final pelo vencido.

§ 1º As perícias requeridas pela Fazenda Pública, pelo Ministério Público ou pela Defensoria Pública poderão ser realizadas por entidade pública ou, havendo previsão orçamentária, ter os valores adiantados por aquele que requerer a prova.

§ 2º Não havendo previsão orçamentária no exercício financeiro para adiantamento dos honorários periciais, eles serão pagos no exercício seguinte ou ao final, pelo vencido, caso o processo se encerre antes do adiantamento a ser feito pelo ente público.

Art. 95. Cada parte adiantará a remuneração do assistente técnico que houver indicado, sendo a do perito adiantada pela parte que houver requerido a perícia ou rateada quando a perícia for determinada de ofício ou requerida por ambas as partes.

§ 1º O juiz poderá determinar que a parte responsável pelo pagamento dos honorários do perito deposite em juízo o valor correspondente.

§ 2º A quantia recolhida em depósito bancário à ordem do juízo será corrigida monetariamente e paga de acordo com o art. 465, § 4º.

§ 3º Quando o pagamento da perícia for de responsabilidade de beneficiário de gratuidade da justiça, ela poderá ser:

I – custeada com recursos alocados no orçamento do ente público e realizada por servidor do Poder Judiciário ou por órgão público conveniado;

II – paga com recursos alocados no orçamento da União, do Estado ou do Distrito Federal, no caso de ser realizada por particular, hipótese em que o valor será fixado conforme tabela do tribunal respectivo ou, em caso de sua omissão, do Conselho Nacional de Justiça.

§ 4º Na hipótese do § 3º, o juiz, após o trânsito em julgado da decisão final, oficiará a Fazenda Pública para que promova, contra quem tiver sido condenado ao pagamento das despesas processuais, a execução dos valores gastos com a perícia particular ou com a utilização de servidor público ou da estrutura de órgão público, observando-se, caso o responsável pelo pagamento das despesas seja beneficiário de gratuidade da justiça, o disposto no art. 98, § 2º.

§ 5º Para fins de aplicação do § 3º, é vedada a utilização de recursos do fundo de custeio da Defensoria Pública.

Da Gratuidade da Justiça

Art. 98. A pessoa natural ou jurídica, brasileira ou estrangeira, com insuficiência de recursos para pagar as custas, as despesas processuais e os honorários advocatícios tem direito à gratuidade da justiça, na forma da lei.

§ 1º A gratuidade da justiça compreende:

I – as taxas ou as custas judiciais;

II – os selos postais;

III – as despesas com publicação na imprensa oficial, dispensando-se a publicação em outros meios;

IV – a indenização devida à testemunha que, quando empregada, receberá do empregador salário integral, como se em serviço estivesse;

V – as despesas com a realização de exame de código genético - DNA e de outros exames considerados essenciais;

VI – os honorários do advogado e do perito e a remuneração do intérprete ou do tradutor nomeado para apresentação de versão em português de documento redigido em língua estrangeira...

DOS IMPEDIMENTOS E DA SUSPEIÇÃO

Art. 144. Há impedimento do juiz, sendo-lhe vedado exercer suas funções no processo:

I – em que interveio como mandatário da parte, oficiou como perito, funcionou como membro do Ministério Público ou prestou depoimento como testemunha[...]

DOS AUXILIARES DA JUSTIÇA

Art. 149. São auxiliares da Justiça, além de outros cujas atribuições sejam determinadas pelas normas de organização judiciária, o escrivão, o chefe de secretaria, o oficial de justiça, o perito, o depositário, o administrador, o intérprete, o tradutor, o mediador, o conciliador judicial, o partidor, o distribuidor, o contabilista e o regulador de avarias.

DO PERITO

Art. 156. O juiz será assistido por perito quando a prova do fato depender de conhecimento técnico ou científico.

§ 1º Os peritos serão nomeados entre os profissionais legalmente habilitados e os órgãos técnicos ou científicos devidamente inscritos em cadastro mantido pelo tribunal ao qual o juiz está vinculado.

§ 2º Para formação do cadastro, os tribunais devem realizar consulta pública, por meio de divulgação na rede mundial de computadores ou em jornais de grande circulação, além de consulta direta a universidades, a conselhos de classe, ao Ministério Público, à Defensoria Pública e à Ordem dos Advogados do Brasil, para a indicação de profissionais ou de órgãos técnicos interessados.

§ 3º Os tribunais realizarão avaliações e reavaliações periódicas para manutenção do cadastro, considerando a formação profissional, a atualização do conhecimento e a experiência dos peritos interessados.

§ 4º Para verificação de eventual impedimento ou motivo de suspeição, nos termos dos arts. 148 e 467, o órgão técnico ou científico nomeado para realização da perícia informará ao juiz os nomes e os dados de qualificação dos profissionais que participarão da atividade.

§ 5º Na localidade onde não houver inscrito no cadastro disponibilizado pelo tribunal, a nomeação do perito é de livre escolha pelo juiz e deverá recair sobre profissional ou órgão técnico ou científico comprovadamente detentor do conhecimento necessário à realização da perícia.

Nota do Autor: *Vide* art. 145, CPC/1973.

Art. 157. O perito tem o dever de cumprir o ofício no prazo que lhe designar o juiz, empregando toda sua diligência, podendo escusar-se do encargo alegando motivo legítimo.

§ 1º A escusa será apresentada no prazo de 15 (quinze) dias, contado da intimação, da suspeição ou do impedimento supervenientes, sob pena de renúncia ao direito a alegá-la.

§ 2º Será organizada lista de peritos na vara ou na secretaria, com disponibilização dos documentos exigidos para habilitação à consulta de interessados, para que a nomeação seja distribuída de modo equitativo, observadas a capacidade técnica e a área de conhecimento.

Nota do Autor: *Vide* art. 146, CPC/1973.

Art. 158. O perito que, por dolo ou culpa, prestar informações inverídicas responderá pelos prejuízos que causar à parte e ficará inabilitado para atuar em outras perícias no prazo de 2 (dois) a 5 (cinco) anos, independentemente das demais sanções previstas em lei, devendo o juiz comunicar o fato ao respectivo órgão de classe para adoção das medidas que entender cabíveis.

DO INTÉRPRETE E DO TRADUTOR

Art. 163. Não pode ser intérprete ou tradutor quem:

I - não tiver a livre administração de seus bens;

II - for arrolado como testemunha ou atuar como perito no processo;

III - estiver inabilitado para o exercício da profissão por sentença penal condenatória, enquanto durarem seus efeitos.

DAS CARTAS

Art. 260. São requisitos das cartas de ordem, precatória e rogatória:

I - a indicação dos juízes de origem e de cumprimento do ato;

II - o inteiro teor da petição, do despacho judicial e do instrumento do mandato conferido ao advogado;

III - a menção do ato processual que lhe constitui o objeto;

IV - o encerramento com a assinatura do juiz.

§ 1º O juiz mandará trasladar para a carta quaisquer outras peças, bem como instruí-la com mapa, desenho ou gráfico, sempre que esses documentos devam ser examinados, na diligência, pelas partes, pelos peritos ou pelas testemunhas.

§ 2º Quando o objeto da carta for exame pericial sobre documento, este será remetido em original, ficando nos autos reprodução fotográfica.

§ 3º A carta arbitral atenderá, no que couber, aos requisitos a que se refere o caput e será instruída com a convenção de arbitragem e com as provas da nomeação do árbitro e de sua aceitação da função.

Nota do Autor: *Vide* art. 202, CPC/1973.

DA AUDIÊNCIA DE INSTRUÇÃO E JULGAMENTO

Art. 361. As provas orais serão produzidas em audiência, ouvindo-se nesta ordem, preferencialmente:

I - o perito e os assistentes técnicos, que responderão aos quesitos de esclarecimentos requeridos no prazo e na forma do art. 477, caso não respondidos anteriormente por escrito;

II - o autor e, em seguida, o réu, que prestarão depoimentos pessoais;

III - as testemunhas arroladas pelo autor e pelo réu, que serão inquiridas.

Parágrafo único. Enquanto depuserem o perito, os assistentes técnicos, as partes e as testemunhas, não poderão os advogados e o Ministério Público intervir ou apartear, sem licença do juiz.

Nota do Autor: *Vide* arts. 452 e 446, parágrafo único, CPC/1973.

Art. 365. A audiência é una e contínua, podendo ser excepcional e justificadamente cindida na ausência de perito ou de testemunha, desde que haja concordância das partes.

Parágrafo único. Diante da impossibilidade de realização da instrução, do debate e do julgamento no mesmo dia, o juiz marcará seu prosseguimento para a data mais próxima possível, em pauta preferencial.

Nota do Autor: *Vide* art. 455, CPC/1973.

DA FORÇA PROBANTE DOS DOCUMENTOS

Art. 422. Qualquer reprodução mecânica, como a fotográfica, a cinematográfica, a fonográfica ou de outra espécie, tem aptidão para fazer prova dos fatos ou das coisas representadas, se a sua conformidade com o documento original não for impugnada por aquele contra quem foi produzida.

§ 1º As fotografias digitais e as extraídas da rede mundial de computadores fazem prova das imagens que reproduzem, devendo, se impugnadas, ser apresentada a respectiva autenticação eletrônica ou, não sendo possível, realizada perícia.

§ 2º Se se tratar de fotografia publicada em jornal ou revista, será exigido um exemplar original do periódico, caso impugnada a veracidade pela outra parte.

§ 3º Aplica-se o disposto neste artigo à forma impressa de mensagem eletrônica.

Nota do Autor: *Vide* art. 383 e 385, § 2º, CPC/1973.

DA PROVA PERICIAL

Art. 464. A prova pericial consiste em exame, vistoria ou avaliação.

§ 1º O juiz indeferirá a perícia quando:

I – a prova do fato não depender de conhecimento especial de técnico;

II – for desnecessária em vista de outras provas produzidas;

III – a verificação for impraticável.

§ 2º De ofício ou a requerimento das partes, o juiz poderá, em substituição à perícia, determinar a produção de prova técnica simplificada, quando o ponto controvertido for de menor complexidade.

§ 3º A prova técnica simplificada consistirá apenas na inquirição de especialista, pelo juiz, sobre ponto controvertido da causa que demande especial conhecimento científico ou técnico.

§ 4º Durante a arguição, o especialista, que deverá ter formação acadêmica específica na área objeto de seu depoimento, poderá valer-se de qualquer recurso tecnológico de transmissão de sons e imagens com o fim de esclarecer os pontos controvertidos da causa.

Nota do Autor: *Vide* arts. 420 e 421, CPC/1973.

Art. 465. O juiz nomeará perito especializado no objeto da perícia e fixará de imediato o prazo para a entrega do laudo.

§ 1º Incumbe às partes, dentro de 15 (quinze) dias contados da intimação do despacho de nomeação do perito:

I – arguir o impedimento ou a suspeição do perito, se for o caso;

II – indicar assistente técnico;

III – apresentar quesitos.

§ 2º Ciente da nomeação, o perito apresentará em 5 (cinco) dias:

I – proposta de honorários;

II – currículo, com comprovação de especialização;

III – contatos profissionais, em especial o endereço eletrônico, para onde serão dirigidas as intimações pessoais.

§ 3º As partes serão intimadas da proposta de honorários para, querendo, manifestar-se no prazo comum de 5 (cinco) dias, após o que o juiz arbitrará o valor, intimando-se as partes para os fins do art. 95.

§ 4º O juiz poderá autorizar o pagamento de até cinquenta por cento dos honorários arbitrados a favor do perito no início dos trabalhos, devendo o remanescente ser pago apenas ao final, depois de entregue o laudo e prestados todos os esclarecimentos necessários.

§ 5º Quando a perícia for inconclusiva ou deficiente, o juiz poderá reduzir a remuneração inicialmente arbitrada para o trabalho.

§ 6º Quando tiver de realizar-se por carta, poder-se-á proceder à nomeação de perito e à indicação de assistentes técnicos no juízo ao qual se requisitar a perícia.

Nota do Autor: *Vide* arts. 421 e 428, CPC/1973.

Art. 466. O perito cumprirá escrupulosamente o encargo que lhe foi cometido, independentemente de termo de compromisso.

§ 1º Os assistentes técnicos são de confiança da parte e não estão sujeitos a impedimento ou suspeição.

§ 2º O perito deve assegurar aos assistentes das partes o acesso e o acompanhamento das diligências e dos exames que realizar, com prévia comunicação, comprovada nos autos, com antecedência mínima de 5 (cinco) dias.

Nota do Autor: *Vide* art. 422, CPC/1973.

Art. 467. O perito pode escusar-se ou ser recusado por impedimento ou suspeição.

Parágrafo único. O juiz, ao aceitar a escusa ou ao julgar procedente a impugnação, nomeará novo perito.

Nota do Autor: *Vide* art. 423, CPC/1973.

Art. 468. O perito pode ser substituído quando:

I – faltar-lhe conhecimento técnico ou científico;

II – sem motivo legítimo, deixar de cumprir o encargo no prazo que lhe foi assinado.

§ 1º No caso previsto no inciso II, o juiz comunicará a ocorrência à corporação profissional respectiva, podendo, ainda, impor multa ao perito, fixada tendo em vista o valor da causa e o possível prejuízo decorrente do atraso no processo.

§ 2º O perito substituído restituirá, no prazo de 15 (quinze) dias, os valores recebidos pelo trabalho não realizado, sob pena de ficar impedido de atuar como perito judicial pelo prazo de 5 (cinco) anos.

§ 3º Não ocorrendo a restituição voluntária de que trata o § 2º, a parte que tiver realizado o adiantamento dos honorários poderá promover execução contra o perito, na forma dos arts. 513 e seguintes deste Código, com fundamento na decisão que determinar a devolução do numerário.

Nota do Autor: *Vide* art. 424, CPC/1973.

Art. 469. As partes poderão apresentar quesitos suplementares durante a diligência, que poderão ser respondidos pelo perito previamente ou na audiência de instrução e julgamento.

Parágrafo único. O escrivão dará à parte contrária ciência da juntada dos quesitos aos autos.

Nota do Autor: *Vide* art. 425, CPC/1973.

Art. 470. Incumbe ao juiz:

I - indeferir quesitos impertinentes;

II - formular os quesitos que entender necessários ao esclarecimento da causa.

Nota do Autor: *Vide* art. 426, CPC/1973.

Art. 471. As partes podem, de comum acordo, escolher o perito, indicando-o mediante requerimento, desde que:

I - sejam plenamente capazes;

II - a causa possa ser resolvida por autocomposição.

§ 1º As partes, ao escolher o perito, já devem indicar os respectivos assistentes técnicos para acompanhar a realização da perícia, que se realizará em data e local previamente anunciados.

§ 2º O perito e os assistentes técnicos devem entregar, respectivamente, laudo e pareceres em prazo fixado pelo juiz.

§ 3º A perícia consensual substitui, para todos os efeitos, a que seria realizada por perito nomeado pelo juiz.

Art. 472. O juiz poderá dispensar prova pericial quando as partes, na inicial e na contestação, apresentarem, sobre as questões de fato, pareceres técnicos ou documentos elucidativos que considerar suficientes.

Nota do Autor: *Vide* art. 427, CPC/1973.

Art. 473. O laudo pericial deverá conter:

I - a exposição do objeto da perícia;

II - a análise técnica ou científica realizada pelo perito;

III - a indicação do método utilizado, esclarecendo-o e demonstrando ser predominantemente aceito pelos especialistas da área do conhecimento da qual se originou;

IV - resposta conclusiva a todos os quesitos apresentados pelo juiz, pelas partes e pelo órgão do Ministério Público.

§ 1º No laudo, o perito deve apresentar sua fundamentação em linguagem simples e com coerência lógica, indicando como alcançou suas conclusões.

§ 2º É vedado ao perito ultrapassar os limites de sua designação, bem como emitir opiniões pessoais que excedam o exame técnico ou científico do objeto da perícia.

§ 3º Para o desempenho de sua função, o perito e os assistentes técnicos podem valer-se de todos os meios necessários, ouvindo testemunhas, obtendo informações, solicitando documentos que estejam em poder da parte, de terceiros ou em repartições públicas, bem como instruir o laudo com planilhas, mapas, plantas, desenhos, fotografias ou outros elementos necessários ao esclarecimento do objeto da perícia.

Nota do Autor: *Vide* art. 429, CPC/1973.

Art. 474. As partes terão ciência da data e do local designados pelo juiz ou indicados pelo perito para ter início a produção da prova.

Nota do Autor: *Vide* art. 431-A, CPC/1973.

Art. 475. Tratando-se de perícia complexa que abranja mais de uma área de conhecimento especializado, o juiz poderá nomear mais de um perito, e a parte, indicar mais de um assistente técnico.

Nota do Autor: *Vide* art. 431-B, CPC/1973.

Art. 476. Se o perito, por motivo justificado, não puder apresentar o laudo dentro do prazo, o juiz poderá conceder-lhe, por uma vez, prorrogação pela metade do prazo originalmente fixado.

Nota do Autor: *Vide* art. 432, CPC/1973.

Art. 477. O perito protocolará o laudo em juízo, no prazo fixado pelo juiz, pelo menos 20 (vinte) dias antes da audiência de instrução e julgamento.

§ 1º As partes serão intimadas para, querendo, manifestar-se sobre o laudo do perito do juízo no prazo comum de 15 (quinze) dias, podendo o assistente técnico de cada uma das partes, em igual prazo, apresentar seu respectivo parecer.

§ 2º O perito do juízo tem o dever de, no prazo de 15 (quinze) dias, esclarecer ponto:

I – sobre o qual exista divergência ou dúvida de qualquer das partes, do juiz ou do órgão do Ministério Público;

II – divergente apresentado no parecer do assistente técnico da parte.

§ 3º Se ainda houver necessidade de esclarecimentos, a parte requererá ao juiz que mande intimar o perito ou o assistente técnico a comparecer à audiência de instrução e julgamento, formulando, desde logo, as perguntas, sob forma de quesitos.

§ 4º O perito ou o assistente técnico será intimado por meio eletrônico, com pelo menos 10 (dez) dias de antecedência da audiência.

Nota do Autor: *Vide* arts. 433 e 435, CPC/1973.

Art. 478. Quando o exame tiver por objeto a autenticidade ou a falsidade de documento ou for de natureza médico-legal, o perito será escolhido, de preferência, entre os técnicos dos estabelecimentos oficiais especializados, a cujos diretores o juiz autorizará a remessa dos autos, bem como do material sujeito a exame.

§ 1º Nas hipóteses de gratuidade de justiça, os órgãos e as repartições oficiais deverão cumprir a determinação judicial com preferência, no prazo estabelecido.

§ 2º A prorrogação do prazo referido no § 1º pode ser requerida motivadamente.

§ 3º Quando o exame tiver por objeto a autenticidade da letra e da firma, o perito poderá requisitar, para efeito de comparação, documentos existentes em repartições públicas e, na falta destes, poderá requerer ao juiz que a pessoa a quem se atribuir a autoria do documento lance em folha de papel, por cópia ou sob ditado, dizeres diferentes, para fins de comparação.

Nota do Autor: *Vide* art. 434, CPC/1973.

Art. 479. O juiz apreciará a prova pericial de acordo com o disposto no art. 371, indicando na sentença os motivos que o levaram a considerar ou a deixar de considerar as conclusões do laudo, levando em conta o método utilizado pelo perito.

Nota do Autor: *Vide* art. 436, CPC/1973.

Art. 480. O juiz determinará, de ofício ou a requerimento da parte, a realização de nova perícia quando a matéria não estiver suficientemente esclarecida.

§ 1º A segunda perícia tem por objeto os mesmos fatos sobre os quais recaiu a primeira e destina-se a corrigir eventual omissão ou inexatidão dos resultados a que esta conduziu.

§ 2º A segunda perícia rege-se pelas disposições estabelecidas para a primeira.

§ 3º A segunda perícia não substitui a primeira, cabendo ao juiz apreciar o valor de uma e de outra.

Nota do Autor: *Vide* arts. 437, 438 e 439, CPC/1973.

DA INSPEÇÃO JUDICIAL

Art. 481. O juiz, de ofício ou a requerimento da parte, pode, em qualquer fase do processo, inspecionar pessoas ou coisas, a fim de se esclarecer sobre fato que interesse à decisão da causa.

Nota do Autor: *Vide* art. 440, CPC/1973.

Art. 482. Ao realizar a inspeção, o juiz poderá ser assistido por um ou mais peritos.

Nota do Autor: *Vide* art. 441, CPC/1973.

Art. 483. O juiz irá ao local onde se encontre a pessoa ou a coisa quando:

I – julgar necessário para a melhor verificação ou interpretação dos fatos que deva observar;

II – a coisa não puder ser apresentada em juízo sem consideráveis despesas ou graves dificuldades;

III – determinar a reconstituição dos fatos.

Parágrafo único. As partes têm sempre direito a assistir à inspeção, prestando esclarecimentos e fazendo observações que considerem de interesse para a causa.

Nota do Autor: *Vide* art. 442, CPC/1973.

Art. 484. Concluída a diligência, o juiz mandará lavrar auto circunstanciado, mencionando nele tudo quanto for útil ao julgamento da causa.

Parágrafo único. O auto poderá ser instruído com desenho, gráfico ou fotografia.

Nota do Autor: *Vide* art. 443, CPC/1973.

DA LIQUIDAÇÃO DE SENTENÇA

Art. 510. Na liquidação por arbitramento, o juiz intimará as partes para a apresentação de pareceres ou documentos elucidativos, no prazo que fixar, e, caso não possa decidir de plano, nomeará perito, observando-se, no que couber, o procedimento da prova pericial.

Nota do Autor: *Vide* art. 475-D, CPC/1973.

DA AÇÃO DE DIVISÃO E DA DEMARCAÇÃO DE TERRAS PARTICULARES

Disposições Gerais

Art. 569. Cabe:

I - ao proprietário a ação de demarcação, para obrigar o seu confinante a estremar os respectivos prédios, fixando-se novos limites entre eles ou aviventando-se os já apagados;

II - ao condômino a ação de divisão, para obrigar os demais consortes a estremar os quinhões.

Nota do Autor: *Vide* art. 946, CPC/1973.

Art. 570. É lícita a cumulação dessas ações, caso em que deverá processar-se primeiramente a demarcação total ou parcial da coisa comum, citando-se os confinantes e os condôminos.

Nota do Autor: *Vide* art. 947, CPC/1973.

Art. 571. A demarcação e a divisão poderão ser realizadas por escritura pública, desde que maiores, capazes e concordes todos os interessados, observando-se, no que couber, os dispositivos deste Capítulo.

Art. 572. Fixados os marcos da linha de demarcação, os confinantes considerar-se-ão terceiros quanto ao processo divisório, ficando-lhes, porém, ressalvado o direito de vindicar os terrenos de que se julguem despojados por invasão das linhas limítrofes constitutivas do perímetro ou de reclamar indenização correspondente ao seu valor.

§ 1º No caso do caput, serão citados para a ação todos os condôminos, se a sentença homologatória da divisão ainda não houver transitado em julgado, e todos os quinhoeiros dos terrenos vindicados, se a ação for proposta posteriormente.

§ 2º Neste último caso, a sentença que julga procedente a ação, condenando a restituir os terrenos ou a pagar a indenização, valerá como título executivo em favor dos quinhoeiros para haverem dos outros condôminos que forem parte na divisão ou de seus sucessores a título universal, na proporção que lhes tocar, a composição pecuniária do desfalque sofrido.

Nota do Autor: *Vide* arts. 948 e 949, CPC/1973.

Art. 573. Tratando-se de imóvel georreferenciado, com averbação no registro de imóveis, pode o juiz dispensar a realização de prova pericial.

Da Demarcação

Art. 574. Na petição inicial, instruída com os títulos da propriedade, designar-se-á o imóvel pela situação e pela denominação, descrever-se-ão os limites por constituir, aviventar ou renovar e nomear-se-ão todos os confinantes da linha demarcanda.

Nota do Autor: *Vide* art. 950, CPC/1973

Art. 575. Qualquer condômino é parte legítima para promover a demarcação do imóvel comum, requerendo a intimação dos demais para, querendo, intervir no processo.

Nota do Autor: *Vide* art. 952, CPC/1973.

Art. 576. A citação dos réus será feita por correio, observado o disposto no art. 247.

Parágrafo único. Será publicado edital, nos termos do inciso III do art. 259.

Nota do Autor: *Vide* art. 953, CPC/1973.

Art. 577. Feitas as citações, terão os réus o prazo comum de 15 (quinze) dias para contestar.

Nota do Autor: *Vide* art. 954, CPC/1973.

Art. 578. Após o prazo de resposta do réu, observar-se-á o procedimento comum.

Nota do Autor: *Vide* art. 955, CPC/1973.

Art. 579. Antes de proferir a sentença, o juiz nomeará um ou mais peritos para levantar o traçado da linha demarcanda.

Nota do Autor: *Vide* art. 956, CPC/1973.

Art. 580. Concluídos os estudos, os peritos apresentarão minucioso laudo sobre o traçado da linha demarcanda, considerando os títulos, os marcos, os rumos, a fama da vizinhança, as informações de antigos moradores do lugar e outros elementos que coligirem.

Nota do Autor: *Vide* art. 957, CPC/1973.

Art. 581. A sentença que julgar procedente o pedido determinará o traçado da linha demarcanda.

Parágrafo único. A sentença proferida na ação demarcatória determinará a restituição da área invadida, se houver, declarando o domínio ou a posse do prejudicado, ou ambos.

Nota do Autor: *Vide* art. 958, CPC/1973.

Art. 582. Transitada em julgado a sentença, o perito efetuará a demarcação e colocará os marcos necessários.

Parágrafo único. Todas as operações serão consignadas em planta e memorial descritivo com as referências convenientes para a identificação, em qualquer tempo, dos pontos assinalados, observada a legislação especial que dispõe sobre a identificação do imóvel rural.

Nota do Autor: *Vide* art. 959, CPC/1973.

Art. 583. As plantas serão acompanhadas das cadernetas de operações de campo e do memorial descritivo, que conterá:

I – o ponto de partida, os rumos seguidos e a aviventação dos antigos com os respectivos cálculos;

II – os acidentes encontrados, as cercas, os valos, os marcos antigos, os córregos, os rios, as lagoas e outros;

III – a indicação minuciosa dos novos marcos cravados, dos antigos aproveitados, das culturas existentes e da sua produção anual;

IV – a composição geológica dos terrenos, bem como a qualidade e a extensão dos campos, das matas e das capoeiras;

V – as vias de comunicação;

VI – as distâncias a pontos de referência, tais como rodovias federais e estaduais, ferrovias, portos, aglomerações urbanas e polos comerciais;

VII – a indicação de tudo o mais que for útil para o levantamento da linha ou para a identificação da linha já levantada.

Nota do Autor: *Vide* art. 962, CPC/1973.

Art. 584. É obrigatória a colocação de marcos tanto na estação inicial, dita marco primordial, quanto nos vértices dos ângulos, salvo se algum desses últimos pontos for assinalado por acidentes naturais de difícil remoção ou destruição.

Nota do Autor: *Vide* art. 963, CPC/1973.

Art. 585. A linha será percorrida pelos peritos, que examinarão os marcos e os rumos, consignando em relatório escrito a exatidão do memorial e da planta apresentados pelo agrimensor ou as divergências porventura encontradas.

Nota do Autor: *Vide* art. 964, CPC/1973.

Art. 586. Juntado aos autos o relatório dos peritos, o juiz determinará que as partes se manifestem sobre ele no prazo comum de 15 (quinze) dias.

Parágrafo único. Executadas as correções e as retificações que o juiz determinar, lavrar-se-á, em seguida, o auto de demarcação em que os limites demarcandos serão minuciosamente descritos de acordo com o memorial e a planta.

Nota do Autor: *Vide* art. 965, CPC/1973.

Art. 587. Assinado o auto pelo juiz e pelos peritos, será proferida a sentença homologatória da demarcação.

Nota do Autor: *Vide* art. 966, CPC/1973.

Da Divisão

Art. 588. A petição inicial será instruída com os títulos de domínio do promovente e conterá:

I – a indicação da origem da comunhão e a denominação, a situação, os limites e as características do imóvel;

II – o nome, o estado civil, a profissão e a residência de todos os condôminos, especificando-se os estabelecidos no imóvel com benfeitorias e culturas;

III – as benfeitorias comuns.

Nota do Autor: *Vide* art. 967, CPC/1973.

Art. 589. Feitas as citações como preceitua o art. 576, prosseguir-se-á na forma dos arts. 577 e 578.

Nota do Autor: *Vide* art. 968, CPC/1973.

Art. 590. O juiz nomeará um ou mais peritos para promover a medição do imóvel e as operações de divisão, observada a legislação especial que dispõe sobre a identificação do imóvel rural.

Parágrafo único. O perito deverá indicar as vias de comunicação existentes, as construções e as benfeitorias, com a indicação dos seus valores e dos respectivos proprietários e ocupantes, as águas principais que banham o imóvel e quaisquer outras informações que possam concorrer para facilitar a partilha.

Nota do Autor: *Vide* art. 969, CPC/1973.

Art. 591. Todos os condôminos serão intimados a apresentar, dentro de 10 (dez) dias, os seus títulos, se ainda não o tiverem feito, e a formular os seus pedidos sobre a constituição dos quinhões.

Nota do Autor: *Vide* art. 970, CPC/1973.

Art. 592. O juiz ouvirá as partes no prazo comum de 15 (quinze) dias.

§ 1º Não havendo impugnação, o juiz determinará a divisão geodésica do imóvel.

§ 2º Havendo impugnação, o juiz proferirá, no prazo de 10 (dez) dias, decisão sobre os pedidos e os títulos que devam ser atendidos na formação dos quinhões.

Nota do Autor: *Vide* art. 971, CPC/1973.

Art. 593. Se qualquer linha do perímetro atingir benfeitorias permanentes dos confinantes feitas há mais de 1 (um) ano, serão elas respeitadas, bem como os terrenos onde estiverem, os quais não se computarão na área dividenda.

Nota do Autor: *Vide* art. 973, CPC/1973.

Art. 594. Os confinantes do imóvel dividendo podem demandar a restituição dos terrenos que lhes tenham sido usurpados.

§ 1º Serão citados para a ação todos os condôminos, se a sentença homologatória da divisão ainda não houver transitado em julgado, e todos os quinhoeiros dos terrenos vindicados, se a ação for proposta posteriormente.

§ 2º Nesse último caso terão os quinhoeiros o direito, pela mesma sentença que os obrigar à restituição, a haver dos outros condôminos do processo divisório ou de seus sucessores a título universal a composição pecuniária proporcional ao desfalque sofrido.

Nota do Autor: *Vide* art. 974, CPC/1973.

Art. 595. Os peritos proporão, em laudo fundamentado, a forma da divisão, devendo consultar, quanto possível, a comodidade das partes, respeitar, para adjudicação a cada condômino, a preferência dos terrenos contíguos às suas residências e benfeitorias e evitar o retalhamento dos quinhões em glebas separadas.

Nota do Autor: *Vide* art. 978, CPC/1973.

Art. 596. Ouvidas as partes, no prazo comum de 15 (quinze) dias, sobre o cálculo e o plano da divisão, o juiz deliberará a partilha.

Parágrafo único. Em cumprimento dessa decisão, o perito procederá à demarcação dos quinhões, observando, além do disposto nos arts. 584 e 585, as seguintes regras:

I – as benfeitorias comuns que não comportarem divisão cômoda serão adjudicadas a um dos condôminos mediante compensação;

II – instituir-se-ão as servidões que forem indispensáveis em favor de uns quinhões sobre os outros, incluindo o respectivo valor no orçamento para que, não se tratando de servidões naturais, seja compensado o condômino aquinhoado com o prédio serviente;

III – as benfeitorias particulares dos condôminos que excederem à área a que têm direito serão adjudicadas ao quinhoeiro vizinho mediante reposição;

IV – se outra coisa não acordarem as partes, as compensações e as reposições serão feitas em dinheiro.

Nota do Autor: *Vide* art. 979, CPC/1973.

Art. 597. Terminados os trabalhos e desenhados na planta os quinhões e as servidões aparentes, o perito organizará o memorial descritivo.

§ 1º Cumprido o disposto no art. 586, o escrivão, em seguida, lavrará o auto de divisão, acompanhado de uma folha de pagamento para cada condômino.

§ 2º Assinado o auto pelo juiz e pelo perito, será proferida sentença homologatória da divisão.

§ 3º O auto conterá:

I – a confinação e a extensão superficial do imóvel;

II – a classificação das terras com o cálculo das áreas de cada consorte e com a respectiva avaliação ou, quando a homogeneidade das terras não determinar diversidade de valores, a avaliação do imóvel na sua integridade;

III – o valor e a quantidade geométrica que couber a cada condômino, declarando-se as reduções e as compensações resultantes da diversidade de valores das glebas componentes de cada quinhão.

§ 4º Cada folha de pagamento conterá:

I – a descrição das linhas divisórias do quinhão, mencionadas as confinantes;

II – a relação das benfeitorias e das culturas do próprio quinhoeiro e das que lhe foram adjudicadas por serem comuns ou mediante compensação;

III – a declaração das servidões instituídas, especificados os lugares, a extensão e o modo de exercício.

Nota do Autor: *Vide* art. 980, CPC/1973.

Art. 598. Aplica-se às divisões o disposto nos arts. 575 a 578.

Nota do Autor: *Vide* art. 981, CPC/1973.

DA AÇÃO DE DISSOLUÇÃO PARCIAL DE SOCIEDADE

Art. 604. Para apuração dos haveres, o juiz:

I – fixará a data da resolução da sociedade;

II – definirá o critério de apuração dos haveres à vista do disposto no contrato social; e

III – nomeará o perito.

Art. 606. Em caso de omissão do contrato social, o juiz definirá, como critério de apuração de haveres, o valor patrimonial apurado em balanço de determinação, tomando-se por referência a data da resolução e avaliando-se bens e direitos do ativo, tangíveis e intangíveis, a preço de saída, além do passivo também a ser apurado de igual forma.

Parágrafo único. Em todos os casos em que seja necessária a realização de perícia, a nomeação do perito recairá preferencialmente sobre especialista em avaliação de sociedades.

Art. 607. A data da resolução e o critério de apuração de haveres podem ser revistos pelo juiz, a pedido da parte, a qualquer tempo antes do início da perícia.

DA AVALIAÇÃO E DO CÁLCULO DO IMPOSTO

Art. 630. Findo o prazo previsto no art. 627 sem impugnação ou decidida a impugnação que houver sido oposta, o juiz nomeará, se for o caso, perito para avaliar os bens do espólio, se não houver na comarca avaliador judicial.

Parágrafo único. Na hipótese prevista no art. 620, § 1º, o juiz nomeará perito para avaliação das quotas sociais ou apuração dos haveres.

Nota do Autor: *Vide* art. 1.003, CPC/1973.

Art. 631. Ao avaliar os bens do espólio, o perito observará, no que for aplicável, o disposto nos arts. 872 e 873.

Nota do Autor: *Vide* art. 1.004, CPC/1973.

Art. 632. Não se expedirá carta precatória para a avaliação de bens situados fora da comarca onde corre o inventário se eles forem de pequeno valor ou perfeitamente conhecidos do perito nomeado.

Nota do Autor: *Vide* art. 1.006, CPC/1973.

Art. 633. Sendo capazes todas as partes, não se procederá à avaliação se a Fazenda Pública, intimada pessoalmente, concordar de forma expressa com o valor atribuído, nas primeiras declarações, aos bens do espólio.

Nota do Autor: *Vide* art. 1.007, CPC/1973.

Art. 634. Se os herdeiros concordarem com o valor dos bens declarados pela Fazenda Pública, a avaliação cingir-se-á aos demais.

Nota do Autor: *Vide* art. 1.008, CPC/1973.

Art. 635. Entregue o laudo de avaliação, o juiz mandará que as partes se manifestem no prazo de 15 (quinze) dias, que correrá em cartório.

§ 1º Versando a impugnação sobre o valor dado pelo perito, o juiz a decidirá de plano, à vista do que constar dos autos.

§ 2º Julgando procedente a impugnação, o juiz determinará que o perito retifique a avaliação, observando os fundamentos da decisão.

Nota do Autor: *Vide* art. 1.009, CPC/1973.

Art. 636. Aceito o laudo ou resolvidas as impugnações suscitadas a seu respeito, lavrar-se-á em seguida o termo de últimas declarações, no qual o inventariante poderá emendar, aditar ou completar as primeiras.

Nota do Autor: *Vide* art. 1.011, CPC/1973.

Art. 637. Ouvidas as partes sobre as últimas declarações no prazo comum de 15 (quinze) dias, proceder-se-á ao cálculo do tributo.

Nota do Autor: *Vide* art. 1.012, CPC/1973.

Art. 638. Feito o cálculo, sobre ele serão ouvidas todas as partes no prazo comum de 5 (cinco) dias, que correrá em cartório, e, em seguida, a Fazenda Pública.

§ 1º Se acolher eventual impugnação, o juiz ordenará nova remessa dos autos ao contabilista, determinando as alterações que devam ser feitas no cálculo.

§ 2º Cumprido o despacho, o juiz julgará o cálculo do tributo.

Nota do Autor: *Vide* art. 1.013, CPC/1973.

DA RESTAURAÇÃO DE AUTOS

Art. 715. Se a perda dos autos tiver ocorrido depois da produção das provas em audiência, o juiz, se necessário, mandará repeti-las.

§ 1º Serão reinquiridas as mesmas testemunhas, que, em caso de impossibilidade, poderão ser substituídas de ofício ou a requerimento.

§ 2º Não havendo certidão ou cópia do laudo, far-se-á nova perícia, sempre que possível pelo mesmo perito.

§ 3º Não havendo certidão de documentos, esses serão reconstituídos mediante cópias ou, na falta dessas, pelos meios ordinários de prova.

§ 4º Os serventuários e os auxiliares da justiça não podem eximir-se de depor como testemunhas a respeito de atos que tenham praticado ou assistido.

§ 5º Se o juiz houver proferido sentença da qual ele próprio ou o escrivão possua cópia, esta será juntada aos autos e terá a mesma autoridade da original.

Nota do Autor: *Vide* art. 1.066, CPC/1973.

DA INTERDIÇÃO

Art. 752. Dentro do prazo de 15 (quinze) dias contado da entrevista, o interditando poderá impugnar o pedido.

§ 1º O Ministério Público intervirá como fiscal da ordem jurídica.

§ 2º O interditando poderá constituir advogado, e, caso não o faça, deverá ser nomeado curador especial.

§ 3º Caso o interditando não constitua advogado, o seu cônjuge, companheiro ou qualquer parente sucessível poderá intervir como assistente.

Nota do Autor: *Vide* art. 1.182, CPC/1973.

Art. 753. Decorrido o prazo previsto no art. 752, o juiz determinará a produção de prova pericial para avaliação da capacidade do interditando para praticar atos da vida civil.

§ 1º A perícia pode ser realizada por equipe composta por expertos com formação multidisciplinar.

§ 2º O laudo pericial indicará especificadamente, se for o caso, os atos para os quais haverá necessidade de curatela.

Nota do Autor: *Vide* art. 1.183, CPC/1973.

Art. 754. Apresentado o laudo, produzidas as demais provas e ouvidos os interessados, o juiz proferirá sentença.

Art. 756. Levantar-se-á a curatela quando cessar a causa que a determinou.

§ 1º O pedido de levantamento da curatela poderá ser feito pelo interdito, pelo curador ou pelo Ministério Público e será apensado aos autos da interdição.

§ 2º O juiz nomeará perito ou equipe multidisciplinar para proceder ao exame do interdito e designará audiência de instrução e julgamento após a apresentação do laudo.

§ 3º Acolhido o pedido, o juiz decretará o levantamento da interdição e determinará a publicação da sentença, após o trânsito em julgado, na forma do art. 755, § 3º, ou, não sendo possível, na imprensa local e no órgão oficial, por 3 (três) vezes, com intervalo de 10 (dez) dias, seguindo-se a averbação no registro de pessoas naturais.

§ 4º A interdição poderá ser levantada parcialmente quando demonstrada a capacidade do interdito para praticar alguns atos da vida civil.

Nota do Autor: *Vide* art. 1.186, CPC/1973.

DA ENTREGA DE COISA INCERTA

Art. 811. Quando a execução recair sobre coisa determinada pelo gênero e pela quantidade, o executado será citado para entrega-la individualizada, se lhe couber a escolha.

Parágrafo único. Se a escolha couber ao exequente, esse deverá indicá-la na petição inicial.

Nota do Autor: *Vide* art. 629, CPC/1973.

Art. 812. Qualquer das partes poderá, no prazo de 15 (quinze) dias, impugnar a escolha feita pela outra, e o juiz decidirá de plano ou, se necessário, ouvindo perito de sua nomeação.

Nota do Autor: *Vide* art. 630, CPC/1973.

DA AVALIAÇÃO

Art. 872. A avaliação realizada pelo oficial de justiça constará de vistoria e de laudo anexados ao auto de penhora ou, em caso de perícia realizada por avaliador, de laudo apresentado no prazo fixado pelo juiz, devendo-se, em qualquer hipótese, especificar:

I – os bens, com as suas características, e o estado em que se encontram;

II – o valor dos bens.

§ 1º Quando o imóvel for suscetível de cômoda divisão, a avaliação, tendo em conta o crédito reclamado, será realizada em partes, sugerindo-se, com a apresentação de memorial descritivo, os possíveis desmembramentos para alienação.

§ 2º Realizada a avaliação e, sendo o caso, apresentada a proposta de desmembramento, as partes serão ouvidas no prazo de 5 (cinco) dias.

Nota do Autor: *Vide* art. 681, CPC/1973.

Art. 873. É admitida nova avaliação quando:

I – qualquer das partes arguir, fundamentadamente, a ocorrência de erro na avaliação ou dolo do avaliador;

II – se verificar, posteriormente à avaliação, que houve majoração ou diminuição no valor do bem;

III – o juiz tiver fundada dúvida sobre o valor atribuído ao bem na primeira avaliação.

Parágrafo único. Aplica-se o art. 480 à nova avaliação prevista no inciso III do caput deste artigo.

Nota do Autor: *Vide* art. 683, CPC/1973.

Art. 874. Após a avaliação, o juiz poderá, a requerimento do interessado e ouvida a parte contrária, mandar:

I – reduzir a penhora aos bens suficientes ou transferi-la para outros, se o valor dos bens penhorados for consideravelmente superior ao crédito do exequente e dos acessórios;

II – ampliar a penhora ou transferi-la para outros bens mais valiosos, se o valor dos bens penhorados for inferior ao crédito do exequente.

Nota do Autor: *Vide* art. 685, CPC/1973.

DOS EMBARGOS À EXECUÇÃO

Art. 917. Nos embargos à execução, o executado poderá alegar:

§ 5º Nos embargos de retenção por benfeitorias, o exequente poderá requerer a compensação de seu valor com o dos frutos ou dos danos considerados devidos pelo executado, cumprindo ao juiz, para a apuração dos respectivos valores, nomear perito, observando-se, então, o art. 464.

§ 6º O exequente poderá a qualquer tempo ser imitido na posse da coisa, prestando caução ou depositando o valor devido pelas benfeitorias ou resultante da compensação.

§ 7º A arguição de impedimento e suspeição observará o disposto nos arts. 146 e 148.

Nota do Autor: *Vide* art. 745, CPC/1973.

DO AGRAVO DE INSTRUMENTO

Art. 1.015. Cabe agravo de instrumento contra as decisões interlocutórias que versarem sobre:

I – tutelas provisórias;

II – mérito do processo;

III - rejeição da alegação de convenção de arbitragem;

IV - incidente de desconsideração da personalidade jurídica;

V - rejeição do pedido de gratuidade da justiça ou acolhimento do pedido de sua revogação;

VI - exibição ou posse de documento ou coisa;

VII - exclusão de litisconsorte;

VIII - rejeição do pedido de limitação do litisconsórcio;

IX - admissão ou inadmissão de intervenção de terceiros;

X - concessão, modificação ou revogação do efeito suspensivo aos embargos à execução;

XI - redistribuição do ônus da prova nos termos do art. 373, § 1º;

XII - (Vetado);

XIII - outros casos expressamente referidos em lei.

Parágrafo único. Também caberá agravo de instrumento contra decisões interlocutórias proferidas na fase de liquidação de sentença ou de cumprimento de sentença, no processo de execução e no processo de inventário.

Nota do Autor: *Vide* art. 522, CPC/1973.

Art. 1.019. Recebido o agravo de instrumento no tribunal e distribuído imediatamente, se não for o caso de aplicação do art. 932, incisos III e IV, o relator, no prazo de 5 (cinco) dias:

I - poderá atribuir efeito suspensivo ao recurso ou deferir, em antecipação de tutela, total ou parcialmente, a pretensão recursal, comunicando ao juiz sua decisão;

II - ordenará a intimação do agravado pessoalmente, por carta com aviso de recebimento, quando não tiver procurador constituído, ou pelo Diário da Justiça ou por carta com aviso de recebimento dirigida ao seu advogado, para que responda no prazo de 15 (quinze) dias, facultando-lhe juntar a documentação que entender necessária ao julgamento do recurso;

III - determinará a intimação do Ministério Público, preferencialmente por meio eletrônico, quando for o caso de sua intervenção, para que se manifeste no prazo de 15 (quinze) dias.

Nota do Autor: *Vide* art. 527, CPC/1973.

DISPOSIÇÕES FINAIS E TRANSITÓRIAS

Art. 1.045. Este Código entra em vigor após decorrido 1 (um) ano da data de sua publicação oficial.

Nota do Autor: Data da publicação: Brasília, 16 de março de 2015; 194º da Independência e 127º da República.

DECRETO-LEI Nº 3.365, DE 21 DE JUNHO DE 1941

Dispõe sobre Desapropriação por Utilidade Pública.

O Presidente da República, usando da atribuição que lhe confere o art. 180 da Constituição, decreta:

DISPOSIÇÕES PRELIMINARES

Art. 1º A desapropriação por utilidade pública regular-se-á por esta lei, em todo o território nacional.

Art. 2º Mediante declaração de utilidade pública, todos os bens poderão ser desapropriados pela União, pelos Estados, Municípios, Distrito Federal e Territórios.

§ 1º A desapropriação do espaço aéreo ou do subsolo só se tornará necessária, quando de sua utilização resultar prejuízo patrimonial do proprietário do solo.

§ 2º Os bens do domínio dos Estados, Municípios, Distrito Federal e Territórios poderão ser desapropriados pela União, e os dos Municípios pelos Estados, mas, em qualquer caso, ao ato deverá preceder autorização legislativa.

§ 3º É vedada a desapropriação, pelos Estados, Distrito Federal, Territórios e Municípios de ações, cotas e direitos representativos do capital de instituições e empresas cujo funcionamento dependa de autorização do Governo Federal e se subordine à sua fiscalização, salvo mediante prévia autorização, por decreto do Presidente da República. (Parágrafo incluído pelo Decreto-Lei nº 856, de 11/9/1969.)

Art. 3º Os concessionários de serviços públicos e os estabelecimentos de caráter público ou que exerçam funções delegadas de poder público poderão promover desapropriações mediante autorização expressa, constante de lei ou contrato.

Art. 4º A desapropriação poderá abranger a área contígua necessária ao desenvolvimento da obra a que se destina, e as zonas que se valorizarem extraordinariamente, em conseqüência da realização do serviço. Em qualquer caso, a declaração de utilidade pública deverá compreendê-las, mencionando-se quais as indispensáveis à continuação da obra e as que se destinam à revenda.

Art. 5º Consideram-se casos de utilidade pública:

a) a segurança nacional;

b) a defesa do Estado;

c) o socorro público em caso de calamidade;

d) a salubridade pública;

e) a criação e melhoramento de centros de população, seu abastecimento regular de meios de subsistência;

f) o aproveitamento industrial das minas e das jazidas minerais, das águas e da energia hidráulica;

g) a assistência pública, as obras de higiene e decoração, casas de saúde, clínicas, estações de clima e fontes medicinais;

h) a exploração ou a conservação dos serviços públicos;

i) a abertura, conservação e melhoramento de vias ou logradouros públicos; a execução de planos de urbanização; o parcelamento do solo, com ou sem edificação, para sua melhor utilização econômica, higiênica ou estética; a construção ou ampliação de distritos industriais; (Redação dada pela Lei nº 9.785, de 29/1/1999.)

j) o funcionamento dos meios de transporte coletivo;

k) a preservação e conservação dos monumentos históricos e artísticos, isolados ou integrados em conjuntos urbanos ou rurais, bem como as medidas necessárias a manter-lhes e realçar-lhes os aspectos mais valiosos ou característicos e, ainda, a proteção de paisagens e locais particularmente dotados pela natureza;

l) a preservação e a conservação adequada de arquivos, documentos e outros bens móveis de valor histórico ou artístico;

m) a construção de edifícios públicos, monumentos comemorativos e cemitérios;

n) a criação de estádios, aeródromos ou campos de pouso para aeronaves;

o) a reedição ou divulgação de obra ou invento de natureza científica, artística ou literária;

p) os demais casos previstos por leis especiais.

§ 1º A construção ou ampliação de distritos industriais, de que trata a alínea *i* do *caput* deste artigo, inclui o loteamento das áreas necessárias à instalação de indústrias e atividades correlatas, bem como a revenda ou locação dos respectivos lotes a empresas previamente qualificadas. (Parágrafo incluído pela Lei nº 6.602, de 17/12/1978.)

§ 2º A efetivação da desapropriação para fins de criação ou ampliação de distritos industriais depende de aprovação, prévia e expressa, pelo Poder Público competente, do respectivo projeto de implantação. (Parágrafo incluído pela Lei nº 6.602, de 17/12/1978.)

§ 3º Ao imóvel desapropriado para implantação de parcelamento popular, destinado às classes de menor renda, não se dará outra utilização nem haverá retrocessão. (Redação dada pela Lei nº 9.785, de 29/1/1999.)

Art. 6º A declaração de utilidade pública far-se-á por decreto do Presidente da República, Governador, Interventor ou Prefeito.

Art. 7º Declarada a utilidade pública, ficam as autoridades administrativas autorizadas a penetrar nos prédios compreendidos na declaração, podendo recorrer, em caso de oposição, ao auxílio de força policial.

Àquele que for molestado por excesso ou abuso de poder, cabe indenização por perdas e danos, sem prejuízo da ação penal.

Art. 8º O Poder Legislativo poderá tomar a iniciativa da desapropriação, cumprindo, neste caso, ao Executivo, praticar os atos necessários à sua efetivação.

Art. 9º Ao Poder Judiciário é vedado, no processo de desapropriação, decidir se se verificam ou não os casos de utilidade pública.

Art. 10. A desapropriação deverá efetivar-se mediante acordo ou intentar-se judicialmente, dentro de cinco anos, contados da data da expedição do respectivo decreto e findos os quais este caducará. (*Vide* Decreto-Lei nº 9.282, de 23/5/1946.) (*Vide* Medida Provisória 2.183-56, de 24/8/2001.)

Neste caso, somente decorrido um ano, poderá ser o mesmo bem objeto de nova declaração.

DO PROCESSO JUDICIAL

Art. 11. A ação, quando a União for autora, será proposta no Distrito Federal ou no foro da Capital do Estado onde for domiciliado o réu, perante o juízo privativo, se houver; sendo outro o autor, no foro da situação dos bens.

Art. 12. Somente os juizes que tiverem garantia de vitaliciedade, inamovibilidade e irredutibilidade de vencimentos poderão conhecer dos processos de desapropriação.

Art. 13. A petição inicial, alem dos requisitos previstos no Código de Processo Civil, conterá a oferta do preço e será instruída com um exemplar do contrato, ou do jornal oficial que houver publicado o decreto de desapropriação, ou cópia autenticada dos mesmos, e a planta ou descrição dos bens e suas confrontações.

Parágrafo único. Sendo o valor da causa igual ou inferior a dois contos de réis (2:000$0), dispensam-se os autos suplementares.

Art. 14. Ao despachar a inicial, o juiz designará um perito de sua livre escolha, sempre que possível, técnico, para proceder à avaliação dos bens.

Parágrafo único. O autor e o réu poderão indicar assistente técnico do perito.

Art. 15. Se o expropriante alegar urgência e depositar quantia arbitrada de conformidade com o art. 685 do Código de Processo Civil, o juiz mandará imiti-lo provisoriamente na posse dos bens;

§ 1º A imissão provisória poderá ser feita, independente da citação do réu, mediante o depósito: (Parágrafo incluído pela Lei nº 2.786, de 21/5/1956.)

a) do preço oferecido, se este for superior a 20 (vinte) vezes o valor locativo, caso o imóvel esteja sujeito ao imposto predial; (Alínea incluída pela Lei nº 2.786, de 21/5/1956.)

b) da quantia correspondente a 20 (vinte) vezes o valor locativo, estando o imóvel sujeito ao imposto predial e sendo menor o preço oferecido; (Alínea incluída pela Lei nº 2.786, de 21/5/1956.)

c) do valor cadastral do imóvel, para fins de lançamento do imposto territorial, urbano ou rural, caso o referido valor tenha sido atualizado no ano fiscal imediatamente anterior; (Alínea incluída pela Lei nº 2.786, de 21/5/1956.)

d) não tendo havido a atualização a que se refere o inciso *c*, o juiz fixará independente de avaliação, a importância do depósito, tendo em vista a época em que houver sido fixado originalmente o valor cadastral e a valorização ou desvalorização posterior do imóvel. (Alínea incluída pela Lei nº 2.786, de 21/5/1956.)

§ 2º A alegação de urgência, que não poderá ser renovada, obrigará o expropriante a requerer a imissão provisória dentro do prazo improrrogável de 120 (cento e vinte) dias. (Parágrafo incluído pela Lei nº 2.786, de 21/5/1956.)

§ 3º Excedido o prazo fixado no parágrafo anterior não será concedida a imissão provisória. (Parágrafo incluído pela Lei nº 2.786, de 21/5/1956.).

Art. 15-A (*Vide* Medida Provisória 2.183-56, de 24/8/2001.)

Art. 15-B (*Vide* Medida Provisória 2.183-56, de 24/8/2001.)

Art. 16. A citação far-se-á por mandado na pessoa do proprietário dos bens; a do marido dispensa a dá mulher; a de um sócio, ou administrador, a dos demais, quando o bem pertencer a sociedade; a do administrador da coisa no caso de condomínio, exceto o de edifício de apartamento constituindo cada um propriedade autônoma, a dos demais condôminos e a do inventariante, e, se não houver, a do cônjuge, herdeiro, ou legatário, detentor da herança, a dos demais interessados, quando o bem pertencer a espólio.

Parágrafo único. Quando não encontrar o citando, mas ciente de que se encontra no território da jurisdição do juiz, o oficial portador do mandado marcará desde logo hora certa para a citação, ao fim de 48 horas, independentemente de nova diligência ou despacho.

Art. 17. Quando a ação não for proposta no foro do domicilio ou da residência do réu, a citação far-se-á por precatória, se ó mesmo estiver em lugar certo, fora do território da jurisdição do juiz.

Art. 18. A citação far-se-á por edital se o citando não for conhecido, ou estiver em lugar ignorado, incerto ou inacessível, ou, ainda, no estrangeiro, o que dois oficiais do juízo certificarão.

Art. 19. Feita a citação, a causa seguirá com o rito ordinário.

Art. 20. A contestação só poderá versar sobre vício do processo judicial ou impugnação do preço; qualquer outra questão deverá ser decidida por ação direta.

Art. 21. A instância não se interrompe. No caso de falecimento do réu, ou perda de sua capacidade civil, o juiz, logo que disso tenha conhecimento, nomeará curador à lide, ate que se lhe habilite o interessado.

Parágrafo único. Os atos praticados da data do falecimento ou perda da capacidade à investidura do curador à lide poderão ser ratificados ou impugnados por ele, ou pelo representante do espólio, ou do incapaz.

Art. 22. Havendo concordância sobre o preço, o juiz o homologará por sentença no despacho saneador.

Art. 23. Findo o prazo para a contestação e não havendo concordância expressa quanto ao preço, o perito apresentará o laudo em cartório até cinco dias, pelo menos, antes da audiência de instrução e julgamento.

§ 1º O perito poderá requisitar das autoridades públicas os esclarecimentos ou documentos que se tornarem necessários à elaboração do laudo, e deverá indicar nele, entre outras circunstâncias atendíveis para a fixação da indenização, as enumeradas no art. 27.

Ser-lhe-ão abonadas, como custas, as despesas com certidões e, a arbítrio do juiz, as de outros documentos que juntar ao laudo.

§ 2º Antes de proferido o despacho saneador, poderá o perito solicitar prazo especial para apresentação do laudo.

Art. 24. Na audiência de instrução e julgamento proceder-se-á na conformidade do Código de Processo Civil. Encerrado o debate, o juiz proferirá sentença fixando o preço da indenização.

Parágrafo único. Se não se julgar habilitado a decidir, o juiz designará desde logo outra audiência que se realizará dentro de 10 dias a fim de publicar a sentença.

Art. 25. O principal e os acessórios serão computados em parcelas autônomas.

Parágrafo único. O juiz poderá arbitrar quantia módica para desmonte e transporte de maquinismos instalados e em funcionamento.

Art. 26. No valor da indenização, que será contemporâneo da avaliação, não se incluirão os direitos de terceiros contra o expropriado. (Redação dada pela Lei nº 2.786, de 21/5/1956.)

Parágrafo único. Serão atendidas as benfeitorias necessárias feitas após a desapropriação; as úteis, quando feitas com autorização do expropriante. e (Renumerado pela Lei nº 4.686, de 21/6/1965.)

§ 2º Decorrido prazo superior a um ano a partir da avaliação, o Juiz ou Tribunal, antes da decisão final, determinará a correção monetária do valor apurado, conforme índice que será fixado, trimestralmente, pela Secretaria de Planejamento da Presidência da República.

Art. 27. O juiz indicará na sentença os fatos que motivaram o seu convencimento e deverá atender, especialmente, à estimação dos bens para efeitos fiscais; ao preço de aquisição e interesse que deles aufere o proprietário; à sua situação, estado de conservação e segurança; ao valor venal dos da mesma espécie, nos últimos cinco anos, e à valorização ou depreciação de área remanescente, pertencente ao réu. (*Vide* Medida Provisória 2.183-56, de 24/8/2001.)

§ 1º A sentença que fixar o valor da indenização quando este for superior ao preço oferecido, condenará o desapropriante a pagar honorários de advogado, sobre o valor da diferença. (Parágrafo incluído pela Lei nº 2.786, de 21/5/1956.).

§ 2º A transmissão da propriedade, decorrente de desapropriação amigável ou judicial, não ficará sujeita ao imposto de lucro imobiliário. (Parágrafo incluído pela Lei nº 2.786, de 21/5/1956.)

Art. 28. Da sentença que fixar o preço da indenização caberá apelação com efeito simplesmente devolutivo, quando interposta pelo expropriado, e com ambos os efeitos, quando o for pelo expropriante.

§ 1º A sentença que condenar a Fazenda Pública em quantia superior ao dobro da oferecida fica sujeita ao duplo grau de jurisdição. (Redação dada pela Lei nº 6.071, de 3/6/1974.)

§ 2º Nas causas de valor igual ou inferior a dois contos de réis (2:000$0), observar-se-á o disposto no art. 839 do Código de Processo Civil.

Art. 29. Efetuado o pagamento ou a consignação, expedir-se-á, em favor do expropriante, mandado de imissão de posse, valendo a sentença como título hábil para a transcrição no registro de imóveis.

Art. 30. As custas serão pagas pelo autor se o réu aceitar o preço oferecido; em caso contrário, pelo vencido, ou em proporção, na forma da lei.

DISPOSIÇÕES FINAIS

Art. 31. Ficam sub-rogados no preço quaisquer ônus ou direitos que recaiam sobre o bem expropriado.

Art. 32. O pagamento do preço será prévio e em dinheiro. (Redação dada pela Lei nº 2.786, de 21/5/1956.)

Art. 33. O depósito do preço fixado por sentença, à disposição do juiz da causa, é considerado pagamento prévio da indenização.

§ 1º O depósito far-se-á no Banco do Brasil ou, onde este não tiver agência, em estabelecimento bancário acreditado, a critério do juiz. (Renumerado para § 1º pela Lei nº 2.786, de 21/5/1956.)

§ 2º O desapropriado, ainda que discorde do preço oferecido, do arbitrado ou do fixado pela sentença, poderá levantar até 80% (oitenta por cento) do depósito feito para o fim previsto neste e no art. 15, observado o processo estabelecido no art. 34. (Parágrafo incluído pela Lei nº 2.786, de 21/5/1956.)

Art. 34. O levantamento do preço será deferido mediante prova de propriedade, de quitação de dívidas fiscais que recaiam sobre o bem expropriado, e publicação de editais, com o prazo de 10 dias, para conhecimento de terceiros.

Parágrafo único. Se o juiz verificar que há dúvida fundada sobre o domínio, o preço ficará em depósito, ressalvada aos interessados a ação própria para disputá-lo.

Art. 35. Os bens expropriados, uma vez incorporados à Fazenda Pública, não podem ser objeto de reivindicação, ainda que fundada em nulidade do processo de desapropriação. Qualquer ação, julgada procedente, resolver-se-á em perdas e danos.

Art. 36. É permitida a ocupação temporária, que será indenizada, afinal, por ação própria, de terrenos não edificados, vizinhos às obras e necessários à sua realização.

O expropriante prestará caução, quando exigida.

Art. 37. Aquele cujo bem for prejudicado extraordinariamente em sua destinação econômica pela desapropriação de áreas contíguas terá direito a reclamar perdas e danos do expropriante.

Art. 38. O réu responderá perante terceiros, e por ação própria, pela omissão ou sonegação de quaisquer informações que possam interessar à marcha do processo ou ao recebimento da indenização.

Art. 39. A ação de desapropriação pode ser proposta durante as férias forenses, e não se interrompe pela superveniência destas.

Art. 40. O expropriante poderá constituir servidões, mediante indenização na forma desta lei.

Art. 41. As disposições desta lei aplicam-se aos processos de desapropriação em curso, não se permitindo depois de sua vigência outros termos e atos além dos por ela admitidos, nem o seu processamento por forma diversa da que por ela é regulada.

Art. 42. No que esta lei for omissa aplica-se o Código de Processo Civil.

Art. 43. Esta lei entrará em vigor 10 dias depois de publicada, no Distrito Federal, e 30 dias no Estados e Território do Acre, revogadas as disposições em contrário.

Rio de Janeiro, em 21 de junho de 1941,

120º da Independência e 53º da República.

GETULIO VARGAS
Francisco Campos.

LEI Nº 4.132, DE 10 DE SETEMBRO DE 1962

Define os casos de desapropriação por interesse social e dispõe sobre sua aplicação.

O Presidente da República, Faço saber que o Congresso Nacional decreta e eu sanciono a seguinte lei:

Art. 1º A desapropriação por interesse social será decretada para promover a justa distribuição da propriedade ou condicionar o seu uso ao bem estar social, na forma do art. 147 da Constituição Federal.

Art. 2º Considera-se de interesse social:

I – o aproveitamento de todo bem improdutivo ou explorado sem correspondência com as necessidades de habitação, trabalho e consumo dos centros de população a que deve ou possa suprir por seu destino econômico;

II – a instalação ou a intensificação das culturas nas áreas em cuja exploração não se obedeça a plano de zoneamento agrícola, Vetado;

III – o estabelecimento e a manutenção de colônias ou cooperativas de povoamento e trabalho agrícola:

IV – a manutenção de posseiros em terrenos urbanos onde, com a tolerância expressa ou tácita do proprietário, tenham construído sua habilitação, formando núcleos residenciais de mais de 10 (dez) famílias;

V – a construção de casa populares;

VI – as terras e águas suscetíveis de valorização extraordinária, pela conclusão de obras e serviços públicos, notadamente de saneamento, portos, transporte, eletrificação armazenamento de água e irrigação, no caso em que não sejam ditas áreas socialmente aproveitadas;

VII – a proteção do solo e a preservação de cursos e mananciais de água e de reservas florestais.

VIII – a utilização de áreas, locais ou bens que, por suas características, sejam apropriados ao desenvolvimento de atividades turísticas. (Incluído pela Lei nº 6.513, de 20/12.77).

§ 1º O disposto no item I deste artigo só se aplicará nos casos de bens retirados de produção ou tratando-se de imóveis rurais cuja produção, por ineficientemente explorados, seja inferior à média da região, atendidas as condições naturais do seu solo e sua situação em relação aos mercados.

§ 2º As necessidades de habitação, trabalho e consumo serão apuradas anualmente segundo a conjuntura e condições econômicas locais, cabendo o seu estudo e verificação às autoridades encarregadas de velar pelo bem-estar e pelo abastecimento das respectivas populações.

Art. 3º O expropriante tem o prazo de 2 (dois) anos, a partir da decretação da desapropriação por interesse social, para efetivar a aludida desapropriação e iniciar as providências de aproveitamento do bem expropriado.

Parágrafo único. Vetado.

Art. 4º Os bens desapropriados serão objeto de venda ou locação, a quem estiver em condições de dar-lhes a destinação social prevista.

Art. 5º No que esta lei for omissa aplicam-se as normas legais que regulam a desapropriação por unidade pública, inclusive no tocante ao processo e à justa indenização devida ao proprietário.

Art. 6º Revogam-se as disposições em contrário.

Brasília, 10 de setembro de 1962; 141º da Independência e 74º da República.

JOÃO GOULART

DECRETO-LEI Nº 512, DE 21 DE MARÇO DE 1969

Regula a Política Nacional de Viação Rodoviária, fixa diretrizes para a reorganização do Departamento Nacional de Estradas de Rodagem e dá outras providências.

O Presidente da República , no uso das atribuições que lhe confere o § 1º do artigo 2º do Ato Institucional número 5, de 13 de dezembro de 1968,

Decreta:

CAPÍTULO I
Da Política Nacional de Viação Rodoviária

Art 1º A política nacional de viação rodoviária se integra na política nacional dos transportes, cuja formulação compete ao Ministro dos Transportes, e compreende:

a) o planejamento do sistema rodoviário, federal, estadual e municipal, no território brasileiro, e suas alterações;

b) os estudos técnicos e econômicos, o estabelecimento dos meios financeiros para execução das obras integrantes do sistema e a elaboração dos projetos finais de engenharia;

c) a construção e conservação de rodovias, pontes e outras obras que as integrem;

d) a administração permanente das rodovias mediante guarda, sinalização, policiamento, imposição de pedágio, de taxas de utilização, de contribuição de melhoria, estabelecimento de servidões, limitações ao uso, ao acesso e ao direito das propriedades vizinhas, e demais atos inerentes ao poder de polícia administrativa, de trânsito e de tráfego;

e) concessão, permissão e fiscalização do serviço de transporte coletivo de passageiros e de carga, nas estradas federais ou de ligação, interestaduais e internacionais;

f) a disciplina de aplicação dos recursos provenientes do Imposto Único sobre combustíveis e lubrificantes, previsto no art. 22, inciso VIII, da Constituição, bem como o de outros destinados, por lei, ao sistema rodoviário federal, estadual e municipal.

CAPÍTULO II
Do Órgão de Execução

Art 2º Ao Departamento Nacional de Estradas de Rodagem (D.N.E.R.), atendidas as atribuições conferidas em lei ao Conselho Nacional de Transportes e ao Ministério dos Transportes, compete a execução da política nacional de viação rodoviária, no plano federal.

Parágrafo único. Para consecução dos objetivos indicados neste artigo poderá o Departamento Nacional de Estradas de Rodagem celebrar acordos e convênios de delegação de encargos, com os Estados, Territórios, Distrito Federal e Municípios, ou outras entidades federais, civis ou militares, bem como firmar contratos com entidades privadas.

Art 3º O Departamento Nacional de Estradas de Rodagem, vinculado ao Ministério dos Transportes, mantida a sua condição de autarquia administrativa e pessoa jurídica de direito público interno, com patrimônio e gestão financeira próprios, se reorganizará de acordo com as diretrizes instituídas neste Decreto-lei.

CAPÍTULO III

Da Receita do D. N. E. R.

Art 4º Constituem receita do Departamento Nacional de Estradas de Rodagem:

I – A parte que lhe couber do Fundo Rodoviário Nacional, que continuará a ser cobrado e distribuído na forma da legislação em vigor;

II – O produto da Taxa de Conservação de Rodovias, instituída pelo Decreto-Lei nº 397, de 30 de dezembro de 1968; da Taxa para melhoria da segurança das estradas federais, instituída pela Lei nº 5.391, de 23 de fevereiro de 1968, sobre o prêmio do seguro obrigatório de responsabilidade civil relativo a transportes terrestres, e do Imposto sobre Transporte Rodoviário de Passageiros, instituído pelo Decreto-Lei nº 284, de 28 de fevereiro de 1967, destinado à formação do Fundo Especial de Conservação e Segurança do Tráfego;

III – A transferência de recursos orçamentários e créditos abertos por leis especiais;

IV – O produto de operações de crédito que efetue no país ou no exterior;

V – juros e comissões dos seus depósitos bancários ou resultado de operação financeira que efetuar para implementação de obras rodoviárias;

VI – o produto da exploração e arrendamento de bens patrimoniais do seu acervo, não necessários aos seus serviços ou destinados a serventia pública, como meios auxiliares de comodidade, utilização ou integração rodoviária assim como o resultado da alienação de bens materiais e equipamentos inservíveis ou desnecessários ao uso da Autarquia;

VII – o produto de multas que, por lei, regulamento, ou contrato, incumba ao Departamento Nacional de Estradas de Rodagem impor e recolher;

VIII – o produto de serviço ou fornecimento prestado excepcionalmente a terceiro;

IX – a renda de contribuição de melhoria e de pedágio auferido do sistema rodoviário sob jurisdição do Departamento Nacional de Estradas de Rodagem;

X – legados, donativos, subvenções e outras rendas que venham a caber ao Departamento Nacional de Estradas de Rodagem.

Art 5º Os recursos de dotação orçamentária previstos no inciso III do artigo anterior serão entregues pelo Tesouro Nacional, como suprimentos e por duodécimos, ao Departamento Nacional de Estradas de Rodagem, independentemente de comprovação. As demais rendas serão arrecadadas e escrituradas diretamente pelo Departamento Nacional de Estradas de Rodagem.

CAPÍTULO IV
Do Pessoal do D.N.E.R.

Art 6º As atribuições do Departamento Nacional de Estradas de Rodagem serão desempenhadas por pessoal técnico de nível superior e pessoal auxiliar, em quantidade e qualidade adequadas às suas reais necessidades, atendidos os princípios de economia e máxima utilização do potencial disponível em entidades privadas para aquelas atividades que não possam ser exercidas com pessoal próprio.

Art 7º O regime jurídico do pessoal técnico de nível superior ocupante de emprego para cujo exercício seja exigida a habilitação profissional de Engenheiro será o da legislação trabalhista.

§ 1º O Presidente da República aprovará a Tabela de Funções e Empregos do pessoal técnico de que trata este artigo em consonância com os valores obtidos em pesquisas sobre o mercado de trabalho.

§ 2º O pessoal técnico de nível superior, ocupante da série de classes de Engenheiro, integrante dos Quadros do próprio Departamento Nacional de Estradas de Rodagem, regido pelo Estatuto dos Funcionários Públicos Civis da União (Lei nº 1.711, de 28 de outubro de 1952), quando investido em cargo em comissão ou função gratificada, bem como os Engenheiros ocupantes de cargo cujo provimento seja de livre escolha, perceberão vencimentos e vantagens do cargo em comissão ou gratificação da função que exercerem, acrescidos do complemento que bastar para igualar os vencimentos que percebem ao salário previsto na Tabela de Funções e Empregos, para emprego de atribuições semelhantes e jornada de trabalho idêntica. Os demais servidores integrantes da série de classes de Engenheiro, quando, não investidos em cargo em comissão ou função gratificada, poderão também receber tal complemento na forma em que dispuser a regulamentação deste Decreto-lei.

§ 3º O regime de tempo integral e dedicação exclusiva e a gratificação e produtividade, instituída pela Lei nº 4.345, de 26 de junho de 1964, são incompatíveis com a complementação prevista no parágrafo 2º deste artigo.

§ 4º O disposto neste artigo, ressalvadas as hipóteses dos parágrafos 2º e 3º, não se aplica aos demais ocupantes das classes e carreiras de nível técnico superior dos quadros de pessoal do D.N.E.R., que continuarão submetidos ao regime jurídico do pessoal civil da União.

Art 8º O Departamento Nacional de Estradas de Rodagem elaborará um Regulamento de Pessoal Técnico de que trata o artigo 7º, o qual será aprovado por Decreto.

Parágrafo único. A admissão do pessoal técnico de que trata o artigo dependerá de prévia habilitação em concurso de provas, ou provas e títulos, a ser realizado pelo próprio órgão, observada a orientação geral do Departamento Administrativo do Pessoal Civil, exceção feita para as funções que a legislação admita como de livre escolha.

Art 9º Aos atuais integrantes dos quadros de pessoal do Departamento Nacional de Estradas de Rodagem, regidos pelo Estatuto dos Funcionários Públicos Civis da União, é assegurada a contagem, para todos os efeitos do tempo de serviço prestado sob regime trabalhista ou como diarista de obras, desde que o serviço tenha sido prestado ao Departamentamento Nacional de Estradas de Rodagem.

Art 10. Em caso algum, a remuneração do Diretor-Geral e dos demais servidores do Departamento Nacional de Estradas de Rodagem poderá exceder o teto máximo previsto na legislação vigente.

CAPÍTULO V
Disposições Gerais

Art 11. Para a consecução dos seus objetivos o Departamento Nacional de Estradas de Rodagem, poderá efetuar operações de crédito com entidades nacionais ou estrangeiras, contraindo débitos em moeda nacional ou estrangeira, atendidas as normas constitucionais da legislação vigente e regulamentares.

Art 12. Quando os acordos com organismos financiadores estrangeiros especificarem a realização de concorrência internacional, procederá o Departamento Nacional de Estradas de Rodagem, na forma do disposto no artigo 142 do Decreto-Lei nº 200, de 25 de fevereiro de 1967, e das normas próprias baixadas pelo Poder Executivo, respeitados os dispositivos legais que regem a matéria.

Art 13. Estão isentos de direitos de importação e demais taxas aduaneiras, observadas a legislação e regulamentação vigentes, as máquinas, veículos e aparelhos que o Departamento Nacional de Estradas de Rodagem adquira para projeto, construção, conservação e policiamento de trânsito das estradas de rodagem.

Art 14. O Departamento Nacional de Estradas de Rodagem, por ato de seu Diretor-Geral, declarará a utilidade pública de bem ou propriedade, para efeito de desapropriação e afetação a fins rodoviários, e a qualquer tempo, poderá requisitar o ingresso de agente do Departamento Nacional de Estradas de Rodagem, em propriedade pública ou privada, para efetivação de estudos que visem a implantação de estradas ou obras auxiliares, observado o dever de preservação do bem e de indenizar as perdas e danos decorrentes da requisição.

Art 15. A declaração de utilidade pública e a desapropriação consequente se sujeitarão às disposições do Decreto-Lei nº 3.365, de 21 de junho de 1941 e legislação subsequente sobre desapropriação, observadas as disposições especiais deste Decreto-lei.

Parágrafo único. Quando, na execução judicial, houver incidência de correção monetária, será deduzido do valor final da condenação o valor da contribuição de melhoria devido pelo expropriado.

Art 16. O proprietário de bem declarado de utilidade pública pelo Departamento Nacional de Estadas de Rodagem, que efetive doação ao mesmo, sem ônus ou gravame, fica dispensado do pagamento de contribuição de melhoria até o valor do bem incorporado ao patrimônio do órgão.

Art 17. Declarada a utilidade pública, o Departamento Nacional de Estradas de Rodagem de ofício, formará processo de desapropriação amigável, um para cada bem, devendo efetivar a desapropriação de forma expedita e sumária, exigida do expropriando, exclusivamente, a prova de propriedade, a ser feita com escritura aquisitiva e certidão recente do Registro de Imóveis competente, dispensadas quaisquer outras formalidades.

Art 18. Havendo concordância do expropriado com o valor do Laudo, a quantia de avaliação será depositada por sessenta dias, em conta bloqueada em estabelecimento bancário existente na Comarca da situação do bem ou na mais próxima, à disposição da autoridade judicial a que for requerido o depósito.

§ 1º No decorrer dos sessenta dias o Juiz fará publicar editais, na Comarca da situação do bem e no local de domicílio do expropriado, se conhecido, com prazo de trinta dias para que terceiro interessado impugne a titularidade do bem ou habilite direitos creditórios. Não ocorrendo impugnação e decorrido o prazo dos Editais, ou provada a inexistência de justo título, ou, ainda, habilitados direitos ou créditos contra o expropriado, o Juiz, por sentença, adjudicará a propriedade ao Departamento Nacional de Estradas de Rodagem para efeito de transcrição imobiliária permanecendo bloqueado o valor depositado até que decida a quem cabe levantá-lo.

§ 2º Efetivado o depósito nos termos deste artigo, o Departamento Nacional de Estradas de Rodagem fiará automaticamente imitido na posse do bem em desapropriação.

Art 19. Não havendo concordância do expropriado, ou sendo desconhecido ou ausente o proprietário, o Departamento Nacional de Estradas de Rodagem, dentro de seis meses no máximo, contados da avaliação, iniciará processo judicial de desapropriação, mediante depósito do valor do Laudo da Avaliação para efeito de imitir-se na posse do bem.

Art 20. Aos Estados, Municípios, Distrito Federal e Territórios, é defeso aplicar recursos oriundos do Imposto Único sobre lubrificantes e combustíveis líquidos e gasosos em investimentos não rodoviários, cabendo ao Departamento Nacional de Estradas de Rodagem a distribuição, segundo os critérios previstos na legislação federal em vigor, e a fiscalização da correta aplicação de tais recursos.

Art. 21. Os recursos previstos no artigo anterior, a serem distribuídos trimestralmente pelo DNER, serão integralmente aplicados pelos Estados, Municípios, Distrito Federal e Territórios, na execução dos planos rodoviários estaduais, municipais ou territoriais, os quais deverão se articular e compatibilizar com as diretrizes deste Decreto-lei e do Plano Nacional de Viação, de modo a obter-se um sistema rodoviário integrado de âmbito nacional. (Redação dada pela Lei nº 5.917, de 10/9/1973.)

§ 1º Para cumprimento do disposto neste artigo, os Estados, Territórios e Distrito Federal deverão submeter suas programações rodoviárias (orçamentos anuais e plurianuais) e relatórios detalhados de atividades ao Departamento Nacional de Estradas de Rodagem, de acordo com as normas e padrões que este órgão estipular. (Redação dada pela Lei nº 5.917, de 10/9/1973.)

§ 2º Os Municípios submeterão suas programações rodoviárias (orçamentos anuais e plurianuais) e relatórios detalhados à aprovação das autoridades estaduais respectivas, na forma que estas determinarem, atendidas, dentro do possível, a homogeneidade com as normas e padrões mencionados no parágrafo anterior'. (Redação dada pela Lei nº 5.917, de 10/9/1973.)

§ 3º O Distrito Federal e os Territórios Federais ficam equiparados a Estados para efeito do cálculo e distribuição das quotas do Fundo Rodoviário Nacional.

Art 22. Compete ao Diretor-Geral do Departamento Nacional de Estradas de Rodagem a aprovação final dos projetos de estradas, obras de arte e instalações rodoviárias federais.

Art 23. Se o Departamento Nacional de Estradas de Rodagem vier a ser extinto, passarão para a União, todos os direitos e obrigações decorrentes dos atos por ele praticados.

Art 24. As causas judiciais em que for parte o Departamento Nacional de Estradas de Rodagem serão processadas perante a Justiça Federal.

Art 25. Fica o Poder Executivo autorizado a promover a criação de órgão federal que terá a seu cargo a concessão, permissão e fiscalização dos serviços rodoviários interestaduais e internacionais de transporte coletivo de passageiros e de cargas.

Parágrafo único. Enquanto não for criado tal órgão, os serviços de concessão, permissão e fiscalização do transporte de passageiros e de cargas continuarão a cargo do Departamento Nacional de Estradas de Rodagem, na forma da legislação vigente.

Art 26. A estrutura administrativa do Departamento Nacional de Estradas de Rodagem será fixada por Decreto.

Art 27. O artigo 20 da Lei número 302, de 13 de julho de 1948, passa a vigorar com a seguinte redação:

"O Departamento Nacional de Estradas de Rodagem poderá empregar, anualmente, até 1% (um por cento) dos seus recursos, no custeio de realização ou participação em congresso, viagens de estudo, no País ou no estrangeiro, ou na contratação de especialistas em assuntos de seu interesse para realização de serviços ou cursos no Brasil."

Art 28. O artigo 53 do Decreto-Lei nº 8.463, de 27 de dezembro de 1945, passa a viger com a seguinte redação:

"As transações do Departamento Nacional de Estradas de Rodagem continuarão a se processar mediante os mesmos instrumentos e formalidades e perante os mesmos ofícios e registros públicos a que se submeter a Fazenda Nacional. Nos Correios e Telégrafos, nas repartições alfandegárias e nas empresas de transporte e de serviços de utilidade pública, continuará a gozar o Departamento Nacional de Estradas de Rodagem das mesmas vantagens que competirem a outros serviços públicos federais."

Art 29. Este Decreto-lei entrará em vigor na data de sua publicação, revogados o Decreto-Lei nº 8.463, de 27 de dezembro de 1945, a Lei nº 302, de 13 de julho de 1948 com as exceções constantes dos artigos 27 e 28 deste ato, Decreto-Lei nº 122, de 31 de janeiro de 1967 e demais disposições em contrário.

Brasília, 21 de março de 1969; 148º da Independência e 81º da República.

A. COSTA E SILVA
Mário David Andreazza
Hélio Beltrão

DECRETO-LEI Nº 1.075, DE 22 DE JANEIRO DE 1970

Regula a imissão de posse, *initio litis*, em imóveis residenciais urbanos

O Presidente da República , usando da atribuição que lhe confere o artigo 55, I, da Constituição, e

Considerando que, na cidade de São Paulo, o grande número de desapropriações em zona residencial ameaça desalojar milhares de famílias;

Considerando que os proprietários de prédios residenciais encontram dificuldade, no sistema jurídico vigente, de obter, *initio litis*, uma indenização suficiente para a aquisição de nova casa própria;

Considerando que a oferta do poder expropriante, baseada em valor cadastral do imóvel, é inferior ao valor real apurado em avaliação no processo de desapropriação;

Considerando, finalmente, que o desabrido dos expropriados causa grave risco à segurança nacional, por ser fermento de agitação social,

Decreta:

Art 1º Na desapropriação por utilidade pública de prédio urbano residencial, o expropriante, baseado urgência, poderá imitir-se provisoriamente na posse do bem, mediante o depósito do preço oferecido, se este não for impugnado pelo expropriado em cinco dias da intimação da oferta.

Art 2º Impugnada a oferta pelo expropriado, o juiz, servindo-se, caso necessário, de perito avaliador, fixará em quarenta e oito horas o valor provisório do imóvel.

Parágrafo único. O perito, quando designado, deverá apresentar o laudo no prazo máximo de cinco dias.

Art 3º Quando o valor arbitrado for superior à oferta, o juiz só autorizará a imissão provisória na posse do imóvel, se o expropriante complementar o depósito para que este atinja a metade do valor arbitrado.

Art 4º No caso do artigo anterior, fica, porém, fixado em 2.300 (dois mil e trezentos) salários-mínimos vigentes na região, e máximo do depósito a que será obrigado o expropriante.

Art 5º O expropriado observadas as cautelas previstas no artigo 34 do Decreto-Lei nº 3.365, de 21 de junho de 1941, poderá levantar toda a importância depositada e complementada nos termos do artigo 3º.

Parágrafo único. Quando o valor arbitrado for inferior ou igual ao dobro do preço oferecido, é lícito ao expropriado optar entre o levantamento de 80% (oitenta por cento) do preço oferecido ou da metade do valor arbitrado.

Art 6º O disposto neste Decreto-lei só se aplica à desapropriação de prédio residencial urbano, habitado pelo proprietário ou compromissário comprador, cuja promessa de compra esteja devidamente inscrita no Registro de Imóveis.

Art 7º Este Decreto-lei entra em vigor na data de sua publicação, aplicando-se às ações já ajuizadas.

Art 8º Revogam-se as disposições em contrário.

Brasília, 22 de janeiro de 1970; 149º da Independência e 82º da República.

EMÍLIO G. MÉDICI
Alfredo Buzaid

LEI COMPLEMENTAR Nº 76, DE 6 DE JULHO DE 1993

Dispõe sobre o procedimento contraditório especial, de rito sumário, para o processo de desapropriação de imóvel rural, por interesse social, para fins de reforma agrária.

O Presidente da República, Faço saber que o Congresso Nacional decreta e eu sanciono a seguinte lei complementar:

Art. 1º O procedimento judicial da desapropriação de imóvel rural, por interesse social, para fins de reforma agrária, obedecerá ao contraditório especial, de rito sumário, previsto nesta lei Complementar.

Art. 2º A desapropriação de que trata esta lei Complementar é de competência privativa da União e será precedida de decreto declarando o imóvel de interesse social, para fins de reforma agrária.

§ 1º A ação de desapropriação, proposta pelo órgão federal executor da reforma agrária, será processada e julgada pelo juiz federal competente, inclusive durante as férias forenses.

§ 2º Declarado o interesse social, para fins de reforma agrária, fica o expropriante legitimado a promover a vistoria e a avaliação do imóvel, inclusive com o auxílio de força policial, mediante prévia autorização do juiz, responsabilizando-se por eventuais perdas e danos que seus agentes vierem a causar, sem prejuízo das sanções penais cabíveis.

Art. 3º A ação de desapropriação deverá ser proposta dentro do prazo de dois anos, contado da publicação do decreto declaratório.

Art. 4º Intentada a desapropriação parcial, o proprietário poderá requerer, na contestação, a desapropriação de todo o imóvel, quando a área remanescente ficar:

I - reduzida a superfície inferior à da pequena propriedade rural; ou

II - prejudicada substancialmente em suas condições de exploração econômica, caso seja o seu valor inferior ao da parte desapropriada.

Art. 5º A petição inicial, além dos requisitos previstos no Código de Processo Civil, conterá a oferta do preço e será instruída com os seguintes documentos:

I – texto do decreto declaratório de interesse social para fins de reforma agrária, publicado no Diário Oficial da União;

II – certidões atualizadas de domínio e de ônus real do imóvel;

III – documento cadastral do imóvel;

IV – laudo de vistoria e avaliação administrativa, que conterá, necessariamente:

a) descrição do imóvel, por meio de suas plantas geral e de situação, e memorial descritivo da área objeto da ação;

b) relação das benfeitorias úteis, necessárias e voluptuárias, das culturas e pastos naturais e artificiais, da cobertura florestal, seja natural ou decorrente de florestamento ou reflorestamento, e dos semoventes;

c) discriminadamente, os valores de avaliação da terra nua e das benfeitorias indenizáveis.

V – comprovante de lançamento dos Títulos da Dívida Agrária correspondente ao valor ofertado para pagamento de terra nua; (Incluído pela LCP 88, de 23/12/96.)

VI – comprovante de depósito em banco oficial, ou outro estabelecimento no caso de inexistência de agência na localidade, à disposição do juízo, correspondente ao valor ofertado para pagamento das benfeitorias úteis e necessárias. (Incluído pela LCP 88, de 23/12/96.)

Art. 6º O juiz, ao despachar a petição inicial, de plano ou no prazo máximo de quarenta e oito horas:

I – mandará imitir o autor na posse do imóvel; (Redação dada pela LCP 88, de 23/12/96.)

II – determinará a citação do expropriando para contestar o pedido e indicar assistente técnico, se quiser; (Redação dada pela LCP 88, de 23/12/96.)

III – expedirá mandado ordenando a averbação do ajuizamento da ação no registro do imóvel expropriando, para conhecimento de terceiros.

§ 1º Efetuado o depósito do valor correspondente ao preço oferecido, o juiz mandará, no prazo de quarenta e oito horas, imitir o autor na posse do imóvel expropriando. (Revogado pela LCP 88, de 23/12/96.)

§ 1º Inexistindo dúvida acerca do domínio, ou de algum direito real sobre o bem, ou sobre os direitos dos titulares do domínio útil, e do domínio direto, em caso de enfiteuse ou aforamento, ou, ainda, inexistindo divisão, hipótese em que o valor da indenização ficará depositado à disposição do juízo enquanto os interessados não resolverem seus conflitos em ações próprias, poderá o expropriando requerer o levantamento de oitenta por cento da indenização depositada, quitado os tributos e publicados os editais, para conhecimento de terceiros, a expensas do expropriante, duas vezes na imprensa local e uma na oficial, decorrido o prazo de trinta dias. (Renumerado pela LCP 88, de 23/12/96.)

§ 2º O Juiz poderá, para a efetivação da imissão na posse, requisitar força policial. (Renumerado pela LCP 88, de 23/12/96.)

§ 3º No curso da ação poderá o Juiz designar, com o objetivo de fixar a prévia e justa indenização, audiência de conciliação, que será realizada nos dez primeiros dias a contar da citação, e na qual deverão estar presentes o autor, o réu e o Ministério Público. As partes ou seus representantes legais serão intimadas via postal. (Incluído pela LCP 88, de 23/12/96.)

§ 4º Aberta a audiência, o Juiz ouvirá as partes e o Ministério Público, proprondo a conciliação. (Incluído pela LCP 88, de 23/12/96.)

§ 5º Se houver acordo, lavrar-se-á o respectivo termo, que será assinado pelas partes e pelo Ministério Público ou seus representantes legais. (Incluído pela LCP 88, de 23/12/96.)

§ 6º Integralizado o valor acordado, nos dez dias úteis subseqüentes ao pactuado, o Juiz expedirá mandado ao registro imobiliário, determinando a matrícula do bem expropriado em nome do expropriante. (Incluído pela LCP 88, de 23/12/96.)

§ 7º A audiência de conciliação não suspende o curso da ação. (Incluído pela LCP 88, de 23/12/96.)

Art. 7º A citação do expropriando será feita na pessoa do proprietário do bem, ou de seu representante legal, obedecido o disposto no art. 12 do Código de Processo Civil.

§ 1º Em se tratando de enfiteuse ou aforamento, serão citados os titulares do domínio útil e do domínio direto, exceto quando for contratante a União.

§ 2º No caso de espólio, inexistindo inventariante, a citação será feita na pessoa do cônjuge sobrevivente ou na de qualquer herdeiro ou legatário que esteja na posse do imóvel.

§ 3º Serão intimados da ação os titulares de direitos reais sobre o imóvel desapropriando.

§ 4º Serão ainda citados os confrontantes que, na fase administrativa do procedimento expropriatório, tenham, fundamentadamente, contestado as divisas do imóvel expropriando.

Art. 8º O autor, além de outras formas previstas na legislação processual civil, poderá requerer que a citação do expropriando seja feita pelo correio, através de carta com aviso de recepção, firmado pelo destinatário ou por seu representante legal.

Art. 9º A contestação deve ser oferecida no prazo de quinze dias se versar matéria de interesse da defesa, excluída a apreciação quanto ao interesse social declarado.

§ 1º Recebida a contestação, o juiz, se for o caso, determinará a realização de prova pericial, adstrita a pontos impugnados do laudo de vistoria administrativa, a que se refere o art. 5º, inciso IV e, simultaneamente:

I - designará o perito do juízo;

II - formulará os quesitos que julgar necessários;

III - intimará o perito e os assistentes para prestar compromisso, no prazo de cinco dias;

IV - intimará as partes para apresentar quesitos, no prazo de dez dias.

§ 2º A prova pericial será concluída no prazo fixado pelo juiz, não excedente a sessenta dias, contado da data do compromisso do perito.

Art. 10. Havendo acordo sobre o preço, este será homologado por sentença.

Parágrafo único. Não havendo acordo, o valor que vier a ser acrescido ao depósito inicial por força de laudo pericial acolhido pelo Juiz será depositado em espécie para as benfeitorias, juntado aos autos o comprovante de lançamento de Títulos da Dívida Agrária para terra nua, como integralização dos valores ofertados. (Incluído pela LCP 88, de 23/12/96.)

Art. 11. A audiência de instrução e julgamento será realizada em prazo não superior a quinze dias, a contar da conclusão da perícia.

Art. 12. O juiz proferirá sentença na audiência de instrução e julgamento ou nos trinta dias subseqüentes, indicando os fatos que motivaram o seu convencimento.

§ 1º Ao fixar o valor da indenização, o juiz considerará, além dos laudos periciais, outros meios objetivos de convencimento, inclusive a pesquisa de mercado.

§ 2º O valor da indenização corresponderá ao valor apurado na data da perícia, ou ao consignado pelo juiz, corrigido monetariamente até a data de seu efetivo pagamento.

§ 3º Na sentença, o juiz individualizará o valor do imóvel, de suas benfeitorias e dos demais componentes do valor da indenização.

§ 4º Tratando-se de enfiteuse ou aforamento, o valor da indenização será depositado em nome dos titulares do domínio útil e do domínio direto e disputado por via de ação própria.

Art. 13. Da sentença que fixar o preço da indenização caberá apelação com efeito simplesmente devolutivo, quando interposta pelo expropriado e, em ambos os efeitos, quando interposta pelo expropriante.

§ 1º A sentença que condenar o expropriante, em quantia superior a cinquenta por cento sobre o valor oferecido na inicial, fica sujeita a duplo grau de jurisdição.

§ 2º No julgamento dos recursos decorrentes da ação desapropriatória não haverá revisor.

Art. 14. O valor da indenização, estabelecido por sentença, deverá ser depositado pelo expropriante à ordem do juízo, em dinheiro, para as benfeitorias úteis e necessárias, inclusive culturas e pastagens artificiais e, em Títulos da Dívida Agrária, para a terra nua.

Art. 15. Em caso de reforma de sentença, com o aumento do valor da indenização, o expropriante será intimado a depositar a diferença, no prazo de quinze dias.

Art. 16. A pedido do expropriado, após o trânsito em julgado da sentença, será levantada a indenização ou o depósito judicial, deduzidos o valor de tributos e multas incidentes sobre o imóvel, exigíveis até a data da imissão na posse pelo expropriante.

Art. 17. Efetuado ou não o levantamento, ainda que parcial, da indenização ou do depósito judicial, será expedido em favor do expropriante, no prazo de quarenta e oito horas, mandado translativo do domínio para o Cartório do Registro de Imóveis competente, sob a forma e para os efeitos da Lei de Registros Públicos. (Redação dada pela LCP 88, de 23/12/96.)

Parágrafo único. O registro da propriedade nos cartórios competentes far-se-á no prazo improrrogável de três dias, contado da data da apresentação do mandado. (Incluído pela LCP 88, de 23/12/96.)

Art. 18. As ações concernentes à desapropriação de imóvel rural, por interesse social, para fins de reforma agrária, têm caráter preferencial e prejudicial em relação a outras ações referentes ao imóvel expropriando, e independem do pagamento de preparo ou de emolumentos.

§ 1º Qualquer ação que tenha por objeto o bem expropriando será distribuída, por dependência, à Vara Federal onde tiver curso a ação de desapropriação, determinando-se a pronta intervenção da União.

§ 2º O Ministério Público Federal intervirá, obrigatoriamente, após a manifestação das partes, antes de cada decisão manifestada no processo, em qualquer instância.

Art. 19. As despesas judiciais e os honorários do advogado e do perito constituem encargos do sucumbente, assim entendido o expropriado, se o valor da indenização for igual ou inferior ao preço oferecido, ou o expropriante, na hipótese de valor superior ao preço oferecido.

§ 1º Os honorários do advogado do expropriado serão fixados em até vinte por cento sobre a diferença entre o preço oferecido e o valor da indenização.

§ 2º Os honorários periciais serão pagos em valor fixo, estabelecido pelo juiz, atendida à complexidade do trabalho desenvolvido.

Art. 20. Em qualquer fase processual, mesmo após proferida a sentença, compete ao juiz, a requerimento de qualquer das partes, arbitrar valor para desmonte e transporte de móveis e semoventes, a ser suportado, ao final, pelo expropriante, e cominar prazo para que o promova o expropriado.

Art. 21. Os imóveis rurais desapropriados, uma vez registrados em nome do expropriante, não poderão ser objeto de ação reivindicatória.

Art. 22. Aplica-se subsidiariamente ao procedimento de que trata esta Lei Complementar, no que for compatível, o Código de Processo Civil.

Art. 23. As disposições desta lei complementar aplicam-se aos processos em curso, convalidados os atos já realizados.

Art. 24. Esta lei complementar entra em vigor na data de sua publicação.

Art. 25. Revogam-se as disposições em contrário e, em especial, o Decreto-Lei nº 554, de 25 de abril de 1969.

Brasília, 6 de julho de 1993, 172º da Independência e 105º da República.

NOVO CÓDIGO CIVIL (LEI Nº 10.406, DE 10 DE JANEIRO DE 2002)

Art. 206. Prescreve: (...)

§ 1º Em 1 (um) ano:

III – a pretensão dos tabeliães, auxiliares da justiça, serventuários judiciais, árbitros e peritos, pela percepção de emolumentos, custas e honorários.

§ 5º Em cinco anos:

II – a pretensão dos profissionais liberais em geral, procuradores judiciais, curadores e professores pelos seus honorários, contado o prazo da conclusão dos serviços, da cessação dos respectivos contratos ou mandato;

DA PROVA

Art. 212. Salvo o negócio a que se impõe forma especial, o fato jurídico pode ser provado mediante:

I – confissão;

II – documento;

III – testemunha;

IV – presunção;

V – perícia.

Nota do Autor: O inciso V no Projeto original constava no lugar da palavra "perícia" as palavras "exames e vistorias". Melhor a retificação por Emenda de autoria do Deputado Marcelo Gato, que assim conseguiu harmonizar o texto com o art. 420 do C.P.C. que para perícia faz incluir genericamente: exames, arbitramentos e vistorias.

Art. 325. É livre o exercício da profissão de químico em todo o território da República, observadas as condições de capacidade técnica e outras exigências previstas na presente Seção:

a) aos possuidores de diploma de químico, químico industrial, químico industrial agrícola ou engenheiro químico, concedido, no Brasil, por escola oficial ou oficialmente reconhecida;

b) aos diplomados em química por instituto estrangeiro de ensino superior, que tenham, de acordo com a lei e a partir de 14 de julho de 1934, revalidado os seus diplomas;

c) aos que, ao tempo da publicação do Decreto nº 24.693, de 12 de julho de 1934, se achavam no exercício efetivo de função pública ou particular, para a qual seja exigida a qualidade de químico, e que tenham requerido o respectivo registro até a extinção do prazo fixado pelo Decreto-Lei nº 2.298, de 10 de junho de 1940.

§ 1º Aos profissionais incluídos na alínea *c* deste artigo, se dará, para os efeitos da presente Seção, a denominação de "licenciados".

§ 2º - O livre exercício da profissão de que trata o presente artigo só é permitido a estrangeiros, quando compreendidos:

a) nas alíneas *a* e *b*, independentemente de revalidação do diploma, se exerciam, legitimamente, na República, a profissão de químico em a data da promulgação da Constituição de 1934;

b) na alínea *b*, se a seu favor militar a existência de reciprocidade internacional, admitida em lei, para o reconhecimento dos respectivos diplomas;

c) na alínea *c*, satisfeitas as condições nela estabelecidas.

§ 3º O livre exercício da profissão a brasileiros naturalizados está subordinado à prévia prestação do serviço militar, no Brasil.

§ 4º Só aos brasileiros natos é permitida a revalidação dos diplomas de químicos, expedidos por institutos estrangeiros de ensino superior

Art. 497. Sob pena de nulidade, não podem ser comprados, ainda que em hasta pública:

I - pelos tutores, curadores, testamenteiros e administradores, os bens confiados à sua guarda ou administração;

II – pelos servidores públicos, em geral, os bens ou direitos da pessoa jurídica a que servirem, ou que estejam sob sua administração direta ou indireta;

III – pelos juízes, secretários de tribunais, arbitradores, peritos e outros serventuários ou auxiliares da justiça, os bens ou direitos sobre que se litigar em tribunal, juízo ou conselho, no lugar onde servirem, ou a que se estender a sua autoridade;

IV – pelos leiloeiros e seus prepostos, os bens de cuja venda estejam encarregados.

Parágrafo único. As proibições deste artigo estendem-se à cessão de crédito.

Art. 498. A proibição contida no inciso III do artigo antecedente, não compreende os casos de compra e venda ou cessão entre coerdeiros, ou em pagamento de dívida, ou para garantia de bens já pertencentes a pessoas designadas no referido inciso.

Das Disposições Finais e Transitórias

Art. 2.028. Serão os da lei anterior os prazos, quando reduzidos por este Código, e se, na data de sua entrada em vigor, já houver transcorrido mais da metade do tempo estabelecido na lei revogada.

LEI Nº 7.347, DE 24 DE JULHO DE 1985

Disciplina a ação civil pública de responsabilidade por danos causados ao meio-ambiente, ao consumidor, a bens e direitos de valor artístico, estético, histórico, turístico e paisagístico (Vetado) e dá outras providências.

Art 7º Se, no exercício de suas funções, os juízes e tribunais tiverem conhecimento de fatos que possam ensejar a propositura da ação civil, remeterão peças ao Ministério Público para as providências cabíveis.

Art 8º Para instruir a inicial, o interessado poderá requerer às autoridades competentes as certidões e informações que julgar necessárias, a serem fornecidas no prazo de 15 (quinze) dias.

§ 1º O Ministério Público poderá instaurar, sob sua presidência, inquérito civil, ou requisitar, de qualquer organismo público ou particular, certidões, informações, exames ou perícias, no prazo que assinalar, o qual não poderá ser inferior a 10 (dez) dias úteis.

§ 2º Somente nos casos em que a lei impuser sigilo, poderá ser negada certidão ou informação, hipótese em que a ação poderá ser proposta desacompanhada daqueles documentos, cabendo ao juiz requisitá-los.

LEI Nº 9.279, DE 14 DE MAIO DE 1996

Regula direitos e obrigações relativos à propriedade industrial.

Art. 200. A ação penal e as diligências preliminares de busca e apreensão, nos crimes contra a propriedade industrial, regulam-se pelo disposto no Código de Processo Penal, com as modificações constantes dos artigos deste Capítulo.

Nota do Autor: *Vide* arts. 527 e 528 do Código de Processo Penal (Lei nº 9.279/96).

Art. 201. Na diligência de busca e apreensão, em crime contra patente que tenha por objeto a invenção de processo, o oficial do juízo será acompanhado por perito, que verificará, preliminarmente, a existência do ilícito, podendo o juiz ordenar a apreensão de produtos obtidos pelo contrafator com o emprego do processo patenteado.

LEI Nº 8.069, DE 13 DE JULHO DE 1990
ESTATUTO DA CRIANÇA E DO ADOLESCENTE

Dispõe sobre o Estatuto da Criança e do Adolescente e dá outras providências.

Art. 151. Compete à equipe interprofissional dentre outras atribuições que lhe forem reservadas pela legislação local, fornecer subsídios por escrito, mediante laudos, ou verbalmente, na audiência, e bem assim desenvolver trabalhos de aconselhamento, orientação, encaminhamento, prevenção e outros, tudo sob a imediata subordinação à autoridade judiciária, assegurada a livre manifestação do ponto de vista técnico.

DECRETO-LEI Nº 9.295, DE 27 DE MAIO DE 1946

Cria o Conselho Federal de Contabilidade, define as atribuições do Contador e do Guarda-livros, e dá outras providências

Das Atribuições Profissionais

Art. 25. São considerados trabalhos técnicos de contabilidade:

a) organização e execução de serviços de contabilidade em geral;

b) escrituração dos livros de contabilidade obrigatórios, bem como de todos os necessários no conjunto da organização contábil e levantamento dos respectivos balanços e demonstrações;

c) perícias judiciais ou extrajudiciais, revisão de balanços e de contas em geral, verificação de haveres revisão permanente ou periódica de escritas, regulações judiciais ou extrajudiciais de avarias grossas ou comuns, assistência aos Conselhos Fiscais das sociedades anônimas e quaisquer outras atribuições de natureza técnica conferidas por lei aos profissionais de contabilidade.

Art. 26. Salvo direitos adquiridos ex-vi *do disposto no art. 2º do Decreto nº 21.033, de 8 de Fevereiro de 1932, as atribuições definidas na alínea* c *do artigo anterior são privativas dos contadores diplomados.*

Nota do Autor: Vide Lei nº 4.399, de 31/08/1964, para fins de complementação.

LEI Nº 8.078, DE 11 DE SETEMBRO DE 1990
CÓDIGO DO CONSUMIDOR

Dispõe sobre a proteção do consumidor e dá outras providências.

Da Política Nacional de Relações de Consumo

Art. 4º A Política Nacional das Relações de Consumo tem por objetivo o atendimento das necessidades dos consumidores, o respeito à sua dignidade, saúde e segurança, a proteção de seus interesses econômicos, a melhoria da sua qualidade de vida, bem como a transparência e harmonia das relações de consumo, atendidos os seguintes princípios: (Redação dada pela Lei nº 9.008, de 21/3/1995.)

I - reconhecimento da vulnerabilidade do consumidor no mercado de consumo;

II - ação governamental no sentido de proteger efetivamente o consumidor:

a) por iniciativa direta;

b) por incentivos à criação e desenvolvimento de associações representativas;

c) pela presença do Estado no mercado de consumo;

d) pela garantia dos produtos e serviços com padrões adequados de qualidade, segurança, durabilidade e desempenho.

III - harmonização dos interesses dos participantes das relações de consumo e compatibilização da proteção do consumidor com a necessidade de desenvolvimento econômico e tecnológico, de modo a viabilizar os princípios nos quais se funda a ordem econômica (art. 170 da Constituição Federal), sempre com base na boa-fé e equilíbrio nas relações entre consumidores e fornecedores;

IV - educação e informação de fornecedores e consumidores, quanto aos seus direitos e deveres, com vistas à melhoria do mercado de consumo;

V - incentivo à criação pelos fornecedores de meios eficientes de controle de qualidade e segurança de produtos e serviços, assim como de mecanismos alternativos de solução de conflitos de consumo;

VI - coibição e repressão eficientes de todos os abusos praticados no mercado de consumo, inclusive a concorrência desleal e utilização indevida de inventos e criações industriais das marcas e nomes comerciais e signos distintivos, que possam causar prejuízos aos consumidores;

VII - racionalização e melhoria dos serviços públicos;

VIII - estudo constante das modificações do mercado de consumo.

Art. 5º Para a execução da Política Nacional das Relações de Consumo, contará o poder público com os seguintes instrumentos, entre outros:

I - manutenção de assistência jurídica, integral e gratuita para o consumidor carente;

II - instituição de Promotorias de Justiça de Defesa do Consumidor, no âmbito do Ministério Público;

III - criação de delegacias de polícia especializadas no atendimento de consumidores vítimas de infrações penais de consumo;

IV - criação de Juizados Especiais de Pequenas Causas e Varas Especializadas para a solução de litígios de consumo;

V - concessão de estímulos à criação e desenvolvimento das Associações de Defesa do Consumidor.

§ 1º (Vetado.)

§ 2º (Vetado.)

Dos Direitos Básicos do Consumidor

Art. 6º São direitos básicos do consumidor:

I - a proteção da vida, saúde e segurança contra os riscos provocados por práticas no fornecimento de produtos e serviços considerados perigosos ou nocivos;

II – a educação e divulgação sobre o consumo adequado dos produtos e serviços, asseguradas a liberdade de escolha e a igualdade nas contratações;

III – a informação adequada e clara sobre os diferentes produtos e serviços, com especificação correta de quantidade, características, composição, qualidade e preço, bem como sobre os riscos que apresentem;

IV – a proteção contra a publicidade enganosa e abusiva, métodos comerciais coercitivos ou desleais, bem como contra práticas e cláusulas abusivas ou impostas no fornecimento de produtos e serviços;

V – a modificação das cláusulas contratuais que estabeleçam prestações desproporcionais ou sua revisão em razão de fatos supervenientes que as tornem excessivamente onerosas;

VI – a efetiva prevenção e reparação de danos patrimoniais e morais, individuais, coletivos e difusos;

VII – o acesso aos órgãos judiciários e administrativos com vistas à prevenção ou reparação de danos patrimoniais e morais, individuais, coletivos ou difusos, assegurada a proteção Jurídica, administrativa e técnica aos necessitados;

VIII – a facilitação da defesa de seus direitos, inclusive com a inversão do ônus da prova, a seu favor, no processo civil, quando, a critério do juiz, for verossímil a alegação ou quando for ele hipossuficiente, segundo as regras ordinárias de experiências;

IX – (Vetado);

X – a adequada e eficaz prestação dos serviços públicos em geral.

Art. 7º Os direitos previstos neste código não excluem outros decorrentes de tratados ou convenções internacionais de que o Brasil seja signatário, da legislação interna ordinária, de regulamentos expedidos pelas autoridades administrativas competentes, bem como dos que derivem dos princípios gerais do direito, analogia, costumes e eqüidade.

Parágrafo único. Tendo mais de um autor a ofensa, todos responderão solidariamente pela reparação dos danos previstos nas normas de consumo.

Art. 38. O ônus da prova da veracidade e correção da informação ou comunicação publicitária cabe a quem as patrocina.

CONSOLIDAÇÃO DAS LEIS DO TRABALHO (DECRETO-LEI Nº 5.452, DE 1º DE MAIO DE 1943)

Art. 195. A caracterização e a classificação da insalubridade e da periculosidade, segundo as normas do Ministério do Trabalho, far-se-ão através de perícia a cargo de Médico do Trabalho ou Engenheiro do Trabalho, registrados no Ministério do Trabalho. (Redação dada pela Lei nº 6.514, de 22/12/1977.)

§ 1º É facultado às empresas e aos sindicatos das categorias profissionais interessadas requererem ao Ministério do Trabalho a realização de perícia em estabelecimento ou setor deste, com o objetivo de caracterizar e classificar ou delimitar as atividades insalubres ou perigosas. (Redação dada pela Lei nº 6.514, de 22/12/1977.)

§ 2º Arguida em juízo insalubridade ou periculosidade, seja por empregado, seja por Sindicato em favor de grupo de associado, o juiz designará perito habilitado na forma deste artigo, e, onde não houver, requisitará perícia ao órgão competente do Ministério do Trabalho. (Redação dada pela Lei nº 6.514, de 22/12/1977.)

§ 3º O disposto nos parágrafos anteriores não prejudica a ação fiscalizadora do Ministério do Trabalho, nem a realização ex officio da perícia. (Redação dada pela Lei nº 6.514, de 22/12/1977.)

Art. 325. É livre o exercício da profissão de químico em todo o território da República, observadas as condições de capacidade técnica e outras exigências previstas na presente Seção:

a) aos possuidores de diploma de químico, químico industrial, químico industrial agrícola ou engenheiro químico, concedido, no Brasil, por escola oficial ou oficialmente reconhecida;

b) aos diplomados em química por instituto estrangeiro de ensino superior, que tenham, de acordo com a lei e a partir de 14 de julho de 1934, revalidado os seus diplomas;

c) aos que, ao tempo da publicação do Decreto nº 24.693, de 12 de julho de 1934, se achavam no exercício efetivo de função pública ou particular, para a qual seja exigida a qualidade de químico, e que tenham requerido o respectivo registro até a extinção do prazo fixado pelo Decreto-Lei nº 2.298, de 10 de junho de 1940.

§ 1º Aos profissionais incluídos na alínea *c* deste artigo, se dará, para os efeitos da presente Seção, a denominação de "licenciados".

§ 2º O livre exercício da profissão de que trata o presente artigo só é permitido a estrangeiros, quando compreendidos:

a) nas alíneas *a* e *b*, independentemente de revalidação do diploma, se exerciam, legitimamente, na República, a profissão de químico em a data da promulgação da Constituição de 1934;

b) na alínea *b*, se a seu favor militar a existência de reciprocidade internacional, admitida em lei, para o reconhecimento dos respectivos diplomas;

c) na alínea *c*, satisfeitas as condições nela estabelecidas.

§ 3º O livre exercício da profissão a brasileiros naturalizados está subordinado à prévia prestação do serviço militar, no Brasil.

§ 4º Só aos brasileiros natos é permitida a revalidação dos diplomas de químicos, expedidos por institutos estrangeiros de ensino superior

Art. 340. Somente os químicos habilitados, nos termos do art. 325, alíneas *a* e *b*, poderão ser nomeados *ex officio* para os exames periciais de fábricas, laboratórios e usinas e de produtos aí fabricados.

Parágrafo único. Não se acham compreendidos no artigo anterior os produtos farmacêuticos e os laboratórios de produtos farmacêuticos.

Art. 826. É facultado a cada uma das partes apresentar um perito ou técnico.

Art. 827. O juiz ou presidente poderá argüir os peritos compromissados ou os técnicos, e rubricará, para ser junto ao processo, o laudo que os primeiros tiverem apresentado.

CÓDIGO PENAL (DECRETO-LEI Nº 2.848, DE 7 DE DEZEMBRO DE 1940)

(Atualizado até a Lei nº 11.035, 22 de dezembro de 2004)

FALSIDADE IDEOLÓGICA

Art. 299. Omitir, em documento público ou particular, declaração que dele devia constar, ou nele inserir ou fazer inserir declaração falsa ou diversa da que devia ser escrita, com o fim de prejudicar direito, criar obrigação ou alterar a verdade sobre fato juridicamente relevante:

Pena – reclusão, de 1 (um) a 5 (cinco) anos, e multa, se o documento é público, e reclusão de 1 (um) a 3 (três) anos, e multa, se o documento é particular.

Parágrafo único. Se o agente é funcionário público, e comete o crime prevalecendo-se do cargo, ou se a falsificação ou alteração é de assentamento de registro civil, aumenta-se a pena de sexta parte.

USO DE DOCUMENTO FALSO

Art. 304. Fazer uso de qualquer dos papéis falsificados ou alterados, a que se referem os arts. 297 a 302:

Pena – a cominada à falsificação ou à alteração.

FUNCIONÁRIO PÚBLICO

Art. 327. Considera-se funcionário público, para os efeitos penais, quem, embora transitoriamente ou sem remuneração, exerce cargo, emprego ou função pública.

§ 1º Equipara-se a funcionário público quem exerce cargo, emprego ou função em entidade paraestatal, e quem trabalha para empresa prestadora de serviço contratada ou conveniada para a execução de atividade típica da Administração Pública. (Parágrafo único renumerado pela Lei nº 6.799, de 23/6/1980 e alterado pela Lei nº 9.983, de 14/7/2000.)

§ 2º A pena será aumentada da terça parte quando os autores dos crimes previstos neste Capítulo forem ocupantes de cargos em comissão ou de função de direção ou assessoramento de órgão da administração direta, sociedade de economia mista, empresa pública ou fundação instituída pelo poder público. (Parágrafo acrescentado pela Lei nº 6.799, de 23/6/1980.)

FALSO TESTEMUNHO OU FALSA PERÍCIA

Art. 342. Fazer afirmação falsa, ou negar ou calar a verdade como testemunha, perito, contador, tradutor ou intérprete em processo judicial, ou administrativo, inquérito policial, ou em juízo arbitral: (Redação dada pela Lei nº 10.268, de 28/8/2001.)

Pena – reclusão, de 1 (um) a 3 (três) anos, e multa.

§ 1º As penas aumentam-se de um sexto a um terço, se o crime é praticado mediante suborno ou se cometido com o fim de obter prova destinada a produzir efeito em processo penal, ou em processo civil em que for parte entidade da administração pública direta ou indireta. (Redação dada pela Lei nº 10.268, de 28/8/2001.)

§ 2º O fato deixa de ser punível se, antes da sentença no processo em que ocorreu o ilícito, o agente se retrata ou declara a verdade. (Redação dada pela Lei nº 10.268, de 28/8/2001.)

EXPLORAÇÃO DE PRESTÍGIO

Art. 357. Solicitar ou receber dinheiro ou qualquer outra utilidade, a pretexto de influir em juiz, jurado, órgão do Ministério Público, funcionário de justiça, perito, tradutor, intérprete ou testemunha:

Pena – reclusão, de 1 (um) a 5 (cinco) anos, e multa.

Parágrafo único – As penas aumentam-se de um terço, se o agente alega ou insinua que o dinheiro ou utilidade também se destina a qualquer das pessoas referidas neste artigo.

CÓDIGO DE PROCESSO PENAL
DECRETO-LEI Nº 3.689, DE 3 DE OUTUBRO DE 1941

(Todos os artigos citados já estão atualizados pelas Leis: nº 10.792 de 1º/12/2003, nº 11.689 de 09/06/2008, nº 11.690 de 09/06/2008, e nº 11.719 de 20/06/2008.)

TÍTULO II
DO INQUÉRITO POLICIAL

Art. 14. O ofendido, ou seu representante legal, e o indiciado poderão requerer qualquer diligência, que será realizada, ou não, a juízo da autoridade. (*Vide* art. 176.)

TÍTULO VII
DA PROVA

CAPÍTULO I
DISPOSIÇÕES GERAIS

Art. 155. O juiz formará sua convicção pela livre apreciação da prova produzida em contraditório judicial, não podendo fundamentar sua decisão exclusivamente nos elementos informativos colhidos na investigação, ressalvadas as provas cautelares, não repetíveis e antecipadas. (Redação da Lei nº 11.690, de 09/06/2008, com vigência em 09 de agosto de 2008.)

Parágrafo único. Somente quanto ao estado das pessoas serão observadas as restrições estabelecidas na lei civil.

Art. 156. A prova da alegação incumbirá a quem a fizer, sendo, porém, facultado ao juiz de ofício: (Redação da Lei nº 11.690, de 09/06/2008, com vigência em 09 de agosto de 2008.)

I – ordenar, mesmo antes de iniciada a ação penal, a produção antecipada de provas consideradas urgentes e relevantes, observando a necessidade, adequação e proporcionalidade da medida;

II – determinar, no curso da instrução, ou antes de proferir sentença, a realização de diligências para dirimir dúvida sobre ponto relevante.

Art. 157. São inadmissíveis, devendo ser desentranhadas do processo, as provas ilícitas, assim entendidas as obtidas em violação a normas constitucionais ou legais. (Redação da Lei nº 11.690, de 09/06/2008, com vigência em 09 de agosto de 2008.)

§ 1º São também inadmissíveis as provas derivadas das ilícitas, salvo quando não evidenciado o nexo de causalidade entre umas e outras, ou quando as derivadas puderem ser obtidas por uma fonte independente das primeiras.

§ 2º Considera-se fonte independente aquela que por si só, seguindo os trâmites típicos e de praxe, próprios da investigação ou instrução criminal, seria capaz de conduzir ao fato objeto da prova.

§ 3º Preclusa a decisão de desentranhamento da prova declarada inadmissível, esta será inutilizada por decisão judicial, facultado às partes acompanhar o incidente.

§ 4º (Vetado)

CAPÍTULO II
DO EXAME DO CORPO DE DELITO, E DAS PERÍCIAS EM GERAL

Art. 158. Quando a infração deixar vestígios, será indispensável o exame de corpo de delito, direto ou indireto, não podendo supri-lo a confissão do acusado.

Art. 159. O exame de corpo de delito e outras perícias serão realizados por perito oficial, portador de diploma de curso superior. (Redação da Lei nº 11.690, de 09/06/2008, com vigência em 09 de agosto de 2008.)

§ 1º Na falta de perito oficial, o exame será realizado por 2 (duas) pessoas idôneas, portadoras de diploma de curso superior preferencialmente na área específica, dentre as que tiverem habilitação técnica relacionada com a natureza do exame.

§ 2º Os peritos não oficiais prestarão o compromisso de bem e fielmente desempenhar o encargo.

§ 3º Serão facultadas ao Ministério Público, ao assistente de acusação, ao ofendido, ao querelante e ao acusado a formulação de quesitos e indicação de assistente técnico.

§ 4º O assistente técnico atuará a partir de sua admissão pelo juiz e após a conclusão dos exames e elaboração do laudo pelos peritos oficiais, sendo as partes intimadas desta decisão.

§ 5º Durante o curso do processo judicial, é permitido às partes, quanto à perícia:

I - requerer a oitiva dos peritos para esclarecerem a prova ou para responderem a quesitos, desde que o mandado de intimação e os quesitos ou questões a serem esclarecidas sejam encaminhados com antecedência mínima de 10 (dez) dias, podendo apresentar as respostas em laudo complementar;

II - indicar assistentes técnicos que poderão apresentar pareceres em prazo a ser fixado pelo juiz ou ser inquiridos em audiência.

§ 6º Havendo requerimento das partes, o material probatório que serviu de base à perícia será disponibilizado no ambiente do órgão oficial, que manterá sempre sua guarda, e na presença de perito oficial, para exame pelos assistentes, salvo se for impossível a sua conservação.

§ 7º Tratando-se de perícia complexa que abranja mais de uma área de conhecimento especializado, poder-se-á designar a atuação de mais de um perito oficial, e a parte indicar mais de um assistente técnico.

Art. 160. Os peritos elaborarão o laudo pericial, onde descreverão minuciosamente o que examinarem, e responderão aos quesitos formulados. (Redação dada pela Lei nº 8.862, de 28/3/1994.)

Parágrafo único. O laudo pericial será elaborado no prazo máximo de 10 (dez) dias, podendo este prazo ser prorrogado, em casos excepcionais, a requerimento dos peritos. (Redação dada pela Lei nº 8.862, de 28/3/1994.)

Art. 161. O exame de corpo de delito poderá ser feito em qualquer dia e a qualquer hora.

Art. 162. A autópsia será feita pelo menos 6 (seis) horas depois do óbito, salvo se os peritos, pela evidência dos sinais de morte, julgarem que possa ser feita antes daquele prazo, o que declararão no auto.

Parágrafo único. Nos casos de morte violenta, bastará o simples exame externo do cadáver, quando não houver infração penal que apurar, ou quando as lesões externas permitirem precisar a causa da morte e não houver necessidade de exame interno para a verificação de alguma circunstância relevante.

Art. 163. Em caso de exumação para exame cadavérico, a autoridade providenciará para que, em dia e hora previamente marcados, se realize a diligência, da qual se lavrará auto circunstanciado.

Parágrafo único. O administrador de cemitério público ou particular indicará o lugar da sepultura, sob pena de desobediência. No caso de recusa ou de falta de quem indique a sepultura, ou de encontrar-se o cadáver em lugar não destinado a inumações, a autoridade procederá às pesquisas necessárias, o que tudo constará do auto.

Art. 164. Os cadáveres serão sempre fotografados na posição em que forem encontrados, bem como, na medida do possível, todas as lesões externas e vestígios deixados no local do crime. (Redação dada pela Lei nº 8.862, de 28/3/1994.)

Art. 165. Para representar as lesões encontradas no cadáver, os peritos, quando possível, juntarão ao laudo do exame provas fotográficas, esquemas ou desenhos, devidamente rubricados.

Art. 166. Havendo dúvida sobre a identidade do cadáver exumado, proceder-se-á ao reconhecimento pelo Instituto de Identificação e Estatística ou repartição congênere ou pela inquirição de testemunhas, lavrando-se auto de reconhecimento e de identidade, no qual se descreverá o cadáver, com todos os sinais e indicações.

Parágrafo único. Em qualquer caso, serão arrecadados e autenticados todos os objetos encontrados, que possam ser úteis para a identificação do cadáver.

Art. 167. Não sendo possível o exame de corpo de delito, por haverem desaparecido os vestígios, a prova testemunhal poderá suprir-lhe a falta.

Art. 168. Em caso de lesões corporais, se o primeiro exame pericial tiver sido incompleto, proceder-se-á a exame complementar por determinação da autoridade policial ou judiciária, de ofício, ou a requerimento do Ministério Público, do ofendido ou do acusado, ou de seu defensor.

§ 1º No exame complementar, os peritos terão presente o auto de corpo de delito, a fim de suprir-lhe a deficiência ou retificá-lo.

§ 2º Se o exame tiver por fim precisar a classificação do delito no art. 129, § 1º, I, do Código Penal, deverá ser feito logo que decorra o prazo de 30 (trinta) dias, contado da data do crime.

§ 3º A falta de exame complementar poderá ser suprida pela prova testemunhal.

Art. 169. Para o efeito de exame do local onde houver sido praticada a infração, a autoridade providenciará imediatamente para que não se altere o estado das coisas até a chegada dos peritos, que poderão instruir seus laudos com fotografias, desenhos ou esquemas elucidativos.

Parágrafo único. Os peritos registrarão, no laudo, as alterações do estado das coisas e discutirão, no relatório, as consequências dessas alterações na dinâmica dos fatos. (Parágrafo acrescentado pela Lei nº 8.862, de 28/3/1994.)

Art. 170. Nas perícias de laboratório, os peritos guardarão material suficiente para a eventualidade de nova perícia. Sempre que conveniente, os laudos serão ilustrados com provas fotográficas, ou microfotográficas, desenhos ou esquemas.

Art. 171. Nos crimes cometidos com destruição ou rompimento de obstáculo a subtração da coisa, ou por meio de escalada, os peritos, além de descrever os vestígios, indicarão com que instrumentos, por que meios e em que época presumem ter sido o fato praticado.

Art. 172. Proceder-se-á, quando necessário, à avaliação de coisas destruídas, deterioradas ou que constituam produto do crime.

Parágrafo único. Se impossível a avaliação direta, os peritos procederão à avaliação por meio dos elementos existentes nos autos e dos que resultarem de diligências.

Art. 173. No caso de incêndio, os peritos verificarão a causa e o lugar em que houver começado, o perigo que dele tiver resultado para a vida ou para o patrimônio alheio, a extensão do dano e o seu valor e as demais circunstâncias que interessarem à elucidação do fato.

Art. 174. No exame para o reconhecimento de escritos, por comparação de letra, observar-se-á o seguinte:

I – a pessoa a quem se atribua ou se possa atribuir o escrito será intimada para o ato, se for encontrada;

II – para a comparação, poderão servir quaisquer documentos que a dita pessoa reconhecer ou já tiverem sido judicialmente reconhecidos como de seu punho, ou sobre cuja autenticidade não houver dúvida;

III – a autoridade, quando necessário, requisitará, para o exame, os documentos que existirem em arquivos ou estabelecimentos públicos, ou nestes realizará a diligência, se daí não puderem ser retirados;

IV – quando não houver escritos para a comparação ou forem insuficientes os exibidos, a autoridade mandará que a pessoa escreva o que lhe for ditado. Se estiver ausente a pessoa, mas em lugar certo, esta última diligência poderá ser feita por precatória, em que se consignarão as palavras que a pessoa será intimada a escrever.

Art. 175. Serão sujeitos a exame os instrumentos empregados para a prática da infração, a fim de se lhes verificar a natureza e a eficiência.

Art. 176. A autoridade e as partes poderão formular quesitos até o ato da diligência. (*Vide* art. 14.)

Art. 177. No exame por precatória, a nomeação dos peritos far-se-á no juízo deprecado. Havendo, porém, no caso de ação privada, acordo das partes, essa nomeação poderá ser feita pelo juiz deprecante.

Parágrafo único. Os quesitos do juiz e das partes serão transcritos na precatória.

Art. 178. No caso do art. 159, o exame será requisitado pela autoridade ao diretor da repartição, juntando-se ao processo o laudo assinado pelos peritos.

Art. 179. No caso do § 1º do art. 159, o escrivão lavrará o auto respectivo, que será assinado pelos peritos e, se presente ao exame, também pela autoridade.

Parágrafo único. No caso do art. 160, parágrafo único, o laudo, que poderá ser datilografado, será subscrito e rubricado em suas folhas por todos os peritos.

Art. 180. Se houver divergência entre os peritos, serão consignadas no auto do exame as declarações e respostas de um e de outro, ou cada um redigirá separadamente o seu laudo, e a autoridade nomeará um terceiro; se este divergir de ambos, a autoridade poderá mandar proceder a novo exame por outros peritos.

Art. 181. No caso de inobservância de formalidades, ou no caso de omissões, obscuridades ou contradições, a autoridade judiciária mandará suprir a formalidade, complementar ou esclarecer o laudo. (Redação dada pela Lei nº 8.862, de 28/3/1994.)

Parágrafo único. A autoridade poderá também ordenar que se proceda a novo exame, por outros peritos, se julgar conveniente.

Art. 182. O juiz não ficará adstrito ao laudo, podendo aceitá-lo ou rejeitá-lo, no todo ou em parte.

Art. 183. Nos crimes em que não couber ação pública, observar-se-á o disposto no art. 19.

Art. 184. Salvo o caso de exame de corpo de delito, o juiz ou a autoridade policial negará a perícia requerida pelas partes, quando não for necessária ao esclarecimento da verdade.

Art. 195. Se o interrogado não souber escrever, não puder ou não quiser assinar, tal fato será consignado no termo. (Redação dada pela Lei nº 10.792, de 1º/12/2003.)

CAPÍTULO VI
DAS TESTEMUNHAS

Art. 212. As perguntas serão formuladas pelas partes diretamente à testemunha, não *admitindo o juiz aquelas que puderem induzir a resposta, não tiverem relação com a* causa ou importarem na repetição de outra já respondida. (Redação dada pela Lei nº 11.690, de 09/06/2008, com vigência em 09 de agosto de 2008.)

CAPÍTULO XI
DA BUSCA E DA APREENSÃO

Art. 240. A busca será domiciliar ou pessoal.

§ 1º Proceder-se-á à busca domiciliar, quando fundadas razões a autorizarem, para:

a prender criminosos;

b) apreender coisas achadas ou obtidas por meios criminosos;

c) apreender instrumentos de falsificação ou de contrafação e objetos falsificados ou contrafeitos;

d) apreender armas e munições, instrumentos utilizados na prática de crime ou destinados a fim delituoso;

e) descobrir objetos necessários à prova de infração ou à defesa do réu;

f) apreender cartas, abertas ou não, destinadas ao acusado ou em seu poder, quando haja suspeita de que o conhecimento do seu conteúdo possa ser útil à elucidação do fato;

g) apreender pessoas vítimas de crimes;

h) colher qualquer elemento de convicção.

§ 2º Proceder-se-á à busca pessoal quando houver fundada suspeita de que alguém oculte consigo arma proibida ou objetos mencionados nas letras *b* a *f* e letra *h* do parágrafo anterior.

Art. 241. Quando a própria autoridade policial ou judiciária não a realizar pessoalmente, a busca domiciliar deverá ser precedida da expedição de mandado.

Art. 242. A busca poderá ser determinada de ofício ou a requerimento de qualquer das partes.

Art. 243. O mandado de busca deverá:

I – indicar, o mais precisamente possível, a casa em que será realizada a diligência e o nome do respectivo proprietário ou morador; ou, no caso de busca pessoal, o nome da pessoa que terá de sofrê-la ou os sinais que a identifiquem;

II – mencionar o motivo e os fins da diligência;

III – ser subscrito pelo escrivão e assinado pela autoridade que o fizer expedir.

§ 1º Se houver ordem de prisão, constará do próprio texto do mandado de busca.

§ 2º Não será permitida a apreensão de documento em poder do defensor do acusado, salvo quando constituir elemento do corpo de delito.

Art. 244. A busca pessoal independerá de mandado, no caso de prisão ou quando houver fundada suspeita de que a pessoa esteja na posse de arma proibida ou de objetos ou papéis que constituam corpo de delito, ou quando a medida for determinada no curso de busca domiciliar.

Art. 245. As buscas domiciliares serão executadas de dia, salvo se o morador consentir que se realizem à noite, e, antes de penetrarem na casa, os executores mostrarão e lerão o mandado ao morador, ou a quem o represente, intimando-o, em seguida, a abrir a porta.

§ 1º Se a própria autoridade der a busca, declarará previamente sua qualidade e o objeto da diligência.

§ 2º Em caso de desobediência, será arrombada a porta e forçada a entrada.

§ 3º Recalcitrando o morador, será permitido o emprego de força contra coisas existentes no interior da casa, para o descobrimento do que se procura.

§ 4º Observar-se-á o disposto nos §§ 2º e 3º, quando ausentes os moradores, devendo, neste caso, ser intimado a assistir à diligência qualquer vizinho, se houver e estiver presente.

§ 5º Se é determinada a pessoa ou coisa que se vai procurar, o morador será intimado a mostrá-la.

§ 6º Descoberta a pessoa ou coisa que se procura, será imediatamente apreendida e posta sob custódia da autoridade ou de seus agentes.

§ 7º Finda a diligência, os executores lavrarão auto circunstanciado, assinando-o com duas testemunhas presenciais, sem prejuízo do disposto no § 4º.

Art. 246. Aplicar-se-á também o disposto no artigo anterior, quando se tiver de proceder a busca em compartimento habitado ou em aposento ocupado de habitação coletiva ou em compartimento não aberto ao público, onde alguém exercer profissão ou atividade.

Art. 247. Não sendo encontrada a pessoa ou coisa procurada, os motivos da diligência serão comunicados a quem tiver sofrido a busca, se o requerer.

Art. 248. Em casa habitada, a busca será feita de modo que não moleste os moradores mais do que o indispensável para o êxito da diligência.

Art. 249. A busca em mulher será feita por outra mulher, se não importar retardamento ou prejuízo da diligência.

Art. 250. A autoridade ou seus agentes poderão penetrar no território de jurisdição alheia, ainda que de outro Estado, quando, para o fim de apreensão, forem no seguimento de pessoa ou coisa, devendo apresentar-se à competente autoridade local, antes da diligência ou após, conforme a urgência desta.

§ 1º Entender-se-á que a autoridade ou seus agentes vão em seguimento da pessoa ou coisa, quando:

a) tendo conhecimento direto de sua remoção ou transporte, a seguirem sem interrupção, embora depois a percam de vista;

b) ainda que não a tenham avistado, mas sabendo, por informações fidedignas ou circunstâncias indiciárias, que está sendo removida ou transportada em determinada direção, forem ao seu encalço.

§ 2º Se as autoridades locais tiverem fundadas razoes para duvidar da legitimidade das pessoas que, nas referidas diligências, entrarem pelos seus distritos, ou da legalidade dos mandados que apresentarem, poderão exigir as provas dessa legitimidade, mas de modo que não se frustre a diligência.

TÍTULO VIII
DO JUIZ, DO MINISTÉRIO PÚBLICO, DO ACUSADO E DEFENSOR, DOS ASSISTENTES E AUXILIARES DA JUSTIÇA

CAPÍTULO VI
DOS PERITOS E INTÉRPRETES

Art. 275. O perito, ainda quando não oficial, estará sujeito à disciplina judiciária.

Art. 276. As partes não intervirão na nomeação do perito.

Art. 277. O perito nomeado pela autoridade será obrigado a aceitar o encargo, sob pena de multa de cem a quinhentos mil-réis, salvo escusa atendível.

Parágrafo único. Incorrerá na mesma multa o perito que, sem justa causa, provada imediatamente:

a) deixar de acudir à intimação ou ao chamado da autoridade;

b) não comparecer no dia e local designados para o exame;

c) não der o laudo, ou concorrer para que a perícia não seja feita, nos prazos estabelecidos.

Art. 278. No caso de não comparecimento do perito, sem justa causa, a autoridade poderá determinar a sua condução.

Art. 279. Não poderão ser peritos:

I – os que estiverem sujeitos à interdição de direito mencionada nos n^{os} I e IV do art. 69 do Código Penal;

II – os que tiverem prestado depoimento no processo ou opinado anteriormente sobre o objeto da perícia;

III – os analfabetos e os menores de 21 (vinte e um) anos.

Art. 280. É extensivo aos peritos, no que lhes for aplicável, o disposto sobre suspeição dos juízes.

Art. 281. Os intérpretes são, para todos os efeitos, equiparados aos peritos.

LIVRO II
DOS PROCESSOS EM ESPÉCIE

TÍTULO I
DO PROCESSO COMUM

CAPÍTULO I
DA INSTRUÇÃO CRIMINAL

Art. 400. Na audiência de instrução e julgamento, a ser realizada no prazo máximo de 60 (sessenta) dias, proceder-se-á à tomada de declarações do ofendido, à inquirição das testemunhas arroladas pela acusação e pela defesa, nesta ordem, ressalvado o disposto no art. 222 deste Código, bem como aos esclarecimentos dos peritos, às acareações e ao reconhecimento de pessoas e coisas, interrogando-se, em seguida, o acusado. (Redação dada pela Lei nº 11.719, de 20/06/2008.)

§ 1º As provas serão produzidas numa só audiência, podendo o juiz indeferir as consideradas irrelevantes, impertinentes ou protelatórias. (Redação dada pela Lei nº 11.719, de 20/06/2008.)

§ 2º Os esclarecimentos dos peritos dependerão de prévio requerimento das partes. (Redação dada pela Lei nº 11.719, de 20/06/2008.)

CAPÍTULO II
DO PROCEDIMENTO RELATIVO AOS PROCESSOS DA COMPETÊNCIA DO TRIBUNAL DO JÚRI

Seção I
Da Acusação e da Instrução Preliminar

(Redação dada pela Lei nº 11.689, de 09/06/2008, com vigência em 09 de agosto de 2008.)

Art. 411. Na audiência de instrução, proceder-se-á à tomada de declarações do ofendido, se possível, à inquirição das testemunhas arroladas pela acusação e pela defesa, nesta ordem, bem como aos esclarecimentos dos peritos, às acareações e ao reconhecimento de pessoas e coisas, interrogando-se, em seguida, o acusado e procedendo-se o debate. (Redação dada pela Lei nº 11.689, de 09/06/2008, com vigência em 09 de agosto de 2008.)

§ 1º Os esclarecimentos dos peritos dependerão de prévio requerimento e de deferimento pelo juiz.

§ 2º As provas serão produzidas em uma só audiência, podendo o juiz indeferir as consideradas irrelevantes, impertinentes ou protelatórias.

§ 3º Encerrada a instrução probatória, observar-se-á, se for o caso, o disposto no art. 384 deste Código.

§ 4º As alegações serão orais, concedendo-se a palavra, respectivamente, à acusação e à defesa, pelo prazo de 20 (vinte) minutos, prorrogáveis por mais 10 (dez).

§ 5º Havendo mais de 1 (um) acusado, o tempo previsto para a acusação e a defesa de cada um deles será individual.

§ 6º Ao assistente do Ministério Público, após a manifestação deste, serão concedidos 10 (dez) minutos, prorrogando-se por igual período o tempo de manifestação da defesa.

§ 7º Nenhum ato será adiado, salvo quando imprescindível à prova faltante, determinando o juiz a condução coercitiva de quem deva comparecer.

§ 8º A testemunha que comparecer será inquirida, independentemente da suspensão da audiência, observada em qualquer caso a ordem estabelecida no *caput* deste artigo.

§ 9º Encerrados os debates, o juiz proferirá a sua decisão, ou o fará em 10 (dez) dias, ordenando que os autos para isso lhe sejam conclusos.

Seção VI
Da Organização da Pauta

(Redação da Lei nº 11.689/09.06.2008, com vigência em 09 de agosto de 2008)

Art. 429. Salvo motivo relevante que autorize alteração na ordem dos julgamentos, terão preferência: (Redação da Lei nº 11.689/09.06.2008, com vigência em 09 de agosto de 2008)

I – os acusados presos;

II – dentre os acusados presos, aqueles que estiverem há mais tempo na prisão;

III – em igualdade de condições, os precedentemente pronunciados.

§ 1º Antes do dia designado para o primeiro julgamento da reunião periódica, será afixada na porta do edifício do Tribunal do Júri a lista dos processos a serem julgados, obedecida a ordem prevista no caput deste artigo.

§ 2º O juiz presidente reservará datas na mesma reunião periódica para a inclusão de processo que tiver o julgamento adiado.

Art. 430. O assistente somente será admitido se tiver requerido sua habilitação até 5 (cinco) dias antes da data da sessão na qual pretenda atuar. (Redação da Lei nº 11.689/09.06.2008, com vigência em 09 de agosto de 2008).

Art. 431. Estando o processo em ordem, o juiz presidente mandará intimar as partes, o ofendido, se for possível, as testemunhas e os peritos, quando houver requerimento, para a sessão de instrução e julgamento, observando, no que couber, o disposto no art. 420 deste Código. (Redação da Lei nº 11.689, de 09/06/2008, com vigência em 09 de agosto de 2008.)

Seção X
Da reunião e das sessões do Tribunal do Júri

(Redação da Lei nº 11.689/09.06.2008, com vigência em 09 de agosto de 2008)

Art. 473. Prestado o compromisso pelos jurados, será iniciada a instrução plenária quando o juiz presidente, o Ministério Público, o assistente, o querelante e o defensor do acusado tomarão, sucessiva e diretamente, as declarações do ofendido, se possível, e inquirirão as testemunhas arroladas pela acusação. (Redação da Lei nº 11.689, de 09/06/2008, com vigência em 09 de agosto de 2008.)

§ 1º Para a inquirição das testemunhas arroladas pela defesa, o defensor do acusado formulará as perguntas antes do Ministério Público e do assistente, mantidos no mais a ordem e os critérios estabelecidos neste artigo.

§ 2º Os jurados poderão formular perguntas ao ofendido e às testemunhas, por intermédio do juiz presidente.

§ 3º As partes e os jurados poderão requerer acareações, reconhecimento de pessoas e coisas e esclarecimento dos peritos, bem como a leitura de peças que se refiram, exclusivamente, às provas colhidas por carta precatória e às provas cautelares, antecipadas ou não repetíveis.

Seção XII
Dos Debates

(Redação dada pela Lei nº 11.689, de 09/06/2008, com vigência em 09 de agosto de 2008.)

Art. 476. Encerrada a instrução, será concedida a palavra ao Ministério Público, que fará a acusação, nos limites da pronúncia ou das decisões posteriores que julgaram admissível a acusação, sustentando, se for o caso, a existência de circunstância agravante. (Redação dada pela Lei nº 11.689, de 09/06/2008, com vigência em 09 de agosto de 2008.)

§ 1º O assistente falará depois do Ministério Público.

§ 2º Tratando-se de ação penal de iniciativa privada, falará em primeiro lugar o querelante e, em seguida, o Ministério Público, salvo se este houver retomado a titularidade da ação, na forma do art. 29 deste Código.

§ 3º Finda a acusação, terá a palavra a defesa.

§ 4º A acusação poderá replicar e a defesa treplicar, sendo admitida a reinquirição de testemunha já ouvida em plenário.

Art. 480. A acusação, a defesa e os jurados poderão, a qualquer momento e por intermédio do juiz presidente, pedir ao orador que indique a folha dos autos onde se encontra a peça por ele lida ou citada, facultando-se, ainda, aos jurados solicitar-lhe, pelo mesmo meio, o esclarecimento de fato por ele alegado. (Redação dada pela Lei nº 11.689, de 09/06/2008, com vigência em 09 de agosto de 2008.)

§ 1º Concluídos os debates, o presidente indagará dos jurados se estão habilitados a julgar ou se necessitam de outros esclarecimentos.

§ 2º Se houver dúvida sobre questão de fato, o presidente prestará esclarecimentos à vista dos autos.

§ 3º Os jurados, nesta fase do procedimento, terão acesso aos autos e aos instrumentos do crime se solicitarem ao juiz presidente.

Art. 481. Se a verificação de qualquer fato, reconhecida como essencial para o julgamento da causa, não puder ser realizada imediatamente, o juiz presidente dissolverá o Conselho, ordenando a realização das diligências entendidas necessárias. (Redação dada pela Lei nº 11.689, de 09/06/2008, com vigência em 09 de agosto de 2008.)

Parágrafo único. Se a diligência consistir na produção de prova pericial, o juiz presidente, desde logo, nomeará perito e formulará quesitos, facultando às partes também formulá-los e indicar assistentes técnicos, no prazo de 5 (cinco) dias.

TÍTULO II
DOS PROCESSOS ESPECIAIS

CAPÍTULO IV
DO PROCESSO E DO JULGAMENTO DOS CRIMES CONTRA A PROPRIEDADE IMATERIAL

Art. 527. A diligência de busca ou de apreensão será realizada por dois peritos nomeados pelo juiz, que verificarão a existência de fundamento para a apreensão, e quer esta se realize, quer não, o laudo pericial será apresentado dentro de 3 (três) dias após o encerramento da diligência.

Parágrafo único. O requerente da diligência poderá impugnar o laudo contrário à apreensão, e o juiz ordenará que esta se efetue, se reconhecer a improcedência das razões aduzidas pelos peritos.

Art. 528. Encerradas as diligências, os autos serão conclusos ao juiz para homologação do laudo.

Art. 529. Nos crimes de ação privativa do ofendido, não será admitida queixa com fundamento em apreensão e em perícia, se decorrido o prazo de 30 (trinta) dias, após a homologação do laudo.

Parágrafo único. Será dada vista ao Ministério Público dos autos de busca e apreensão requeridas pelo ofendido, se o crime for de ação pública e não tiver sido oferecida queixa no prazo fixado neste artigo.

Art. 530. Se ocorrer prisão em flagrante e o réu não for posto em liberdade, o prazo a que se refere o artigo anterior será de 8 (oito) dias.

Art. 530-A. O disposto nos arts. 524 a 530 será aplicável aos crimes em que se proceda mediante queixa. (Redação dada pela Lei nº 10.695, 1º/07/2003, com vigência em 01/08/2003.)

Art. 530-B. Nos casos das infrações previstas nos §§ 1º, 2º e 3º do art. 184 do Código Penal, a autoridade policial procederá à apreensão dos bens ilicitamente produzidos ou reproduzidos, em sua totalidade, juntamente com os equipamentos, suportes e materiais que possibilitaram a sua existência, desde que estes se destinem precipuamente à prática do ilícito. (Redação dada pela Lei nº 10.695, de 1º/07/2003, com vigência em 01/08/2003.)

Art. 530-C. Na ocasião da apreensão será lavrado termo, assinado por 2 (duas) ou mais testemunhas, com a descrição de todos os bens apreendidos e informações sobre suas origens, o qual deverá integrar o inquérito policial ou o processo. (Redação dada pela Lei nº 10.695, de 1º/07/2003, com vigência em 01/08/2003.)

Art. 530-D. Subseqüente à apreensão, será realizada, por perito oficial, ou, na falta deste, por pessoa tecnicamente habilitada, perícia sobre todos os bens apreendidos e elaborado o laudo que deverá integrar o inquérito policial ou o processo. (Redação dada pela Lei nº 10.695, de 1º/07/2003, com vigência em 01/08/2003.)

Art. 530-E. Os titulares de direito de autor e os que lhe são conexos serão os fiéis depositários de todos os bens apreendidos, devendo colocá-los à disposição do juiz quando do ajuizamento da ação. (Redação dada pela Lei nº 10.695, de 1º/07/2003, com vigência em 01/08/2003.)

Art. 530-F. Ressalvada a possibilidade de se preservar o corpo de delito, o juiz poderá determinar, a requerimento da vítima, a destruição da produção ou reprodução apreendida quando não houver impugnação quanto à sua ilicitude ou quando a ação penal não puder ser iniciada por falta de determinação de quem seja o autor do ilícito. (Redação dada pela Lei nº 10.695, de 1º/07/2003, com vigência em 01/08/2003.)

Art. 530-G. O juiz, ao prolatar a sentença condenatória, poderá determinar a destruição dos bens ilicitamente produzidos ou reproduzidos e o perdimento dos equipamentos apreendidos, desde que precipuamente destinados à produção e reprodução dos bens, em favor da Fazenda Nacional, que deverá destruí-los ou doá-los aos Estados, Municípios e Distrito Federal, a instituições públicas de ensino e pesquisa ou de assistência social, bem como incorporá-los, por economia ou interesse público, ao patrimônio da União, que não poderão retorná-los aos canais de comércio. (Redação dada pela Lei nº 10.695, de 1º/07/2003, com vigência em 01/08/2003.)

Art. 530-H. As associações de titulares de direitos de autor e os que lhes são conexos poderão, em seu próprio nome, funcionar como assistente da acusação nos crimes previstos no art. 184 do Código Penal, quando praticado em detrimento de qualquer de seus associados. (Redação dada pela Lei nº 10.695, de 1º/07/2003, com vigência em 01/08/2003.)

Art. 530-I. Nos crimes em que caiba ação penal pública incondicionada ou condicionada, observar-se-ão as normas constantes dos arts. 530-B, 530-C, 530-D, 530-E, 530-F, 530-G e 530-H. (Redação dada pela Lei nº 10.695, de 1º/07/2003, com vigência em 01/08/2003.)

CAPÍTULO V
DO PROCESSO SUMÁRIO

Art. 531. Na audiência de instrução e julgamento, a ser realizada no prazo máximo de 30 (trinta) dias, proceder-se-á à tomada de declarações do ofendido, se possível, à inquirição das testemunhas arroladas pela acusação e pela defesa, nesta ordem, ressalvado o disposto no art. 222 deste Código, bem como aos esclarecimentos dos peritos, às acareações e ao reconhecimento de pessoas e coisas, interrogando-se, em seguida, o acusado e procedendo-se, finalmente, ao debate. (Redação dada pela Lei nº 11.719, de 20/06/2008, com vigência em 22/08/2008.)

Art. 532. Na instrução, poderão ser inquiridas até 5 (cinco) testemunhas arroladas pela acusação e 5 (cinco) pela defesa. (Redação dada pela Lei nº 11.719, de 20/06/2008, com vigência em 22/08/2008.)

Art. 533. Aplica-se ao procedimento sumário o disposto nos parágrafos do art. 400 deste Código. (Redação dada pela Lei nº 11.719, de 20/06/2008, com vigência em 22/08/2008.)

Art. 534. As alegações finais serão orais, concedendo-se a palavra, respectivamente, à acusação e à defesa, pelo prazo de 20 (vinte) minutos, prorrogáveis por mais 10 (dez), proferindo o juiz, a seguir, sentença. (Redação dada pela Lei nº 11.719, de 20/06/2008, com vigência em 22/08/2008.)

§ 1º Havendo mais de um acusado, o tempo previsto para a defesa de cada um será individual. (Redação dada pela Lei nº 11.719, de 20/06/2008, com vigência em 22/08/2008.)

§ 2º Ao assistente do Ministério Público, após a manifestação deste, serão concedidos 10 (dez) minutos, prorrogando-se por igual período o tempo de manifestação da defesa. (Redação dada pela Lei nº 11.719, de 20/06/2008, com vigência em 22/08/2008.)

Art. 535. Nenhum ato será adiado, salvo quando imprescindível a prova faltante, determinando o juiz a condução coercitiva de quem deva comparecer. (Redação dada pela Lei nº 11.719, de 20/06/2008, com vigência em 22/08/2008.)

Art. 536. A testemunha que comparecer será inquirida, independentemente da suspensão da audiência, observada em qualquer caso a ordem estabelecida no art. 531 deste Código. (Redação dada pela Lei nº 11.719, de 20/06/2008, com vigência em 22/08/2008.)

Art. 538. Nas infrações penais de menor potencial ofensivo, quando o juizado especial criminal encaminhar ao juízo comum as peças existentes para a adoção de outro procedimento, observar-se-á o procedimento sumário previsto neste Capítulo. (Redação dada pela Lei nº 11.719, de 20/06/2008, com vigência em 22/08/2008.)

CAPÍTULO VI
DO PROCESSO DE RESTAURAÇÃO DE AUTOS EXTRAVIADOS OU DESTRUÍDOS

Art. 541. Os autos originais de processo penal extraviados ou destruídos, em primeira ou segunda instância, serão restaurados.

§ 1º Se existir e for exibida cópia autêntica ou certidão do processo, será uma ou outra considerada como original.

§ 2º Na falta de cópia autêntica ou certidão do processo, o juiz mandará, de ofício, ou a requerimento de qualquer das partes, que:

a) o escrivão certifique o estado do processo, segundo a sua lembrança, e reproduza o que houver a respeito em seus protocolos e registros;

b) sejam requisitadas cópias do que constar a respeito no Instituto Médico-Legal, no Instituto de Identificação e Estatística ou em estabelecimentos congêneres, repartições públicas, penitenciárias ou cadeias;

c) as partes sejam citadas pessoalmente, ou, se não forem encontradas, por edital, com o prazo de 10 (dez) dias, para o processo de restauração dos autos.

§ 3º Proceder-se-á à restauração na primeira instância, ainda que os autos se tenham extraviado na segunda.

Art. 542. No dia designado, as partes serão ouvidas, mencionando-se em termo circunstanciado os pontos em que estiverem acordes e a exibição e a conferência das certidões e mais reproduções do processo apresentadas e conferidas.

Art. 543. O juiz determinará as diligências necessárias para a restauração, observando-se o seguinte:

I – caso ainda não tenha sido proferida a sentença, reinquirir-se-ão as testemunhas podendo ser substituídas as que tiverem falecido ou se encontrarem em lugar não sabido;

II – os exames periciais, quando possível, serão repetidos, e de preferência pelos mesmos peritos;

III – a prova documental será reproduzida por meio de cópia autêntica ou, quando impossível, por meio de testemunhas;

IV – poderão também ser inquiridas sobre os atos do processo, que deverá ser restaurado, as autoridades, os serventuários, os peritos e mais pessoas que tenham nele funcionado;

V – o Ministério Público e as partes poderão oferecer testemunhas.

Art. 544 - Realizadas as diligências que, salvo motivo de força maior, deverão concluir-se dentro de 20 (vinte) dias, serão os autos conclusos para julgamento.

Parágrafo único. No curso do processo, e depois de subirem os autos conclusos para sentença, o juiz poderá, dentro em 5 (cinco) dias, requisitar de autoridades ou de repartições todos os esclarecimentos para a restauração.

Art. 545. Os selos e as taxas judiciárias, já pagos nos autos originais, não serão novamente cobrados.

Art. 546. Os causadores de extravio de autos responderão pelas custas, em dobro, sem prejuízo da responsabilidade criminal.

Art. 547. Julgada a restauração, os autos respectivos valerão pelos originais.

Parágrafo único. Se no curso da restauração aparecerem os autos originais, nestes continuará o processo, apensos a eles os autos da restauração.

Art. 548. Até à decisão que julgue restaurados os autos, a sentença condenatória em execução continuará a produzir efeito, desde que conste da respectiva guia arquivada na cadeia ou na penitenciária, onde o réu estiver cumprindo a pena, ou de registro que torne a sua existência inequívoca.

TÍTULO II
DA EXECUÇÃO DAS PENAS EM ESPÉCIE

CAPÍTULO I
DAS PENAS PRIVATIVAS DE LIBERDADE

Art. 682. O sentenciado a que sobrevier doença mental, verificada por perícia médica, será internado em manicômio judiciário, ou, à falta, em outro estabelecimento adequado, onde lhe seja assegurada a custódia.

§ 1º Em caso de urgência, o diretor do estabelecimento penal poderá determinar a remoção do sentenciado, comunicando imediatamente a providência ao juiz, que, em face da perícia médica, ratificará ou revogará a medida.

§ 2º Se a internação se prolongar até o término do prazo restante da pena e não houver sido imposta medida de segurança detentiva, o indivíduo terá o destino aconselhado pela sua enfermidade, feita a devida comunicação ao juiz de incapazes.

Nota do Autor: O art. 2º da Lei nº 11.690, de 09/06/2008, que altera dispositivos do Decreto-Lei nº 3.689, de 3 de outubro de 1941 – Código de Processo Penal, relativos à prova, e dá outras providências, assim dispõe:

Art. 2º Aqueles peritos que ingressaram sem exigência do diploma de curso superior até a data de entrada em vigor desta Lei continuarão a atuar exclusivamente nas respectivas áreas para as quais se habilitaram, ressalvados os peritos médicos.

LEI Nº 12.030, DE 17 DE SETEMBRO DE 2009

Dispõe sobre as perícias oficiais e dá outras providências.

O Presidente da República Faço saber que o Congresso Nacional decreta e eu sanciono a seguinte Lei:

Art. 1º Esta Lei estabelece normas gerais para as perícias oficiais de natureza criminal.

Art. 2º No exercício da atividade de perícia oficial de natureza criminal, é assegurado autonomia técnica, científica e funcional, exigido concurso público, com formação acadêmica específica, para o provimento do cargo de perito oficial.

Art. 3º Em razão do exercício das atividades de perícia oficial de natureza criminal, os peritos de natureza criminal estão sujeitos a regime especial de trabalho, observada a legislação específica de cada ente a que se encontrem vinculados.

Art. 4º (Vetado)

Art. 5º Observado o disposto na legislação específica de cada ente a que o perito se encontra vinculado, são peritos de natureza criminal os peritos criminais, peritos médico-legistas e peritos odontolegistas com formação superior específica detalhada em regulamento, de acordo com a necessidade de cada órgão e por área de atuação profissional.

Art. 6º Esta Lei entra em vigor 90 (noventa) dias após a data de sua publicação.

Brasília, 17 de setembro de 2009; 188º da Independência e 121º da República.

LUIZ INÁCIO LULA DA SILVA
Tarso Genro
Paulo Bernardo Silva

DECRETO Nº 7.003, DE 09 DE NOVEMBRO DE 2009

Regulamenta a licença para tratamento de saúde, de que tratam os arts. 202 a 205 da Lei nº 8.112, de 11 de dezembro de 1990, e dá outras providências.

O Presidente da República, no uso das atribuições que lhe confere o art. 84, incisos IV e VI, alínea "a", da Constituição, e tendo em vista o disposto nos arts. 202 a 205 da Lei nº 8.112, de 11 de dezembro de 1990,

Decreta:

Art. 1º Este Decreto regulamenta a concessão de licença para tratamento de saúde do servidor da administração federal direta, autárquica e fundacional, e os casos em que poderá ser dispensada a perícia oficial.

Art. 2º Para os efeitos deste Decreto, considera-se:

I – perícia oficial: a avaliação técnica presencial, realizada por médico ou cirurgião-dentista formalmente designado, destinada a fundamentar as decisões da administração no tocante ao disposto neste Decreto;

II – avaliação por junta oficial: perícia oficial realizada por grupo de três médicos ou de três cirurgiões-dentistas; e

III – perícia oficial singular: perícia oficial realizada por apenas um médico ou um cirurgião-dentista.

Art. 3º A licença para tratamento de saúde será concedida ao servidor, a pedido ou de ofício:

I – por perícia oficial singular, em caso de licenças que não excederem o prazo de cento e vinte dias no período de doze meses a contar do primeiro dia de afastamento; e

II – mediante avaliação por junta oficial, em caso de licenças que excederem o prazo indicado no inciso I.

Parágrafo único. Nos casos previstos no inciso I, a perícia oficial deverá ser solicitada pelo servidor no prazo de cinco dias contados da data de início do seu afastamento.

Art. 4º A perícia oficial poderá ser dispensada para a concessão de licença para tratamento de saúde, desde que:

I – não ultrapasse o período de cinco dias corridos; e

II – somada a outras licenças para tratamento de saúde gozadas nos doze meses anteriores, seja inferior a quinze dias.

§ 1º A dispensa da perícia oficial fica condicionada à apresentação de atestado médico ou odontológico, que será recepcionado e incluído no Sistema Integrado de Administração de Recursos Humanos - SIAPE, módulo de Saúde.

§ 2º No atestado a que se refere o § 1º, deverá constar a identificação do servidor e do profissional emitente, o registro deste no conselho de classe, o código da Classificação Internacional de Doenças – CID ou diagnóstico e o tempo provável de afastamento.

§ 3º Ao servidor é assegurado o direito de não autorizar a especificação do diagnóstico em seu atestado, hipótese em que deverá submeter-se à perícia oficial, ainda que a licença não exceda o prazo de cinco dias.

§ 4º O atestado deverá ser apresentado à unidade competente do órgão ou entidade no prazo máximo de cinco dias contados da data do início do afastamento do servidor.

§ 5º A não apresentação do atestado no prazo estabelecido no § 4º, salvo por motivo justificado, caracterizará falta ao serviço, nos termos do art. 44, inciso I, da Lei nº 8.112, de 11 de dezembro de 1990.

§ 6º A unidade de recursos humanos do órgão ou entidade do servidor deverá encaminhar o atestado à unidade de atenção à saúde do servidor para registro dos dados indispensáveis, observadas as normas vigentes de preservação do sigilo e da segurança das informações.

§ 7º Ainda que configurados os requisitos para a dispensa da perícia oficial, previstos nos incisos I e II do *caput*, o servidor será submetido a perícia oficial a qualquer momento, mediante recomendação do perito oficial, a pedido da chefia do servidor ou da unidade de recursos humanos do órgão ou entidade.

Art. 5º Na impossibilidade de locomoção do servidor, a avaliação pericial será realizada no estabelecimento hospitalar onde ele se encontrar internado ou em domicílio.

Art. 6º Inexistindo perito oficial, unidade de saúde do órgão ou entidade no local onde tenha exercício o servidor, o órgão ou entidade do servidor celebrará acordo de cooperação com outro órgão ou entidade da administração federal, ou firmará convênio com unidade de atendimento do sistema público de saúde ou com entidade da área de saúde, sem fins lucrativos, declarada de utilidade pública.

Parágrafo único. Na impossibilidade de aplicação do disposto no *caput*, que deverá ser devidamente justificada, o órgão ou entidade promoverá a contratação da prestação de serviços por pessoa jurídica, nas condições previstas no art. 230, § 2ª, da Lei nº 8.112, de 1990.

Art. 7º O laudo pericial deverá conter a conclusão, o nome do perito oficial e respectivo registro no conselho de classe, mas não se referirá ao nome ou natureza da doença, salvo quando se tratar de lesões produzidas por acidente em serviço, doença profissional ou qualquer das doenças especificadas no art. 186, § 1º, da Lei nº 8.112, de 1990.

Art. 8º A perícia oficial para concessão de licença para tratamento de saúde, nas hipóteses em que abranger o campo de atuação da odontologia, será efetuada por cirurgiões-dentistas.

Art. 9º A perícia oficial poderá ser dispensada para a concessão da licença por motivo de doença em pessoa da família de que trata o art. 83 da Lei nº 8.112, de 1990, desde que não ultrapasse o período de três dias corridos, mediante apresentação de atestado médico ou odontológico, conforme o caso, que contenha justificativa quanto à necessidade de acompanhamento por terceiro.

Parágrafo único. Observado o disposto no *caput*, aplicam-se as demais disposições deste Decreto à licença por motivo de doença em pessoa na família.

Art. 10. Este Decreto entra em vigor na data de sua publicação.

Brasília, 9 de novembro de 2009; 188º da Independência e 121º da República.

LUIZ INÁCIO LULA DA SILVA

Paulo Bernardo Silva

LEI Nº 6.404, DE 15 DE DEZEMBRO DE 1976

Dispõe sobre as Sociedades por Ações.

AVALIAÇÃO

Art. 8º A avaliação dos bens será feita por 3 (três) peritos ou por empresa especializada, nomeados em assembleia-geral dos subscritores, convocada pela imprensa e presidida por um dos fundadores, instalando-se em primeira convocação com a presença de subscritores que representem metade, pelo menos, do capital social, e em segunda convocação com qualquer número.

1º Os peritos ou a empresa avaliadora deverão apresentar laudo fundamentado, com a indicação dos critérios de avaliação e dos elementos de comparação adotados e instruído com os documentos relativos aos bens avaliados, e estarão presentes à assembleia que conhecer do laudo, a fim de prestarem as informações que lhes forem solicitadas.

2º Se o subscritor aceitar o valor aprovado pela assembleia, os bens incorporar-se-ão ao patrimônio da companhia, competindo aos primeiros diretores cumprir as formalidades necessárias à respectiva transmissão.

3º Se a assembleia não aprovar a avaliação, ou o subscritor não aceitar a avaliação aprovada, ficará sem efeito o projeto de constituição da companhia.

4º Os bens não poderão ser incorporados ao patrimônio da companhia por valor acima do que lhes tiver dado o subscritor.

5º Aplica-se à assembleia referida neste artigo o disposto nos §§ 1º e 2º do artigo 115.

6º Os avaliadores e o subscritor responderão perante a companhia, os acionistas e terceiros, pelos danos que lhes causarem por culpa ou dolo na avaliação dos bens, sem prejuízo da responsabilidade penal em que tenham incorrido; no caso de bens em condomínio, a responsabilidade dos subscritores é solidária.

PARTE III

PRÁTICA FORENSE

SUMÁRIO PARCIAL

PARTE III – PRÁTICA FORENSE

MODELOS DE PETIÇÕES

PETIÇÃO Nº 10: Requerimento de remessa dos autos ao Dr. Contador Judicial para cálculo de atualização dos honorários, que deverão ser pagos em execução, haja vista a ocorrência de sucumbência.

PETIÇÃO Nº 11: Requerimento de solicitação de liberação de parte dos honorários, para fins de despesas (sempre esclarecendo os motivos e as despesas, com pretensão de valor certo e/ou percentual).

PETIÇÃO Nº 12: Respondendo a impugnação à pretensão de honorários.

PETIÇÃO Nº 13: Apresentação do laudo com liberação dos honorários, expedindo-se o competente mandado de pagamento.

PETIÇÃO Nº 14: Elucidando ser determinado quesito matéria de direito, e não de fato, motivo pelo qual aguarda a determinação do Juízo, quanto ao seu atendimento, para fins de estabelecer a justa proposta dos honorários.

PETIÇÃO Nº 15: Solicitando suspensão do prazo para entrega do laudo, em face de recurso contra decisão que homologou os honorários.

PETIÇÃO Nº 16: Solicitando dispensa do encargo, em face de não se ter ciência dos honorários, em decorrência de recurso (agravo de instrumento).

PETIÇÃO Nº 17: Pedido de prorrogação de prazo para entrega do laudo, justificando o motivo.

PETIÇÃO Nº 18: Solicitando providências ao Juízo, em face de óbices criados pelas partes, interessados e ou outras pessoas no local da diligência.

PETIÇÃO Nº 19: Solicitando providências ao Juízo, em face de óbices criados por empresas e/ou órgão público, para apresentação e/ou entrega de documentos ou o mais conexo, quando indispensáveis para realização da prova.

PETIÇÃO Nº 20: Requisitando providências que só as partes podem apresentar (ex.: entrega de livros contábeis, documentos bancários etc.).

PETIÇÃO Nº 21: Indicação de dia e hora para início da diligência, visando ciência das partes e interessados.

PETIÇÃO Nº 22: Ciência a morador de imóvel do dia e hora da diligência, visando ser autorizada a entrada do perito no imóvel, para fins de realizar a verificação necessária.

PETIÇÃO Nº 23: Esclarecimento sobre eventual impugnação do laudo.

Modelos de Petição

PETIÇÃO Nº 01: Aceitação da designação, apesar de não ser necessária a expressa concordância (arts. 157, § 1º, e 467, ambos do N.C.P.C. de 2015).

Exmo. Sr. Dr. Juiz de Direito da .... Vara Cível da Comarca da.........

(dar espaço entre o endereçamento e o texto para o despacho do Juiz)

FULANO DE TAL (*nome do Perito*), brasileiro (*segue a qualificação com o estado civil, profissão e respectiva inscrição no Órgão de Classe, residência e o mais conexo que for indispensável*), vem, mui respeitosamente, informar a V. Ex.ª que, na forma dos arts. 157, § 1º, e 467, ambos do N.C.P.C. de 2015, aceita, com muita honra, o encargo e que tão logo sejam anexados os quesitos pertinentes, apresentará sua proposta de honorários, comprometendo-se a dar início às diligências, após concretização do depósito.

Requer, assim, a juntada desta aos autos para ciência de todos os interessados e devidos fins de direito.

Nestes Termos,

E. Deferimento.

(Cidade), ... de.............. de 201... (dia, mês e ano).

(Assinatura com o nº do Órgão de Classe)

PETIÇÃO Nº 02: Escusando o encargo, em atenção aos arts. 157, § 1º, e 467, ambos do N.C.P.C. de 2015).

Exmo. Sr. Dr. Juiz de Direito da .... Vara Cível da Comarca da.........

(dar espaço entre o endereçamento e o texto para o despacho do Juiz)

FULANO DE TAL (*nome do Perito*), brasileiro (*segue a qualificação com o estado civil, profissão e respectiva inscrição no Órgão de Classe, residência e o mais conexo que for indispensável*), vem, mui respeitosamente, informar a V. Ex.ª, na forma dos arts. 157 e § 1º e 467, ambos do N.C.P.C. de 2015, que, não obstante muito honrado com a designação, por motivos de foro íntimo, encontra-se impossibilitado de exercer o encargo, apresentando as sinceras escusas e ficando sempre à disposição deste Juízo para maiores esclarecimentos, bem como a realização de novas provas técnicas, quando assim solicitado.

Requer, assim, sua dispensa do encargo e a juntada desta aos autos para ciência de todos os interessados, atendendo aos devidos fins de direito.

Nestes Termos,

E. Deferimento.

(Cidade), ... de.............. de 201... (dia, mês e ano).

(Assinatura com o nº do Órgão de Classe)

PETIÇÃO Nº 03: Escusa do encargo, em atenção aos arts. 157, *caput* e § 1º, e 467, ambos do N.C.P.C. de 2015, por ser suspeito ou se encontrar impedido (arts. 148, inciso II, c.c. arts. 144 a 148, todos do N.C.P.C. de 2015.).

Exmo. Sr. Dr. Juiz de Direito da .... Vara Cível da Comarca da.........

(dar espaço entre o endereçamento e o texto para o despacho do Juiz)

FULANO DE TAL (*nome do Perito*), brasileiro (*segue a qualificação com o estado civil, profissão e respectiva inscrição no Órgão de Classe, residência e o mais conexo que for indispensável*), vem, mui respeitosamente, informar a V. Ex.ª, na forma dos arts. 157, *caput* e § 1º, e 467, ambos do N.C.P.C. de 2015, que, não obstante muito honrado com a designação, encontra-se (*impedido e/ou suspeito*), na forma do disposto no art. (144, inciso... c.c. 144 ... a 148... – elucidar qual o art. e eventual complemento – todos do N.C.P.C. de 2015), ficando, portanto, impossibilitado de exercer o encargo, apresentando, no momento, as sinceras escusas e ficando sempre à disposição deste Juízo para maiores esclarecimentos, bem como a realização de novas provas técnicas, quando assim solicitado.

Requer, assim, sua dispensa do encargo e a juntada desta aos autos para ciência de todos os interessados, atendendo aos devidos fins de direito.

Nestes Termos,

E. Deferimento.

(Cidade), ... de.............. de 201... (dia, mês e ano).

(Assinatura com o nº do Órgão de Classe)

PETIÇÃO Nº 04: Petição de defesa, quando é o perito impugnado por uma das partes ou por ambas e refuta as alegações apresentadas, pretendendo ser mantido na função.

Obs.: Na hipótese de concordância com a impugnação, basta utilizar um dos modelos anteriores com as adequações especiais, anuindo com a pretensão da parte e declinando do encargo, sem ser necessário maior e mais alongado esclarecimento, exceto se solicitado expressamente, até porque é faculdade do perito, na hipótese de impedimento superveniente assim o fazer (art. 157 do N.C.P.C. de 2015) e, com muito mais razão, até por analogia, caso entenda ser suspeito e/ou não mais interessar o encargo por motivo legítimo e/ou foro íntimo (157 do N.C.P.C. de 2015).

Exmo. Sr. Dr. Juiz de Direito da .... Vara Cível da Comarca da.........

(dar espaço entre o endereçamento e o texto para o despacho do Juiz)

FULANO DE TAL (*nome do Perito*), brasileiro (*segue a qualificação com o estado civil, profissão e respectiva inscrição no Órgão de Classe, residência e o mais conexo que for indispensável, caso ainda não o tenha feito em anterior petição. Na segunda hipótese, basta dizer: já qualificado nestes autos*), vem, mui respeitosamente, em atendimento a R. Decisão de V. Ex.ª, expor, para depois requerer, o seguinte:

01) que foi explicitado na impugnação de fls. .... ser este Louvado (*cônjuge ou parente ou amigo íntimo ou inimigo capital, credor ou devedor etc., conforme o caso concreto*), na forma dos arts. 144 ou 148 (*conforme o caso concreto*) c.c. art. 148, inciso II, do N.C.P.C. de 2015;

02) que se equivocou o Ilustre Patrono do (*Réu e/ou Autor etc. ou o Ilustre Órgão do Ministério Público etc.*), haja vista não se tratar a hipótese como (*impedimento e/ou suspeição*), já que não se apresenta em sonância com a realidade fática;

03) que, na realidade... (*sustentação objetiva pelo Perito da tese para elidir a impugnação*)...

04) que... (*outras informações e sustentações*).

Posto isto e acreditando ter elucidado todos os fatos envolvendo a presente impugnação, requer a V. Ex.ª seja ratificada a sua designação e, *per viam consequentiae*, rejeitada a Impugnação apresentada, ficando à disposição para novos esclarecimentos, *si et in quantum*.

Nestes Termos, j.

E. Deferimento.

(Cidade), ... de.............. de 201... (dia, mês e ano).

(Assinatura com o nº do Órgão de Classe)

PETIÇÃO Nº 05: Pretensão simples de honorários, quando não há motivos relevantes para esclarecer os motivos do valor solicitado, devendo, porém, anexar os documentos exigidos pelo art. 465, § 2º, do N.C.P.C. de 2015.

Exmo. Sr. Dr. Juiz de Direito da .... Vara Cível da Comarca da ....

(dar espaço entre o endereçamento e o texto para o despacho do Juiz)

FULANO DE TAL (*nome do Perito*), Perito deste Juízo e já qualificado nestes autos, vem, mui respeitosamente, requerer a V. Ex.ª a fixação dos seus honorários em R$ .... (*quantia por extenso*), anexando os documentos exigidos pelo art. 465, § 2º, do N.C.P.C. de 2015, determinando que a Parte responsável pelo adiantamento da supramencionada quantia (arts. 95 ou 82, *caput*, ou 82, § 1º, do N.C.P.C. de 2015) efetive o competente depósito, visando, assim, dar início às diligências periciais, na forma legal.

Nestes Termos,

E. Deferimento.

(Cidade), ... de .... de 201... (dia, mês e ano).

(Assinatura com o nº do Órgão de Classe)

PETIÇÃO Nº 06: Pretensão de honorários com esclarecimentos em relação ao valor requerido, em face da sua relevância.

Exmo. Sr. Dr. Juiz de Direito da .... Vara Cível da Comarca da.........

(dar espaço entre o endereçamento e o texto para o despacho do Juiz)

FULANO DE TAL (*nome do Perito*), Perito deste Juízo e já qualificado nestes autos, vem, mui respeitosamente, requerer a V. Ex.ª a fixação dos seus honorários em R$ .... (*valor por extenso).*

Elucida o Louvado a V. Exª que o *quantum* acima se prende à grande quesitação apresentada pelos Interessados, no total de ....(*número por extenso*) quesitos, conforme constam de fls .... (*citar as folhas onde se encontram os quesitos para exame do Juiz*), motivando a realização de várias diligências, em especial na .... (*locais*), além de acentuadas despesas com .... (*viagem, pesquisas, fotos, filmes etc.*) e ainda .... (*o que mais for relevante para o caso concreto*).

Requer, ainda, após o deferimento dos aludidos honorários, que seja determinado à Parte responsável pelo adiantamento da supramencionada quantia (art. 95 ou 82, *caput,* ou 82, § 1º, do N.C.P.C. de 2015) a efetivação do competente depósito, visando, assim, dar início às diligências periciais, na forma legal, ficando à disposição de V. Ex.ª para qualquer outra informação complementar.

Nestes Termos,

E. Deferimento.

(Cidade), ... de .... de 201... (dia, mês e ano).

(Assinatura com o nº do Órgão de Classe)

PETIÇÃO Nº 07: Pretensão complementar de honorários na hipótese de quesitação suplementar, que na realidade é questionamento novo, importando em nova diligência e outras despesas.

Exmo. Sr. Dr. Juiz de Direito da .... Vara Cível da Comarca da ....

(dar espaço entre o endereçamento e o texto para o despacho do Juiz)

FULANO DE TAL (*nome do Perito*), Perito deste Juízo e já qualificado nestes autos, vem, mui respeitosamente, requerer a V. Ex.ª o deferimento de honorários complementares no *quantum* de R$ .... (*valor por extenso*).

Elucida o Louvado a V. Ex.ª que o valor acima pretendido se prende ao fato de que a quesitação ora apresentada, *data maxima venia* e s.m.j. não se resume em questionamento suplementar, como só autorizado nesta fase processual, mas sim em quesito (s) novo (s), como se pode constar com a simples comparação entre a quesitação anteriormente apresentada, como constante de fls... (*citar as folhas*) e a atual (*citar as folhas*), tanto que, para atender a tal desiderato, necessárias serão novas diligências do Perito em .... (*citar as diligências*), com consequentes despesas de (citar as despesas).

Requer, desta forma, seja determinado à Parte Requerente o depósito da supramencionada quantia, visando, assim, dar continuidade aos trabalhos periciais na forma legal, ficando à disposição de V. Ex.ª para qualquer outra informação necessária.

Nestes Termos,

E. Deferimento.

(Cidade), ... de .... de 201... (dia, mês e ano).

(Assinatura com o nº do Órgão de Classe)

PETIÇÃO Nº 08: Reiterando ao Juízo a intimação da Parte responsável pelo depósito dos honorários, visando dar início às diligências periciais (arts. 95 ou 82, *caput*, ou 82, § 1º, do N.C.P.C. de 2015).

Exmo. Sr. Dr. Juiz de Direito da .... Vara Cível da Comarca da ....

(dar espaço entre o endereçamento e o texto para o despacho do Juiz)

FULANO DE TAL (*nome do Perito*), Perito deste Juízo e já qualificado nestes autos, vem, mui respeitosamente, requerer a V. Ex.ª a intimação do responsável pelo adiantamento dos seus honorários, na forma dos arts. 95 ou 82, *caput*, ou 82, § 1º, do N.C.P.C. de 2015, para que efetue o depósito da quantia deferida, visando, assim, dar início aos trabalhos periciais na forma legal.

Nestes Termos,

E. Deferimento.

(Cidade), ... de .... de 201... (dia, mês e ano).

(Assinatura com o nº do Órgão de Classe)

PETIÇÃO Nº 09: Pretensão de honorários, não obstante seja a Parte beneficiária da gratuidade (art. 82, *caput*, do N.C.P.C. de 2015), para fins de depósito, *opportuno tempore*, pelo sucumbente não beneficiário da justiça gratuita, quando em execução do R. Julgado ou caso não haja mais hipossuficiência, com aplicação do disposto no art. 12 da Lei nº 1.060/50 ou, ainda, em sede de sucumbência recíproca (art. 86 do N.C.P.C. de 2015).

Obs.: Pode ser usado o modelo de Petição Simples (Petição nº 05) caso a hipótese não tenha complexidade, adequando-a apenas com as normas legais citadas no modelo abaixo.

Exmo. Sr. Dr. Juiz de Direito da .... Vara Cível da Comarca da ....

(dar espaço entre o endereçamento e o texto para o despacho do Juiz)

FULANO DE TAL (*nome do Perito*), Perito deste Juízo e já qualificado nestes autos, vem, mui respeitosamente, requerer a V. Ex.ª a fixação dos seus honorários em R$ .... (*valor por extenso*), para fins de cálculo e pagamento em eventual execução, caso o sucumbente não seja beneficiário da justiça gratuita, na forma do art. 82, *caput*, do N.C.P.C. de 2015, com aplicação do art. 12 da Lei nº 1.060/50 e/ou não haja mais a hipossuficiência e/ou em hipótese de sucumbência recíproca, na forma do art. 86, *caput*, do N.C.P.C. de 2015.

Elucida o Louvado a V. Ex.ª que o *quantum* acima se prende à grande quesitação apresentada pelos Interessados, no total de ....(*número por extenso*) quesitos, conforme constam de fls .... (*citar as folhas onde se encontram os quesitos para exame do Juiz*), motivando a realização de várias diligências, em especial na .... (*locais*), além de acentuadas despesas com .... (*viagem, pesquisas, fotos, filmes etc.*) e ainda .... (*o que mais for relevante para o caso concreto*).

Requer, assim, após o deferimento dos aludidos honorários, que seja dada ciência aos interessados, para os devidos fins de direito, ficando à disposição de V. Ex.ª para qualquer outra informação complementar.

Nestes Termos,

E. Deferimento.

(Cidade), ... de .... de 201... (dia, mês e ano).

(Assinatura com o nº do Órgão de Classe)

PETIÇÃO Nº 10: Requerimento de remessa dos autos ao Dr. Contador Judicial para cálculo de atualização dos honorários, que deverão ser pagos em execução, haja vista a ocorrência de sucumbência sem incidência do art. 82, *caput*, do N.C.P.C. de 2015 e art. 12 da Lei nº 1060/50.

Exmo. Sr. Dr. Juiz de Direito da .... Vara Cível da Comarca da ....

(dar espaço entre o endereçamento e o texto para o despacho do Juiz)

FULANO DE TAL (*nome do Perito*), Perito deste Juízo e já qualificado nestes autos, vem, mui respeitosamente, requerer a V. Ex.ª a remessa dos autos ao Dr. Contador Judicial, para fins de cálculo e atualização de seus honorários deferidos e posterior intimação da Parte sucumbente, vez que não se trata de beneficiária da Justiça Gratuita, para depósito do valor apurado.

Requer, assim, após o aludido depósito a expedição do competente mandado de pagamento em favor do ora Requerente.

Nestes Termos,

E. Deferimento.

(Cidade), ... de .... de 201... (dia, mês e ano).

(Assinatura com o nº do Órgão de Classe)

PETIÇÃO Nº 11: Solicitação de liberação de parte dos honorários, para fins de despesas (sempre esclarecendo os motivos e as despesas, com pretensão de valor certo e ou percentual), na forma do art. 465, § 4º, do N.C.P.C. de 2015.

Exmo. Sr. Dr. Juiz de Direito da .... Vara Cível da Comarca da ....

(dar espaço entre o endereçamento e o texto para o despacho do Juiz)

FULANO DE TAL (*nome do Perito*), Perito deste Juízo e já qualificado nestes autos, vem, mui respeitosamente, requerer a V. Ex.ª, na forma do art. 465, § 4º, do N.C.P.C. de 2015, a liberação parcial de seus honorários, no valor de R$ ...... (*ou no percentual de ...% – por extenso*), haja vista a necessidade de realizar despesas de .... (*mencionar os motivos concretos do pedido*),

Requer, assim, a expedição do competente mandado de pagamento em favor do ora Requerente no *quantum* (*e/ou percentual de*) acima referido, comprometendo-se, caso necessário e determinado, a apresentar as contas alusivas as despesas objeto deste pedido.

Nestes Termos,

E. Deferimento.

(Cidade), ... de .... de 201... (dia, mês e ano).

(Assinatura com o nº do Órgão de Classe)

PETIÇÃO Nº 12: Respondendo a impugnação à pretensão de honorários.

Exmo. Sr. Dr. Juiz de Direito da .... Vara Cível da Comarca da ....

(dar espaço entre o endereçamento e o texto para o despacho do Juiz)

FULANO DE TAL (*nome do Perito*), Perito deste Juízo e já qualificado nestes autos, vem, mui respeitosamente, em atendimento a R. Decisão de fl. (*transcrever a folha dos autos*), referente à impugnação dos honorários, elucidar a V. Ex.ª, para depois requerer, o seguinte:

01) que o *quantum* requerido para atender à Prova Pericial se prende, inicialmente, à grande quesitação apresentada pelos Interessados, no total de ....(*número por extenso*) quesitos, conforme constam de fls. .... (*citar as folhas onde se encontram os quesitos para exame do Juiz*);

02) que os diversos e variados questionamentos motivam a realização de várias diligências, em especial na .... (*locais de forma bem especificada*);

03) que há várias despesas, com pagamento imediato pelo Louvado, tais como .... (*citar as hipóteses como: viagem, pesquisas, fotos, filmes etc.*) e que justificam, por si só, o valor sugerido para honorários;

04) que, ainda .... (*o que mais for relevante para o caso concreto*).

05) que (*outras hipóteses complementares...*).

Requer, assim, seja rejeitada a impugnação apresentada, deferindo, de forma definitiva, os aludidos honorários, por ser medida legal e de direito, determinando, *per viam consequentiae*, à Parte responsável pelo adiantamento da supramencionada quantia a efetivação do competente depósito, visando, assim, dar início às diligências periciais, na forma legal, ficando, no mais, à disposição de V. Ex.ª para qualquer outra informação complementar.

Nestes Termos,

E. Deferimento.

(Cidade), ... de .... de 201... (dia, mês e ano).

(Assinatura com o nº do Órgão de Classe)

PETIÇÃO Nº 13: Apresentação do laudo com liberação dos honorários, expedindo-se o competente mandado de pagamento (art. 465, § 4º, do N.C.P.C. de 2015).

Exmo. Sr. Dr. Juiz de Direito da .... Vara Cível da Comarca da ....

(dar espaço entre o endereçamento e o texto para o despacho do Juiz)

FULANO DE TAL (*nome do Perito*), Perito deste Juízo e já qualificado nestes autos, vem, mui respeitosamente, apresentar a V. Ex.ª, no prazo legal, o Laudo Pericial em anexo, requerendo a liberação de seus honorários, na forma do art. 465, § 4º, do N.C.P.C. de 2015).

Requer, assim, a expedição do competente mandado de pagamento em favor do ora Requerente.

Nestes Termos,

E. Deferimento.

(Cidade), ... de .... de 201... (dia, mês e ano).

(Assinatura com o nº do Órgão de Classe)

PETIÇÃO Nº 14: Elucidando ser determinado quesito matéria de direito e não de fato, motivo pelo qual aguarda a determinação do Juízo, quanto ao seu atendimento, para fins de estabelecer a justa proposta dos honorários (art. 470, inciso I, do N.C.P.C. de 2015).

Exmo. Sr. Dr. Juiz de Direito da .... Vara Cível da Comarca da ....

(dar espaço entre o endereçamento e o texto para o despacho do Juiz)

FULANO DE TAL (*nome do Perito*), Perito deste Juízo e já qualificado nestes autos, vem, mui respeitosamente, elucidar a V. Ex.ª, para depois requerer, o seguinte:

01) que examinando a quesitação apresentada pelos Interessados pode constatar, *data maxima venia* e s.m.j, que o quesito de n°... (*mencionar o número*) da Parte ... (*Autor e/ou Ré e/ou algum Interessado*), constante de fl. (*citar a folha dos autos*) traz referência à questionamento exclusivamente de direito;

02) que, sendo a Perícia uma "diligência realizada ou executada por peritos, a fim de que se esclareçam ou se evidenciem certos fatos" (*Dicionário Jurídico* – De Plácido e Silva – Forense, 1982, volume III, p. 352), e não hipóteses de direito, que competem exclusivamente ao Juízo, fica a dúvida, quanto ao atendimento do solicitado;

03) que, de igual relevância, prende-se a controvérsia, para fins de aferimento de seus honorários, já que para solução de tal questionamento necessário se faz diligência especial, diversa da especialidade do ora Louvado, motivando ressalvas em conexão com o art. 156 do N.C.P.C. de 2015;

04) que, em sendo determinado pelo Juízo, cumprirá o necessário, respondendo, quanto possível, ao aludido quesito.

05) que, ainda .... (*o que mais for relevante para o caso concreto*).

06) que (*outras hipóteses complementares...*).

07) que (*outras hipóteses complementares...*).

Requer, assim, seja, em primeiro momento, indeferido o quesito explicitado no nº 01 acima, na forma do art. 470, inciso I, do N.C.P.C. de 2015 ou, em sendo autorizada a sua permanência nos autos, em segunda etapa, que fique facultado ao Perito, na forma do art. 473, § 3º, do N.C.P.C. de 2015 ... (*solicitar o indispensável para cumprimento do que foi indagado, como, por exemplo: ingresso em determinado Órgão Público, expedição de ofício para esclarecimentos ou envio de documentos, intimação para ingresso em estabelecimentos particulares etc.*), para atendimento do que for de direito.

Elucida o ora Peticionário, que apresentará sua proposta de honorários tão logo solucionado o *supra* requerido, de forma definitiva, com ciência de todos os Interessados.

Nestes Termos,

E. Deferimento.

(Cidade), ... de .... de 201... (dia, mês e ano).

(Assinatura com o nº do Órgão de Classe)

PETIÇÃO Nº 15: Solicitando suspensão do prazo para entrega do laudo, em face de recurso contra decisão que homologou os honorários.

OBS.: A presente hipótese é só para o caso de interposição de Agravo de Instrumento, vez que não há mais o chamado Agravo Retido no N.C.P.C. de 2015.

Exmo. Sr. Dr. Juiz de Direito da .... Vara Cível da Comarca da.........

(dar espaço entre o endereçamento e o texto para o despacho do Juiz)

FULANO DE TAL (*nome do Perito*), Perito deste Juízo e já qualificado nestes autos, vem, mui respeitosamente, elucidar a V. Ex.ª, para depois requerer, o seguinte:

01) que, como se pode constatar dos autos, seu pedido de honorários periciais se encontra em sede de apreciação através de recurso de agravo de instrumento, para solução pelo E. Órgão *ad quem*;

02) que, sem ter ciência quanto à remuneração pretendida, *ad cautelam*, impõe-se a prorrogação do prazo para entrega do Laudo até total ciência definitiva do *quantum* deferido pelo seu trabalho, haja vista que, acima de tudo tem compromissos éticos com a classe e, em especial a Tabela do Órgão de seu Instituto, não podendo, pois, aviltar o que lá se encontra determinado;

03) que, de igual relevância, eventual modificação substancial dos honorários requerido pode importar em se declinar deste honroso encargo, por motivos de foro íntimo e o mais conexo, como acima explicitado, o que não mais seria possível caso seja determinado o prosseguimento da prova com a entrega da peça técnica.

04) que (*outras hipóteses complementares...*).

Requer, assim, com ciência dos Interessados, que o prazo para a entrega do Laudo só volte a ter curso após a R. Decisão definitiva, quanto aos honorários periciais, facultando-se, por final, ao ora Requerente nova manifestação nos autos para o que for de direito, caso não seja a presente pretensão deferida e/ou com outra solução passível de nova análise e apreciação.

Nestes Termos,

E. Deferimento.

(Cidade), ... de .... de 201... (dia, mês e ano).

(Assinatura com o nº do Órgão de Classe)

PETIÇÃO Nº 16: Solicitando dispensa do encargo, em face de não ter ciência dos honorários, em decorrência de recurso (agravo de instrumento).

Exmo. Sr. Dr. Juiz de Direito da .... Vara Cível da Comarca da ....

(dar espaço entre o endereçamento e o texto para o despacho do Juiz)

FULANO DE TAL (*nome do Perito*), Perito deste Juízo e já qualificado nestes autos, vem, mui respeitosamente, elucidar a V. Ex.ª, para depois requerer, o seguinte:

01) que, como se pode constatar dos autos, seu pedido de honorários periciais se encontra em sede de apreciação através de recurso (*agravo de instrumento*), para oportuna solução pelo E. Órgão *ad quem*;

02) que, sem ter ciência quanto à remuneração pretendida e sem possibilidade de prorrogação do prazo para entrega do Laudo até total ciência definitiva do *quantum* deferido pelo seu trabalho, a matéria em debate passa a desafiar relevantes compromissos éticos com a Classe a que pertence e, em especial a Tabela do Órgão de seu Instituto, não podendo, pois, aviltar o que lá se encontra determinado;

03) que se sente honrado com a designação de V. Ex.ª para tal função, ficando sempre à disposição do Juízo, entretanto, difícil fica a permanência nela sem ter a certeza de seus ganhos, podendo ocorrer problemas futuros desagradáveis com a Classe e Instituto a que pertence, em hipótese de substancial redução dos honorários requeridos;

04) que (*outras hipóteses complementares...*).

Requer, assim, a V. Ex.ª, a dispensa da função de Perito neste feito, por motivo de foro íntimo, na forma dos arts. 157 e 467, ambos do N.C.P.C. de 2015, com ciência imediata aos Interessados, visando prevenir direitos e responsabilidades.

Nestes Termos,

E. Deferimento.

(Cidade), ... de .... de 201... (dia, mês e ano).

(Assinatura com o nº do Órgão de Classe)

PETIÇÃO Nº 17: Pedido de prorrogação de prazo para entrega do laudo, justificando o motivo (art. 476 do N.C.P.C. de 2015).

OBS.: Necessário se faz lembrar que há prazos específicos em leis especiais para entrega de laudo e, assim, com mais cautela deve se requerer a prorrogação do prazo, estabelecendo-se motivos de alta relevância e/ou excepcionalidade. São eles: Decreto-Lei nº 3.365, de 21/6/1941 (Desapropriação), em 05 (cinco) dias antes da A. I. J. (Audiência de Instrução e Julgamento), conforme art. 23, podendo solicitar prazo especial (art. 23 e parágrafos), elucidando-se que o assistente técnico tem o mesmo prazo; Decreto-Lei nº 1.075, de 22/01/1970 (imissão na posse de imóveis residenciais urbanos), em 05 (cinco) dias, na forma do art. 2º; Lei Complementar nº 76, de 06/7/1993 (desapropriação de imóvel rural), prazo fixado pelo juiz, não excedente a sessenta dias, contado da data do compromisso do perito, com a exceção, também, que o perito presta compromisso no prazo de 05 (cinco) dias, apesar da nova redação do art. 466 do N.C.P.C. de 2015.

Exmo. Sr. Dr. Juiz de Direito da .... Vara Cível da Comarca da ....

(dar espaço entre o endereçamento e o texto para o despacho do Juiz)

FULANO DE TAL (*nome do Perito*), Perito deste Juízo e já qualificado nestes autos, vem, mui respeitosamente, elucidar a V. Ex.ª, para depois requerer, o seguinte:

01) que, como se pode constatar dos autos, pela grande quantidade de quesitos apresentados e a efetiva necessidade de criteriosa apuração fática da matéria *sub examen*, o prazo deferido por V. Ex.ª se tornou exíguo, já que pretende este Louvado trazer as melhores colocações de ordem técnica, com o aprimoramento das diligências pertinentes;

02) que a matéria em análise, no entender deste Perito, não apresenta problemática de perigo e/ou urgência de modo a propiciar aos Interessados danos irreparáveis ou de difícil solução.

03) que (*outras hipóteses complementares...*).

Requer, assim, a V. Ex.ª, apresentando suas escusas, na forma do art. 476 do N.C.P.C. de 2015 *(citar outro qualquer aplicável a casos de Lei Especial, conforme observação acima),* a prorrogação do prazo pelo período de ... (*especificar o tempo necessário*) ou outro que entender este Juízo pertinente, para entrega do Laudo Técnico, vindo a correr o prazo, a partir da ciência deste Louvado, dando-se de tudo ciência imediata aos Interessados, para os devidos fins de direito.

Nestes Termos,

E. Deferimento.

(Cidade), ... de .... de 201... (dia, mês e ano).

(Assinatura com o nº do Órgão de Classe)

PETIÇÃO Nº 18: Solicitação de providências ao Juízo, em face de óbices criados pelas partes, interessados e ou outras pessoas no local da diligência.

Exmo. Sr. Dr. Juiz de Direito da .... Vara Cível da Comarca da ....

(dar espaço entre o endereçamento e o texto para o despacho do Juiz)

FULANO DE TAL (*nome do Perito*), Perito deste Juízo e já qualificado nestes autos, vem, mui respeitosamente, elucidar a V. Ex.ª, para depois requerer, o seguinte:

01) que, em atendimento à determinação deste Juízo deu início às diligências com ciência dos Interessados;

02) que, não obstante devidamente autorizado, em face do seu *munus* e feita a devida identificação, não logrou êxito em ingressar no imóvel objeto da perícia para realizar a avaliação, sendo impedido pelo Sr. ..... (*mencionar, quanto possível, o nome, qualificação e função que ele exerce no local*);

03) que procurou, na forma legal, elucidar sobre a necessidade de ingresso no local para atender à determinação do Juízo, não conseguindo, entretanto, qualquer êxito, motivo pelo qual prejudicada ficou a diligência perpetrada;

04) que (*outras hipóteses complementares...*).

Requer, assim, a V. Ex.ª, na forma do art. 139 e seus incisos do N.C.P.C. de 2015, a intimação do SR. .... (*repetir, quanto possível, o nome, qualificação e função que ele exerce no local*) para que permita o ingresso deste Perito no local objeto da prova pericial, designando dia e hora para tal desiderato, fazendo constar que o não cumprimento importará em desobediência, facultando ao Louvado a obtenção de reforço policial para atendimento da diligência e de tudo se dando ciência imediata aos Interessados, para os devidos fins de direito.

Requer, ainda, a V. Ex.ª, a prorrogação do prazo para entrega do laudo, em face da impossibilidade explicitada ou, se assim não entender, a sua suspensão, na forma do art. 221 do N.C.P.C. de 2015, só voltando a correr, na data determinada na medida requerida ou outra a ser estabelecida pelo Juízo.

Nestes Termos,

E. Deferimento.

(Cidade), ... de.............. de 201... (dia, mês e ano).

(Assinatura com o nº do Órgão de Classe)

PETIÇÃO Nº 19: Solicitação de providências ao Juízo, em face de óbices criados por empresas e/ou órgão público, para apresentação e/ou entrega de documentos ou o mais conexo, quando indispensáveis para realização da prova (art. 139, incisos I, II e III, do N.C.P.C. de 2015, e art. 5º, incisos XIV e XXXIII, da Constituição Federal). "Art. 5º da Constituição Federal – Todos são iguais perante a lei... XIV – é assegurado a todos o acesso à informação e resguardado o sigilo da fonte, quando necessário ao exercício profissional. – XXXIII – todos têm direito a receber dos órgãos públicos informações de seu interesse particular ou de interesse coletivo ou geral, que serão prestadas no prazo da lei, sob pena de responsabilidade, ressalvadas aquelas cujo sigilo seja imprescindível à segurança da sociedade e do Estado."

Exmo. Sr. Dr. Juiz de Direito da .... Vara Cível da Comarca da ....

(dar espaço entre o endereçamento e o texto para o despacho do Juiz)

FULANO DE TAL (*nome do Perito*), Perito deste Juízo e já qualificado nestes autos, vem, mui respeitosamente, elucidar a V. Ex.ª, para depois requerer, o seguinte:

01) que, em atendimento a determinação deste Juízo deu início às diligências com ciência dos Interessados;

02) que, não obstante devidamente autorizado, em face do seu múnus e feita a devida identificação, não logrou êxito em obter a .... (*informação e/ou documento, citando qual*) da ..... (*empresa e/ou órgão público, mencionando qual ou quais*), elucidando a V. Ex.ª ser tal aspecto de alta relevância para a prova pericial, em face ...... (*se possível explicar os motivos*);

03) que procurou reiteradamente, na forma legal e com escólio no art. 473, § 3º, do N.C.P.C. de 2015 elucidar sobre tal necessidade ao responsável pela .... (*empresa e/ou órgão público, mencionando o nome*), inclusive para atender a determinação do Juízo, não logrando, entretanto, qualquer êxito, motivo pelo qual prejudicada ficou a diligência perpetrada e o prazo para entrega da peça técnica;

04) que (*outras hipóteses complementares...*).

Requer, assim, a V. Ex.ª, na forma dos arts. 139, incisos I, II e III, e 473, § 3º, do N.C.P.C. de 2015 e art. 429, ambos do C.P.C., e art. 5º, incisos XIV e XXXIII, da Constituição Federal, a .... (*intimação ou expedição de ofício*) da ....para que ...... (*permita e/ou entregue*) a este Perito ..... (esclarecer o pretendido), fazendo constar que o não cumprimento importará em aplicação da pena de responsabilidade, além das providências na forma da legislação civil e penal, dando-se de tudo ciência imediata aos Interessados, para os devidos fins de direito.

Requer, ainda, a V. Ex.ª, a prorrogação do prazo para entrega do laudo, em face da impossibilidade explicitada ou, se assim não entender, a sua suspensão, na forma do art. 221 do N.C.P.C. de 2015, só voltando a correr após o atendimento do constante no item nº 02 acima.

Nestes Termos,

E. Deferimento.

(Cidade), ... de .... de 201... (dia, mês e ano).

(Assinatura com o nº do Órgão de Classe)

PETIÇÃO Nº 20: Requisitando providências que só as Partes podem apresentar, como por ex.: entrega de livros contábeis, documentos bancários etc. (arts. 139, incisos I, II e III, e 473, § 3º, ambos do N.C.P.C. de 2015)

Exmo. Sr. Dr. Juiz de Direito da .... Vara Cível da Comarca da.........

(dar espaço entre o endereçamento e o texto para o despacho do Juiz)

FULANO DE TAL (*nome do Perito*), Perito deste Juízo e já qualificado nestes autos, vem, mui respeitosamente, requerer a V. Ex.ª, na forma dos arts. 139, incisos I, II e III, e 473, § 3º, do N.C.P.C. de 2015 a intimação da Parte (*Autora e/ou Ré*) para que no prazo fixado pelo Juízo entregue a este Perito ..... (*esclarecer o pretendido, por exemplo: documento específico, livro contábil, extratos de conta etc.*), para fins de realização da prova pericial, elucidando no mandado que o não cumprimento importará em aplicação das sanções legais, na forma da legislação civil e penal, dando-se de tudo ciência imediata aos Interessados, para os devidos fins de direito.

Requer, ainda, à V. Ex.ª, a prorrogação do prazo para entrega do laudo, em face da impossibilidade explicitada ou, se assim não entender, a sua suspensão, na forma do art. 221 supramencionado, só voltando a correr após o atendimento do constante acima.

Nestes Termos,

E. Deferimento.

(Cidade), ... de .... de 201... (dia, mês e ano).

(Assinatura com o nº do Órgão de Classe)

PETIÇÃO Nº 21: Indicação de dia e hora para início da diligência, visando ciência das partes e interessados (art. 474 do N.C.P.C. de 2015).

Exmo. Sr. Dr. Juiz de Direito da .... Vara Cível da Comarca da ....

(dar espaço entre o endereçamento e o texto para o despacho do Juiz)

FULANO DE TAL (*nome do Perito*), Perito deste Juízo e já qualificado nestes autos, vem, mui respeitosamente, requerer a V. Ex.ª, na forma do art. 474 do N.C.P.C. de 2015, a intimação das Partes e demais Interessados, na forma legal, para início da diligência da prova pericial no ..... (*citar: dia, hora e local exatos*), ficando este Perito à disposição para qualquer outra informação, se assim solicitado, elucidando, ainda, que os demais atos terão seu seguimento, até final elaboração da peça técnica, consoante estabelece a norma processual vigente, independentemente de nova comunicação, salvo na hipótese de excepcionalidade.

Nestes Termos,

E. Deferimento.

(Cidade), ... de .... de 201... (dia, mês e ano).

(Assinatura com o nº do Órgão de Classe)

PETIÇÃO Nº 22: Ciência a morador de imóvel do dia e hora da diligência, visando ser autorizada a entrada do perito no imóvel, para fins de realizar a verificação necessária, na forma do art. 269 do N.C.P.C. de 2015 e 330 do Código de Processo Penal. ("Art. 234. Intimação é o ato pelo qual se dá ciência a alguém dos atos e termos do processo, para que faça ou deixe de fazer alguma coisa"; Art. 330. Desobedecer a ordem legal de funcionário público. Pena – detenção de 15 (quinze) dias a 6 (seis) meses e multa.)

OBS.: Muito comum esta hipótese nas ações revisionais, quando o locatário, de todas as formas, procura impedir o acesso do *expert* no imóvel e, assim, protelar ao máximo a realização da perícia, que irá evidenciar o novo valor locatício.

Exmo. Sr. Dr. Juiz de Direito da .... Vara Cível da Comarca da ....

(dar espaço entre o endereçamento e o texto para o despacho do Juiz)

FULANO DE TAL (*nome do Perito*), Perito deste Juízo e já qualificado nestes autos, vem, mui respeitosamente, requerer a V. Ex.ª, na forma do art. 269 do N.C.P.C. de 2015, a intimação, **por mandado**, do morador da .... (*mencionar o exato local e, quanto possível, o nome e qualificação do morador*), para que permita o ingresso deste Louvado no imóvel, para fins de realizar as diligências periciais, haja vista que, não obstante ter se identificado na forma legal, não logrou êxito em ingressar no .... (*apartamento, casa, terreno etc.*) na vez que lá compareceu, já que não foi autorizado pelo seu ocupante sequer permanecer no local.

Requer, ainda, à V. Ex.ª a ciência das Partes sobre o ocorrido e a medida tomada pelo Juízo, bem como fazendo constar no mandado intimatório, que o não atendimento importará em crime de desobediência (*art. 330 do C.P.Penal*), autorizando o Perito à obtenção de força policial para fins de ingresso no imóvel, tomando, *si et in quantum*, as medidas indispensáveis para tal desiderato.

Nestes Termos,

E. Deferimento.

(Cidade), ... de .... de 201... (dia, mês e ano).

(Assinatura com o nº do Órgão de Classe)

PETIÇÃO Nº 23: Esclarecimento sobre eventual impugnação do laudo.

Exmo. Sr. Dr. Juiz de Direito da .... Vara Cível da Comarca da ....

(dar espaço entre o endereçamento e o texto para o despacho do Juiz)

FULANO DE TAL (*nome do Perito*), Perito deste Juízo e já qualificado nestes autos, vem, mui respeitosamente, em atendimento à R. Decisão de fl. ..... (*transcrever a folha dos autos*), referente à impugnação ao seu Laudo, elucidar a V. Ex.ª, para depois requerer, o seguinte:

01) que atendeu, na elaboração da prova técnica, a todos os requisitos técnicos pertinentes à hipótese, não havendo, desta forma, *concessa venia* e s.m.j., qualquer motivação fática e/ou legal para se entender pela existência de eiva na peça apresentada;

02) que os diversos e variados questionamentos mais se apresentam como um inconformismo do Requerente com o conclusivo técnico, do que a presença de eventual jaça no laudo apresentado, motivo pelo qual não há razoabilidade nas sustentações apresentadas;

03) que, com rara facilidade, pode-se perceber que a(s) impugnação(ões) feita(s) se resumem em ...... (*identificar os pontos falhos e/ou equivocados e justificar sempre de forma técnica e jamais passional*);

04) que, ainda .... (*o que mais for relevante para o caso concreto*).

05) que (*outras hipóteses complementares...*).

Requer, assim, seja rejeitada a impugnação apresentada, por ser medida legal e de direito, ficando, no mais, à disposição de V. Ex.ª para qualquer outra informação complementar.

Nestes Termos,

E. Deferimento.

(Cidade), ... de .... de 201... (dia, mês e ano).

(Assinatura com o nº do Órgão de Classe)

PETIÇÃO Nº 24: Elucidando novos questionamentos das partes, isto é, esclarecimento sobre a resposta a impugnação ou a quesitação suplementar.

Exmo. Sr. Dr. Juiz de Direito da .... Vara Cível da Comarca da ....

(dar espaço entre o endereçamento e o texto para o despacho do Juiz)

FULANO DE TAL (*nome do Perito*), Perito deste Juízo e já qualificado nestes autos, vem, mui respeitosamente, em atendimento a R. Decisão de fl. ..... (*transcrever a folha dos autos*), referente à (*impugnação ao seu Laudo e/ou quesitação suplementar*), elucidar a V. Ex.ª, para depois requerer, o seguinte:

01) que atendeu em todos os seus aspectos ao questionamento apresentado, conforme se constata das respostas já anexadas à(s) fl.(s) ..... (*mencionar o número*), entendo *quantum sufficit* para se estabelecer o correto conclusivo da peça técnica;

02) que, malgrado se ratificar o já esposado, volta a enfatizar, em novo esclarecimento *(e/ou em resposta a eventual quesito suplementar apresentado com palavras diversas*) que mantém seu posicionamento anunciado no sentido de.... (*repetir a sustentação inicialmente efetuada*)...;

OBS.: Em havendo eventual equívoco para se elucidar, neste tópico estabelecer as ponderações, com a correção pertinente, apresentando as escusas pelo ocorrido, da seguinte forma:

02) que, em melhor examinando, pode este Perito contatar que, efetivamente, há um equívoco com relação à (ao) ......, passando, assim, a alterar a resposta ao quesito nº .... (*citar o número*) do.... (*mencionar se do Autor e/ou Réu e/ou algum Interessado*), constante de fl..... (*citar a folha do processo*), estabelecendo o seguinte entendimento:

"...... *(escrever,* in totum*, a nova resposta para evitar qualquer dúvida futura, quer para as partes ou outros interessados, como, em especial, para o Juízo).*

03) que, com rara facilidade, pode-se perceber que a(s) impugnação(ões) feita(s) se resumem em um inconformismo do Requerente, com o que, de forma técnica e atendendo às normas legais, apresentou este Louvado; (*este número deve ser adequado, caso se reconheça algum equívoco, como consta da observação acima.*)

04) que, ainda .... (*o que mais for relevante para o caso concreto*).

05) que (*outras hipóteses complementares...*).

Requer, assim, seja rejeitada a impugnação apresentada, já que ratifica em todos os seus termos o Laudo apresentado, por ser medida legal e de direito, ficando, no mais, à disposição de V. Ex.ª para qualquer outra informação complementar.

OBS.: Em havendo modificação por equívoco, o requerimento deve ser feito da seguinte forma:

Requer, assim, seja deferida a retificação apresentada, para que conste do Laudo já apresentado, reiterando as escusas e de tudo dando ciência aos Interessados, por ser medida legal e de direito, ficando, no mais, à disposição de V. Ex.ª para qualquer outra informação complementar.

Nestes Termos,

E. Deferimento.

(Cidade), ... de .... de 201... (dia, mês e ano).

(Assinatura com o nº do Órgão de Classe)

PETIÇÃO Nº 25: Sobre novos e sucessivos esclarecimentos.

Exmo. Sr. Dr. Juiz de Direito da .... Vara Cível da Comarca da ....

(dar espaço entre o endereçamento e o texto para o despacho do Juiz)

FULANO DE TAL (*nome do Perito*), Perito deste Juízo e já qualificado nestes autos, vem, mui respeitosamente, elucidar a V. Ex.ª que ratifica todos os posicionamentos apresentados e que não há novos esclarecimentos a prestar, vez que toda a matéria já foi esgotada e as novas questões apresentadas pelo Requerente à(s) fl.(s).... (*mencionar o número*) se encontram nas peças técnicas constantes dos autos à(s) fl.(s)..... (*mencionar o número*), resumindo-se o novo questionamento, na realidade, em desdobramento de anteriores quesitos, motivo pelo qual nada mais tem a acrescentar, bem como não há qualquer possibilidade técnica de modificação do conclusivo e fundamentação de seu Laudo, ficando, entretanto, à disposição do Juízo para o que for determinado.

Requer, pois, à V. Ex.ª a juntada desta petição aos autos, para os devidos fins de direito e ciência dos Interessados, ratificando o Laudo e anteriores esclarecimentos.

Nestes Termos,

E. Deferimento.

(Cidade), ... de .... de 201... (dia, mês e ano).

(Assinatura com o nº do Órgão de Classe)

PETIÇÃO Nº 26: Requerendo a entrega das chaves de imóvel vazio ao Perito, para fins de realizar a diligência local.

Exmo. Sr. Dr. Juiz de Direito da .... Vara Cível da Comarca da ....

(dar espaço entre o endereçamento e o texto para o despacho do Juiz)

FULANO DE TAL (*nome do Perito*), Perito deste Juízo e já qualificado nestes autos, vem, mui respeitosamente, requerer a V. Ex.ª que seja intimada a Parte.... (*mencionar qual*) para que deposite nesta Serventia as chaves do imóvel objeto da prova pericial, haja vista que se encontra vazio, não havendo no local quem possa autorizar a entrada do Perito para as diligências necessárias.

Requer, no mais, à V. Ex.ª , uma vez apresentadas as chaves, a ciência deste Louvado, para fins de designar dia, hora e local para a diligência no imóvel, com ciência de todos os Interessados.

Nestes Termos,

E. Deferimento.

(Cidade), ... de .... de 201... (dia, mês e ano).

(Assinatura com o nº do Órgão de Classe)

PETIÇÃO Nº 27: Comunicação de fato ocorrido no transcorrer da diligência, visando prevenir direitos e responsabilidades.

Exmo. Sr. Dr. Juiz de Direito da .... Vara Cível da Comarca da ....

(dar espaço entre o endereçamento e o texto para o despacho do Juiz)

FULANO DE TAL (*nome do Perito*), Perito deste Juízo e já qualificado nestes autos, vem, mui respeitosamente, elucidar a V. Ex.ª, para depois requerer, o seguinte:

01) que, na forma legal, deu início às diligências periciais, ocorrendo que ...... (*transcrever o fato motivador do pedido*);

02) que, em decorrência dos fatos supramencionados este Perito entendeu, *ad cautelam*, por suspender todos os atos periciais, visando levar ao conhecimento de V. Ex.ª e dos demais interessados o ora esposado;

03) que ousa este Louvado, *data venia*, sugerir à V. Ex.ª providências no sentido de ..... (*explicitar o que entende cabível tecnicamente para a hipótese*);

04) que, ainda .... (*o que mais for relevante para o caso concreto*).

05) que (*outras hipóteses complementares...*).

Aguarda, assim, o ora Peticionário a solução do Juízo, para fins de prosseguimento nas diligências pericial, requerendo a suspensão do prazo para entrega do Laudo, na forma do art. 221 do N.C.P.C. de 2015, prevenindo, no mais, direitos e responsabilidades.

Nestes Termos,

E. Deferimento.

(Cidade), ... de .... de 201... (dia, mês e ano).

(Assinatura com o nº do Órgão de Classe)

PETIÇÃO Nº 28: Pedido de reforço policial, esclarecendo os motivos, quer em face de dificuldades de acesso, como por difícil segurança ou motivado por movimentos de grupos ocupacionais.

Exmo. Sr. Dr. Juiz de Direito da .... Vara Cível da Comarca da.........

(dar espaço entre o endereçamento e o texto para o despacho do Juiz)

FULANO DE TAL (*nome do Perito*), Perito deste Juízo e já qualificado nestes autos, vem, mui respeitosamente, requerer à V. Ex.ª o auxílio de força policial para realização da prova pericial, haja vista ser o local de difícil acesso e de segurança duvidosa, vez que em área de conflito ..... (*esclarecer onde e qual, como por exemplo: morro, favela, movimentos de grupos ocupacionais etc.*)

Requer, no mais, à V. Ex.ª , a expedição de ofício ao Comando do ...... (*citar a força policial responsável pela área*) para que acompanhe o ora Requerente, ao local, no dia e hora previamente ajustado, com ciência de todos os Interessados.

Nestes Termos,

E. Deferimento.

(Cidade), ... de .... de 201... (dia, mês e ano).

(Assinatura com o nº do Órgão de Classe)

PETIÇÃO Nº 29: Aplicação do art. 477, §§ 3º e 4º, do N.C.P.C. de 2015 (quesitação por escrito já que é um técnico, e não testemunha e intimação por meio eletrônico com pelo menos 10 (dez) dias de antecedência da audiência. No Código revogado de 1973 o prazo era de 05 (cinco) dias).

Exmo. Sr. Dr. Juiz de Direito da .... Vara Cível da Comarca da ....

(dar espaço entre o endereçamento e o texto para o despacho do Juiz)

FULANO DE TAL (*nome do Perito*), Perito deste Juízo e já qualificado nestes autos, vem, mui respeitosamente, em atenção a R. Decisão de fl. ... (*mencionar o número da folha do processo*) requerer à V. Ex.ª, na forma do art. 477, §§ 3º e 4º, do N.C.P.C. de 2015, determine que apresente a Parte .... (*registrar a Parte que requereu a presença do Perito na Audiência)* os quesitos por escrito, haja vista ser o *Expert* um técnico, e não testemunha, motivo pelo qual todo questionamento deve atender às normas pertinentes à hipótese, sem ingerência de subjetividade em momento único da audiência.

No mais, requer, ainda, que a designação da data da Audiência seja em tempo razoável para ciência e resposta dos quesitos por escrito, na forma processual vigente, dando-se ciência a todos os Interessados, para os devidos fins de direito.

Nestes Termos,

E. Deferimento.

(Cidade), ... de .... de 201... (dia, mês e ano).

(Assinatura com o nº do Órgão de Classe)

PETIÇÃO Nº 30: Solicitação de dispensa do comparecimento na A. I. J., na forma do art. 477, §§ 3º e 4º, do N.C.P.C. de 2015, haja vista já ter respondido, por escrito, a todo o questionamento das partes.

Exmo. Sr. Dr. Juiz de Direito da .... Vara Cível da Comarca da ....

(dar espaço entre o endereçamento e o texto para o despacho do Juiz)

FULANO DE TAL (*nome do Perito*), Perito deste Juízo e já qualificado nestes autos, vem, mui respeitosamente, elucidar a V. Ex.ª, para depois requerer, o seguinte:

01) que, na forma legal, em atenção ao disposto no art. 477, §§ 3º e 4º, do N.C.P.C. de 2015, tomou ciência dos quesitos apresentados por escrito e já os respondeu, conforme consta de fl. (s) ..... (*mencionar a página dos autos*);

02) que, como tem conhecimento V. Ex.ª, o Perito, não obstante ser um auxiliar da justiça (art. 149 do N.C.P.C. de 2015), diversamente da testemunha, só pode se valer de aspectos objetivos, com respostas técnicas;

03) que, em assim sendo, as eventuais dúvidas dos Interessados já foram sanadas com as respostas por escrito e não há como se estabelecer novos questionamentos em audiência, até porque só podem ser atendidas as perguntas elaboradas na forma acima explicitada, ficando, pois, vedada outra exclusivamente oral e/ou nova no momento da audiência;

04) que fácil é perceber ser despicienda a presença do Perito na Audiência designada, pois, nada mais poderá acontecer que não se repetir as perguntas formuladas por escrito e o Louvado ratificar as respostas como já insertas nos autos;

05) que, em assim sendo, em homenagem ao princípio da celeridade, em havendo concordância dos Interessados, possível seria a dispensa do Perito de comparecimento na aludida Audiência.

Posto isto, requer à V. Ex.ª, após a manifestação dos Interessados, ser dispensado da Audiência, ficando, entretanto, à disposição do Juízo e das Partes para o que mais for necessário em complementação ao já esclarecido.

Nestes Termos,

E. Deferimento.

(Cidade), ... de .... de 201... (dia, mês e ano).

(Assinatura com o nº do Órgão de Classe)

PETIÇÃO Nº 31: Solicitando arbitradores e/ou agrimensor, na forma do art. 579 do N.C.P.C. de 2015 (Ação Demarcatória) e do art. 590 do N.C.P.C. de 2015 (Ação Divisória).

Exmo. Sr. Dr. Juiz de Direito da .... Vara Cível da Comarca da.........

(dar espaço entre o endereçamento e o texto para o despacho do Juiz)

FULANO DE TAL (*nome do Perito*), Perito deste Juízo e já qualificado nestes autos, vem, mui respeitosamente, requerer à V. Ex.ª, na forma do art. .... (*se for Ação Demarcatória é o 579; sendo Divisória é o 590*) do N.C.P.C. de 2015, a designação de .... (*conforme o caso: a – mais um Arbitrador e um Agrimensor, caso seja o Requerente um dos Arbitradores; b – dois Arbitradores, se for o Requerente o Agrimensor*).

Requer, ainda, à V. Ex.ª que o prazo fixado para entrega do Laudo só tenha início após a designação supramencionada, com ciência de todos os Louvados e dos Interessados, haja vista a necessidade das diligências serem realizadas em conjunto.

Nestes Termos, j.

E. Deferimento.

(Cidade), ... de .... de 201... (dia, mês e ano).

(Assinatura com o nº do Órgão de Classe)

PETIÇÃO Nº 32: Aplicação do art. 473, § 3º, do N.C.P.C. de 2015 (meios necessários pelo Perito).

OBS.: Pelo dispositivo legal acima fácil é perceber que, *cum grano salis*, pode o Perito realizar o ato *sponte sua*. Ocorre que, por várias vezes, os órgãos públicos não colaboram de forma espontânea e solicitam uma autorização especial. De igual sorte, mesmo que de maneira informal, algumas pessoas não atendem, por receio de comprometimento, aos mínimos pedidos de esclarecimento do perito. São, por vezes, tais informações relevantes. Exemplo: só um antigo morador do local objeto da perícia pode esclarecer o exato curso de um rio, que já secou, faz tempo, mas que consta na escritura como marco divisório e difícil ficaria, em grande área, os peritos identificarem o marco e, pior, ratificá-lo com supedâneo preciso. Tal é a relevância da petição abaixo, pois, fora as excepcionalidades, seria mesmo desnecessário o pedido ao Juízo, em face da expressa e clara autorização legal.

Exmo. Sr. Dr. Juiz de Direito da .... Vara Cível da Comarca da ....

(dar espaço entre o endereçamento e o texto para o despacho do Juiz)

FULANO DE TAL (*nome do Perito*), Perito deste Juízo e já qualificado nestes autos, vem, mui respeitosamente, requerer à V. Ex.ª, na forma do art. 473, e seus parágrafos do N.C.P.C. de 2015, autorização para ....(*citar uma das hipóteses acima quando existir alta relevância na pretensão*).

Requer, ainda, à V. Ex.ª ...... (*especificar a hipótese concreta*).

Nestes Termos, j.

E. Deferimento.

(Cidade), ... de .... de 201... (dia, mês e ano).

(Assinatura com o nº do Órgão de Classe)

PETIÇÃO Nº 33: Pretensão das partes e/ou interessados para aplicação do art. 480 do N.C.P.C. de 2015 (esclarecimento para elidir nova perícia).

Exmo. Sr. Dr. Juiz de Direito da .... Vara Cível da Comarca da ....

(dar espaço entre o endereçamento e o texto para o despacho do Juiz)

FULANO DE TAL (*nome do Perito*), Perito deste Juízo e já qualificado nestes autos, vem, mui respeitosamente, em atendimento à R. Decisão de fl. (*mencionar a página dos autos*) esclarecer à V. Ex.ª, na forma do art. 480 do N.C.P.C. de 2015, que se propõe a apresentar todos os esclarecimentos pertinentes à hipótese, até porque a matéria posta em discussão é plenamente passível de fácil elucidação, sem necessidade de nova perícia, com evidente despesa para as partes e demais interessados.

Requer, assim, à V. Ex.ª, que sejam apresentados os questionamentos pertinentes, para atendimento por este Perito e/ou outra melhor determinação de V. Ex.ª, para fins de precisão, quanto à prova técnica.

(Caso necessário, criar um outro item para especificar, quanto possível, a hipótese concreta, se de fácil identificação; em hipótese diversa, transfere-se a responsabilidade para o Interessado Impugnante.)

Nestes Termos, j.

E. Deferimento.

(Cidade), ... de .... de 201... (dia, mês e ano).

(Assinatura com o nº do Órgão de Classe)

PETIÇÃO Nº 34: Inspeção Judicial (art. 482 do N.C.P.C. de 2015).

Exmo. Sr. Dr. Juiz de Direito da .... Vara Cível da Comarca da ....

(dar espaço entre o endereçamento e o texto para o despacho do Juiz)

FULANO DE TAL (*nome do Perito*), Perito deste Juízo e já qualificado nestes autos, vem, mui respeitosamente, em atendimento à R. Decisão de fl. (*mencionar a página dos autos*) esclarecer à V. Ex.ª, na forma do art. 482 do N.C.P.C. de 2015, que se propõe a apresentar todos os esclarecimento pertinentes à hipótese, quando da Inspeção, requerendo, entretanto .... (*apresentar um pedido específico, caso seja pertinente. Em hipótese contrária, encerrar a petição como mera ciência, omitindo o requerimento final*).

Nestes Termos, j.

E. Deferimento.

(Cidade), ... de .... de 201... (dia, mês e ano).

(Assinatura com o nº do Órgão de Classe)

PETIÇÃO Nº 35: Medidas de urgência, tais como: interdição de local, comunicação de epidemia, iminência de desabamento, inundação, possibilidade de perigo para pessoas ou coisas, inclusive do patrimônio público etc. Sugere-se, conforme a urgência, o imediato contato pessoal com o magistrado, visando melhor elucidação dos fatos, pois a omissão do perito pode importar em responsabilidade profissional, além das apurações na esfera civil e penal, conforme legislação vigente.

Exmo. Sr. Dr. Juiz de Direito da .... Vara Cível da Comarca da ....

(dar espaço entre o endereçamento e o texto para o despacho do Juiz)

FULANO DE TAL (*nome do Perito*), Perito deste Juízo e já qualificado nestes autos, vem, mui respeitosamente, elucidar a V. Ex.ª, para depois requerer, o seguinte:

01) que, em realizando a diligência objeto da perícia, constatou a existência de um (*explicitar o encontrado. Ex.: muro ou marquise com possibilidade de desabamento, podendo causar perigo; epidemia, perigo de explosão, zona de risco, inundação,* inter plures).

02) que a prova técnica em fase inicial já evidencia a real possibilidade de ... (*perigo de vida, dano irreparável, prejuízo a patrimônio público, saneamento etc.*), motivo pelo qual ousa sugerir à V. Ex.ª medidas urgentes, no sentido de .... (*mencionar a providência técnica indispensável. Ex.: interdição da área, remoção de pessoas ou coisas, ofícios às autoridades do Município, Estado ou União, para ciência e providências etc.*)

03) que, em primeiro momento, *ad cautelam*, este Perito já tomou as seguintes providências emergenciais, na dependência da ratificação do Juízo;

04) que fácil é perceber, pelos fatos anunciados e ... (*quanto possível anexar fotos e/ou documentos ou o mais conexo para deixar estreme de dúvida a narrativa*) .....;

05) que elucida, ainda, em sede de responsabilidade profissional, ser a matéria enfocada objeto de ....

06) que ...., ... (*outras hipóteses*)...

Posto isto, requer à V. Ex.ª, imediatas providências no sentido de .... (*elucidar o que se deve fazer de forma técnica*), ficando à disposição para qualquer esclarecimento escrito e/ou em convocação ao Juízo para melhor oferecimento oral das razões da presente comunicação, bem como a notícia presente, visa prevenir direitos e responsabilidades.

Nestes Termos,

E. Deferimento.

(Cidade), ... de .... de 201... (dia, mês e ano).

(Assinatura com o nº do Órgão de Classe)

Parte IV

Jurisprudência

SUMÁRIO PARCIAL

Parte IV – Jurisprudência

CAPÍTULOS:

1 – PRINCIPAIS JULGADOS DOS TRIBUNAIS PELO ATUAL CÓDIGO DE PROCESSO CIVIL.

Capítulo 1
Principais Julgados dos Tribunais pelo Atual Código de Processo Civil

Capítulo 2

Julgados do Colendo Supremo Tribunal Federal

01 – **Ementa:** DIREITO ADMINISTRATIVO. AGRAVO INTERNO EM RECURSO ORDINÁRIO EM MANDADO DE SEGURANÇA. PROCESSO ADMINISTRATIVO DISCIPLINAR. POLICIAL FEDERAL. DEMISSÃO.

1. Parcial litispendência com ação ordinária instaurada posteriormente. Necessidade de comunicação ao respectivo juízo para se evitar conflito de decisões. Não configurado o alegado julgamento *extra petita*: litispendência é matéria de ordem pública.

2. Processo disciplinar instaurado contra agente de Polícia Federal, que teria concorrido para a aposição de carimbo da Polícia no passaporte de seu namorado estrangeiro, e atuado como intermediária, junto à Receita Federal e à Polícia Federal, visando a regularizar a situação do veículo do namorado. Tais imputações constaram do despacho de instrução e indiciamento. Ausência de cerceamento de defesa.

3. A perícia não descartou prova alguma. Ainda, a aplicação da penalidade embasou-se não só na cópia do passaporte, mas também nos depoimentos das testemunhas e nos interrogatórios das indiciadas.

4. Praticadas as condutas tipificadas no art. 43, VIII, XVI e XLVIII, da Lei nº 4.878/1965, não há desproporcionalidade na demissão, prevista no art. 48, II, do mesmo diploma. Demandaria dilação probatória, vedada na via eleita, a análise de alegações no sentido de que a ora agravante não praticou a conduta que lhe foi imputada no processo administrativo.

5. Agravo a que se nega provimento por manifesta improcedência, com aplicação de multa no valor de dois salários-mínimos, ficando a interposição de qualquer recurso condicionada ao prévio depósito do referido valor, em caso de decisão unânime **(CPC/2015, art. 1.021, §§ 4º e 5º, c/c art. 81, § 2º)** (RMS 33.891 AgR, Rel. Min. Roberto Barroso, Tribunal Pleno, j. 20/04/2017, processo eletrônico DJe-108, divulg. 23/05/2017, public. 24/05/2017).

02 – **Ementa:** AGRAVO REGIMENTAL NO RECURSO EXTRAORDINÁRIO COM AGRAVO. INTERPOSIÇÃO EM 15/07/2016. DIREITO ADMINISTRATIVO. SERVIDOR PÚBLICO MUNICIPAL. REAJUSTE DE VENCIMENTOS. PERÍCIA NECESSÁRIA. INTERPRETAÇÃO E LEGISLAÇÃO LOCAL. OFENSA INDIRETA. REEXAME DE PROVAS. IMPOSSIBILIDADE EM RECURSO EXTRAORDINÁRIO. IMPOSIÇÃO DE MULTA. AGRAVO REGIMENTAL DESPROVIDO.

1. Para se chegar a conclusão diversa daquela a que chegou o Tribunal de origem, quanto à necessidade de perícia contábil para apurar se os vencimentos dos recorridos foram reajustados de acordo com os índices estabelecidos pela norma municipal, seria necessário o reexame dos fatos e provas, além da legislação aplicável à espécie. Incidência das Súmulas 279 e 280 do STF. Precedentes

2. Agravo regimental a que se nega provimento, com aplicação de multa, nos termos do art. 1.021, § 4º, do CPC (ARE 976.930 AgR, Rel. Min. Edson Fachin, Primeira Turma, j. 09/11/2016, processo eletrônico DJe 249, divulg. 22/11/2016, public. 23/11/2016).

03 – **Ementa:** AGRAVO REGIMENTAL. REPETIÇÃO DE PERÍCIA. REALIZAÇÃO POR PERITO PARTICULAR. INDEFERIMENTO.

A realização de perícia por peritos particulares somente se justifica quando não houver, no local, perito oficial; havendo, deve a prova técnica ser realizada por ele (perito oficial). Por conseguinte, o fato de alguns peritos oficiais estarem impedidos, apenas leva à conclusão de que a perícia deve ser efetuada por outros peritos oficiais (não impedidos), e não por peritos particulares. Agravo regimental parcialmente provido, apenas para que as perícias a serem repetidas pelo Instituto Nacional de Criminalística sejam levadas a efeito por peritos que não tenham funcionado nas perícias anteriormente realizadas sobre os mesmos fatos (AP 470 AgR-oitavo, Rel. Min. Joaquim Barbosa, Tribunal Pleno, j. 10/06/2009, DJe 186, divulg. 1º/10/2009, public. 02/10/2009, Ement. vol. 02376-01, p. 00001).

04 – **Decisão Monocrática**: Trata-se de agravo regimental interposto pela União contra decisão de minha lavra, referente às custas da perícia nesta ação cível originária que, a princípio, foi proposta como ação civil pública. A respeito do custeio da perícia nas ações coletivas propostas pelo Ministério Público, observo que o entendimento prevalente no Superior Tribunal de Justiça, consubstanciado no REsp 1.253.844/SC, julgado em 13/03/2013, portanto, sob a vigência do antigo Código de Processo Civil, é o refletido na ementa do julgado: "ADMINISTRATIVO E PROCESSUAL CIVIL. AÇÃO CIVIL PÚBLICA. ADIANTAMENTO DE HONORÁRIOS PERICIAIS. NÃO CABIMENTO. INCIDÊNCIA PLENA DO ART. 18 DA LEI Nº 7.347/85. ENCARGO TRANSFERIDO À FAZENDA PÚBLICA. APLICAÇÃO DA SÚMULA 232/STJ, POR ANALOGIA. 1. Trata-se de recurso especial em que se discute a necessidade de adiantamento, pelo Ministério Público, de honorários devidos a perito em Ação Civil Pública. 2. O art. 18 da Lei nº 7.347/85, ao contrário do que afirma o art. 19 do CPC, explica que na ação civil pública não

haverá qualquer adiantamento de despesas, tratando como regra geral o que o CPC cuida como exceção. Constitui regramento próprio, que impede que o autor da ação civil pública arque com os ônus periciais e sucumbenciais, ficando afastadas, portanto, as regras específicas do Código de Processo Civil. 3. Não é possível se exigir do Ministério Público o adiantamento de honorários periciais em ações civis públicas. Ocorre que a referida isenção conferida ao Ministério Público em relação ao adiantamento dos honorários periciais não pode obrigar que o perito exerça seu ofício gratuitamente, tampouco transferir ao réu o encargo de financiar ações contra ele movidas. Dessa forma, considera-se aplicável, por analogia, a Súmula nº 232 desta Corte Superior ('A Fazenda Pública, quando parte no processo, fica sujeita à exigência do depósito prévio dos honorários do perito'), a determinar que a Fazenda Pública ao qual se acha vinculado o *Parquet* arque com tais despesas. Precedentes: EREsp 981.949/RS, Rel. Min. Herman Benjamin, Primeira Seção, julgado em 24/02/2010, *DJe* 15/08/2011; REsp 1.188.803/RN, Rel.ª Min.ª Eliana Calmon, Segunda Turma, julgado em 11/05/2010, *DJe* 21/05/2010; AgRg no REsp 1.083.170/MA, Rel. Min. Mauro Campbell Marques, Segunda Turma, julgado em 13/04/2010, *DJe* 29/04/2010; REsp 928.397/SP, Rel. Min. Castro Meira, Segunda Turma, julgado em 11/09/2007, *DJ* 25/09/2007, p. 225; REsp 846.529/MS, Rel. Min. Teori Albino Zavascki, Primeira Turma, julgado em 19/04/2007, *DJ* 07/05/2007, p. 288. 4. Recurso especial parcialmente provido. Acórdão submetido ao regime do art. 543-C do CPC e da Resolução STJ nº 8/08. Destaco que, a despeito da vigência do novo Código de Processo Civil, o entendimento fixado no Recurso Repetitivo acima firmado mantém-se incólume. Cito os mais recentes julgados a respeito do tema: "ADMINISTRATIVO E PROCESSUAL CIVIL. AGRAVO INTERNO NO RECURSO EM MANDADO DE SEGURANÇA. PAGAMENTO DE HONORÁRIOS PERICIAIS, EM AÇÃO CIVIL PÚBLICA. RESPONSABILIDADE DO ESTADO A QUE ESTIVER VINCULADO O MINISTÉRIO PÚBLICO, AUTOR DA AÇÃO. INCIDÊNCIA, POR ANALOGIA, DA SÚMULA 232/STJ. INAPLICABILIDADE DO ART. 91 DO CPC/2015. PRINCÍPIO DA ESPECIALIDADE. PRECEDENTES DO STJ. AGRAVO INTERNO IMPROVIDO. I. Agravo interno aviado contra decisão monocrática publicada em 22/03/2018, que julgara recurso interposto contra *decisum* publicado na vigência do CPC/2015. II. Trata-se, na origem, de Mandado de Segurança, impetrado pelo Estado de São Paulo, em razão da decisão proferida nos autos de ação civil pública, ajuizada pelo Ministério Público do Estado de São Paulo, que determinou que o impetrante efetue o pagamento da verba honorária do perito. O Tribunal de origem concedeu parcialmente a ordem, aplicando, por analogia, a Súmula 232/STJ, ressaltando que 'a Fazenda Pública da esfera governamental correlata ao âmbito de atuação do Ministério Público é quem deve antecipar os honorários periciais'. Contudo, como a perícia foi requerida por ambas as partes, na ação civil pública, concedeu parcialmente a ordem, determinando que a aludida verba seja rateada entre a Fazenda Pública Estadual, ora agravante, e a empresa ré. III. A Primeira Seção do STJ, no julgamento do REsp 1.253.844/SC (Rel. Min. Mauro Campbell Marques, Primeira Seção, *DJe* de 17/10/2013), submetido ao rito do art. 543-C do CPC/73 (art. 1.036 do CPC/2015), firmou entendimento no sentido de que, em sede de ação civil pública, promovida pelo Ministério Público, o adiantamento dos honorários periciais ficará a cargo da Fazenda Pública a que está vinculado o *Parquet*, pois não é razoável obrigar o perito a exercer seu ofício gratuitamente, tampouco transferir ao réu o encargo de financiar ações contra ele movidas, aplicando-se, por analogia, a orientação da Súmula 232/STJ, *in verbis*: 'A Fazenda Pública, quando parte no processo, fica sujeita à exigência do depósito prévio dos honorários do perito'. No mesmo sentido: STJ, AgInt no REsp 1.702.151/SP, Rel. Min. Mauro Campbell Marques, Segunda Turma, *DJe* de 27/06/2018; AgInt no REsp 1.426.996/SP, Rel. Min. Benedito Gonçalves, Primeira Turma, *DJe* de 19/03/2018; AgInt no REsp 1.420.102/RS, Rel.ª Min.ª Regina Helena Costa, Primeira Turma, *DJe* de 30/03/2017; REsp 1.582.602/SC, Rel. Min. Herman Benjamin, Segunda Turma, *DJe* de 02/09/2016; AgRg no AREsp 600.484/SC, Rel. Min. Og Fernandes, Segunda Turma, *DJe* de 28/04/2015. IV. Na forma da jurisprudência, 'não se sustenta a tese de aplicação das disposições contidas no art. 91 do novo CPC, as quais alteraram a responsabilidade pelo adiantamento dos honorários periciais; isto porque a Lei nº 7.347/85 dispõe de regime especial de custas e despesas processuais, e, por conta de sua especialidade, a referida norma se aplica à Ação Civil Pública, derrogadas, no caso concreto, as normas gerais do Código de Processo Civil' (STJ, RMS 55.476/SP, Rel. Min. Herman Benjamin, Segunda Turma, *DJe* de 19/12/2017). Em igual sentido: STJ, AgInt no RMS 56.454/SP, Rel. Min. Mauro Campbell Marques, Segunda Turma, *DJe* de 20/06/2018. V. Agravo interno improvido" (AgInt no RMS 56.423/SP, Rel.ª Min.ª Assusete Magalhães, *DJ* 04/09/2018). "AGRAVO INTERNO SUBMETIDO AO ENUNCIADO ADMINISTRATIVO 3/STJ. AÇÃO CIVIL PÚBLICA AMBIENTAL. ADIANTAMENTO DOS HONORÁRIOS PERICIAIS. PROVA PERICIAL REQUERIDA TANTO PELO AUTOR DA AÇÃO CIVIL PÚBLICO COMO PELOS RÉUS. 1. A Primeira Seção desta Corte, em sede de julgamento recurso especial repetitivo, assentou o entendimento de que, em sede de ação civil pública promovida pelo Ministério Público, o adiantamento dos honorários periciais ficará a cargo da Fazenda Pública a que está vinculado o *Parquet*, pois não é cabível obrigar o perito a exercer seu ofício gratuitamente, tampouco transferir ao réu o encargo de financiar ações contra ele movidas (REsp 1.253.844/SC, de minha relatoria, *DJe* de 17/10/2013). 2. Aplicação analógica da orientação da Súmula 232/STJ: 'A Fazenda Pública, quando parte no processo, fica sujeita à exigência do depósito prévio dos honorários do perito'. 3. No caso, a produção de prova pericial foi requerida tanto pelo Ministério Público Federal como pelos demandados (incluindo a ora agravada), razão pela qual é de se determinar que a União (Fazenda Pública a que está vinculado o autor da ação civil pública) arque com parte do adiantamento dos honorários periciais, até porque não se mostra razoável imputar tal ônus somente aos particulares, nos termos da orientação acima referida. 4. Agravo interno não provido" (AgInt no REsp 1.702.151/SP, Rel. Min. Mauro Campbell Marques, *DJ* 19/06/2018). Não obstante o entendimento atualmente predominante no Superior Tribunal de Justiça, entendo, com o devido respeito, que existem interpretações mais condizentes com o atual arcabouço legislativo processual e que calibram melhor os incentivos para a atuação das partes no processo. Inicialmente, transcrevo o art. 18 da Lei da Ação Civil Pública - LACP, que é tradicionalmente invocado para sustentar a compreensão prevalente no Superior Tribunal de Justiça: "Art. 18. Nas ações de que trata esta lei, não haverá adiantamento de custas, emolumentos, honorários periciais e quaisquer outras despesas, nem condenação da associação autora, salvo comprovada má-fé, em honorários de advogado, custas e despesas processuais". Com a entrada em vigor do novo Código de Processo Civil, que se aplica supletivamente ao sistema processual coletivo, composto pela Lei da Ação Civil Pública e parte processual do Código de Defesa do Consumidor, nos termos do art. 1.046, § 2º, do NCPC e do art. 19 da LACP, a interpretação vigente ao tempo do *Codex* antigo deve ser repensada, sobretudo porque a LACP era omissa com relação ao responsável pelo pagamento dos honorários processuais. Verifico a compatibilidade dos dispositivos do Código de Processo Civil/73 com o artigo supratranscrito da LACP, eis que não concebiam o adiantamento dos honorários periciais pelo Ministério Público: "Art. 27. As despesas dos atos processuais, efetuados a requerimento do Ministério Público ou da Fazenda Pública, serão pagas a final pelo vencido". Já o NCPC, redigido à luz da realidade atual, em que se sabe que os peritos qualificados para as perícias complexas a serem produzidas nas ações coletivas dificilmente podem arcar com o ônus de receber somente ao final, trouxe dispositivo condizente com os ditames econômicos da vida contemporânea e, no que tange ao aspecto específico objeto deste processo, assim dispôs no seu art. 91: "Art. 91. As despesas dos atos processuais praticados a requerimento da Fazenda Pública, do Ministério Público ou da Defensoria Pública serão pagas ao final pelo vencido. § 1º As perícias requeridas pela Fazenda Pública, pelo Ministério Público ou pela Defensoria Pública poderão ser realizadas por entidade pública ou, havendo previsão orçamentária, ter os valores adiantados por aquele que requerer a prova. § 2º Não havendo previsão orçamentária no exercício financeiro para adiantamento dos honorários periciais, eles serão pagos no exercício seguinte ou ao final, pelo vencido, caso o processo se encerre antes do adiantamento a ser feito pelo ente público". Ora, como todos sabemos, propor ações civis públicas, sobretudo contra as Fazendas Públicas respectivas, é uma das principais atribuições dos Ministérios Públicos em nosso sistema processual. Assim, parece-me inexorável reconhecer que o dispositivo foi redigido para vigorar também no processo coletivo, provocando uma releitura do art. 18 da Lei da Ação Civil Pública para conferir maior responsabilidade ao *Parquet* no ingresso das ações coletivas, por meio de incentivos financeiros voltados a esta finalidade. Outrossim, o NCPC disciplinou o tema de forma minudente, tendo instituído regime legal específico e observado que o Ministério Público ostenta capacidade orçamentária própria, tendo, ainda, fixado prazo razoável para o planejamento financeiro do órgão. Note-se que, com a presente interpretação, não se está, de maneira nenhuma, enfraquecendo o processo coletivo. Pelo contrário, o que se pretende é, de fato, fortalecê-lo, desenvolvendo-se incentivos para que apenas ações coletivas efetivamente meritórias sejam ajuizadas. Não é demais lembrar que no sistema estadunidense da *class action*, um importante paradigma de sistema processual coletivo, as partes têm o dever de arcar com custos elevados, de lado a lado, e os incentivos financeiros são calibrados para evitar ações frívolas mas, de outra parte, para representar risco real às atividades empresariais em desacordo com a lei (Ver: HENSLER, Deborah R. et al. *Class action dilemmas*: Pursuing public goals for private gain. Rand Corporation, 2000). Frequentemente, o atual regramento do processo coletivo não cumpre a nenhum desses objetivos. Voltando ao sistema brasileiro, ressalto que perícias poderão ser realizadas por entidades públicas, cujo rol é bastante vasto. Sublinho que até mesmo as universidades públicas podem ser convidadas a colaborar para as perícias judiciais e que, nesses casos, eventualmente os custos podem ser menores ou inexistentes, a depender das cooperações a serem desenvolvidas. Penso que aprimorar os incentivos financeiros para que o *Parquet* tome medidas judiciais com maior responsabilidade é de todo desejável, eis que a atuação do Ministério Público como curador universal de todos os valores públicos, e sua pujante proeminência nessa função (ver, *e.g.*: SBDP. *Ações coletivas no Brasil*: temas, atores e desafios da tutela coletiva. Série Justiça Pesquisa: Direitos e Garantias Fundamentais. Brasília: Conselho Nacional de Justiça - CNJ, 2017), não encontra justificação nem prática nem teórica. Criar incentivos para que esse órgão público passe a atuar, com maior frequência, juntamente com legitimados de direito privado, aperfeiçoando suas parcerias e oportunidades de litisconsórcio, é uma das tarefas pendentes para que a tutela do interesse público seja feita de forma mais profissional, especializada e responsável. Todas essas ponderações parecem-me da maior relevância diante do que dispõem os arts. 5º e 20 da Lei de Introdução às Normas do Direito Brasileiro, que enfatizam o dever do juiz de atender aos fins sociais a que a lei se dirige, as consequências práticas da decisão e às exigências do bem comum. Destaco que o fortalecimento do processo coletivo brasileiro passa, necessariamente, pela maior equiparação do poder das partes, pela melhor calibração dos incentivos para o agir responsável e pelo fortalecimento da atuação dos agentes privados, como forma de estimular a advocacia a envolver-se e a comprometer-se com este ramo da ciência processual, que é mais condizente com as necessidades atuais da burocratizada e complexa sociedade brasileira. O NCPC trouxe regra que, a meu sentir, amolda-se a essas três necessidades e que deve ser prestigiada, porque harmônica com o desenho ideal do sistema processual coletivo. Sublinho, em suma, que cabe à jurisprudência construir melhores soluções à luz do ordenamento de que dispomos para o regramento processual coletivo e que, neste aspecto ora em debate, parece-me claro em apontar o caminho, que é o da maior responsabilização do *Parquet* pela sua atuação em tais processos. Ante todo o exposto, acolho a argumentação da União Federal para responsabilizar o Ministério Público pelo pagamento dos honorários periciais da perícia por ele requerida, nos termos do art. 91 do Código de Processo Civil. Julgo prejudicado o agravo regimental. Dê-se ciência do teor desta decisão ao juízo *a quo*, responsável pelo cumprimento da carta de ordem. Publique-se. Brasília, 13 de dezembro de 2018. Ministro Ricardo Lewandowski Relator (ACO 1560, Rel. Min. Ricardo Lewandowski, julgado em 13/12/2018, publicado em *DJe*-271, divulg. 17/12/2018, public. 18/12/2018).

Capítulo 3

Julgados do Colendo Superior Tribunal de Justiça

04 – **Ementa:** PROCESSUAL CIVIL. AGRAVO INTERNO NO RECURSO ESPECIAL. CÓDIGO DE PROCESSO CIVIL DE 2015. APLICABILIDADE. AÇÃO CIVIL PÚBLICA. ADIANTAMENTO DE HONORÁRIOS PERICIAIS. INCIDÊNCIA DA SÚMULA Nº 232/STJ. DECISÃO PROFERIDA EM RECURSO JULGADO SOB O RITO DOS REPETITIVOS. APLICAÇÃO AOS CASOS ANÁLOGOS. PROPOSITURA DE AÇÃO RESCISÓRIA. CUMPRIMENTO DA DECISÃO RESCINDENDA. NÃO IMPEDIMENTO. ARGUMENTOS INSUFICIENTES PARA DESCONSTITUIR A DECISÃO ATACADA.

I – Consoante o decidido pelo Plenário desta Corte na sessão realizada em 09/03/2016, o regime recursal será determinado pela data da publicação do provimento jurisdicional impugnado. Assim sendo, *in casu*, aplica-se o Código de Processo Civil de 2015.

II – É firme o posicionamento desta Corte no sentido de ser aplicável, por analogia, o enunciado da Súmula nº 232/STJ a fim de determinar que a Fazenda Pública à qual o Ministério Público se ache vinculado arque com o adiantamento dos honorários das perícias pleiteadas pelo Parquet nas ações civis públicas.

III – A aplicação do que restou decidido nos julgados proferidos sob a sistemática dos repetitivos aos casos análogos tem como objetivo atender aos ditames dos princípios da isonomia e da segurança jurídica.

IV – O art. 969 do Código de Processo Civil de 2015 estipula que "a propositura da ação rescisória não impede o cumprimento da decisão rescindenda, ressalvada a concessão de tutela provisória".

V – A Agravante não apresenta, no agravo, argumentos suficientes para desconstituir a decisão recorrida.

VI – Agravo Interno improvido (AgInt no REsp 1.420.102/RS, Rel.ª Min.ª Regina Helena Costa, Primeira Turma, j. 21/03/2017, DJe 30/03/2017).

05 – **Ementa:** PROCESSUAL CIVIL. RECURSO ESPECIAL. CUMPRIMENTO DE SENTENÇA. CUSTAS E DESPESAS PROCESSUAIS. DISTINÇÃO. HONORÁRIOS PERICIAIS. SUCUMBÊNCIA.

1. Recurso especial interposto em 29/06/2015 e atribuído ao gabinete em 25/08/2016.

2. É adequada a inclusão dos honorários periciais em conta de liquidação quando o dispositivo da sentença com trânsito em julgado condena o vencido, genericamente, ao pagamento de custas processuais.

3. Quem tem razão não deve sofrer prejuízo pelo processo.

4. Surpreender o vencedor da demanda com a obrigação de arcar com os honorários periciais apenas e tão somente porque a sentença condenava o vencido genericamente ao pagamento de "custas" e não "despesas" representa medida contrária ao princípio da sucumbência e até mesmo à própria noção da máxima eficiência da tutela jurisdicional justa.

5. Recurso especial não provido (REsp 1.558.185/RJ, Rel.ª Min.ª Nancy Andrighi, Terceira Turma, j. 02/02/2017, DJe 16/02/2017).

06 – **Ementa:** AGRAVO INTERNO NO AGRAVO. AÇÃO DE COBRANÇA DE INDENIZAÇÃO SECURITÁRIA. ANULAÇÃO DA SENTENÇA E BAIXA DOS AUTOS PARA **REALIZAÇÃO DE PERÍCIA. INICIATIVA PROBATÓRIA DO JUIZ. ART. 130 DO CPC DE 1973 (ART. 370 DO NCPC).**

1. O art. 130 do CPC permite ao julgador, em qualquer fase do processo, ainda que em sede de julgamento da apelação no âmbito do Tribunal local, determinar a realização das provas necessárias à formação do seu convencimento.

2. O que não se revela possível é o julgador suprir a deficiência probatória da parte, violando o princípio da imparcialidade, mas, por óbvio, diante de dúvida surgida com a prova colhida nos autos, compete-lhe aclarar os pontos obscuros, de modo a formar adequadamente sua convicção, devendo, contudo, ser assegurada a garantia do contraditório.

3. A análise da suficiência da documentação acostada aos autos esbarra nos óbices das Súmulas 5 e 7 do STJ, uma vez necessárias a interpretação da cláusula contratual estipuladora do risco coberto e a incursão no acervo fático probatório dos autos para suplantar a conclusão adotada pelo Tribunal de origem.

4. Agravo interno não provido (AgInt no AREsp 753.810/SP, Rel. Min. Luis Felipe Salomão, Quarta Turma, j. 16/08/2016, DJe 23/08/2016).

07 – **Ementa:** PROCESSUAL CIVIL. CONSUMIDOR. INVERSÃO DO ÔNUS DA PROVA. HONORÁRIOS DO PERITO. RESPONSABILIDADE. HIPOSSUFICIÊNCIA.

1. A simples inversão do ônus da prova, no sistema do Código de Defesa do Consumidor, não gera a obrigação de custear as despesas com a perícia, embora sofra a parte ré as consequências decorrentes de sua não produção (REsp 639.534/MT, Rel. Min. Carlos Alberto Menezes Direito, DJU 13/02/2006). Precedentes.

2. Recurso especial provido (REsp 1.063.639/MS, Rel. Min. Castro Meira, Segunda Turma, j. **1º/10/2009**, DJe 04/11/2009).

Capítulo 4

Verbetes Sumulares

Supremo Tribunal Federal

08 - **Súmula nº 179**

O aluguel arbitrado judicialmente nos termos da Lei nº 3.085, de 29/12/1956, art. 6º, vigora a partir da data do laudo pericial.

Data de Aprovação: Sessão Plenária de 13/12/1963. **Precedentes** RE 48.608 EI, publicação: DJ de 05/03/1964, RE 52.076, publicação: DJ de 07/11/1963, RE 50.535 EI, publicação: DJ de 24/10/1963, RE 49.171, publicação: DJ de 05/07/1962, RE 45.418, publicação: DJ de 11/08/1961, RE 46.214, publicação: DJ de 29/06/1961.

09 - **Súmula nº 180**

Na ação revisional do art. 31 do Decreto nº 24.150, de 20/4/1934, o aluguel arbitrado vigora a partir do laudo pericial.

Data de Aprovação: Sessão Plenária de 13/12/1963. **Precedentes** RE 41.347, publicações: DJ de 14/06/1963, RTJ 14/179, AI 26.312, publicações: DJ de 18/10/1962, RTJ 23/166, RE 50.065, publicação: DJ de 26/07/1962.

10 - **Súmula nº 230**

A prescrição da ação de acidente do trabalho conta-se do exame pericial que comprovar a enfermidade ou verificar a natureza da incapacidade.

Data de Aprovação: Sessão Plenária de 13/12/1963. **Referência Legislativa:** Decreto-Lei nº 7.036/1944, art. 66. **Precedentes** RE 49.849 EDv, publicação: DJ de 14/06/1963, RE 13.355, publicação: DJ de 23/11/1961, RE 42.311 EI, publicação: DJ de 07/08/1961, RE 42.781 EI, publicação: DJ de 27/07/1961, RE 37.527 EI, publicação: DJ de 13/04/1961.

11 - **Súmula nº 314**

Na composição do dano por acidente do trabalho, ou de transporte, não é contrário à lei tomar para base da indenização o salário do tempo da perícia ou da sentença.

Data de Aprovação: Sessão Plenária de 13/12/1963 **Referência Legislativa:** Decreto-Lei nº 7.036/1944, art. 33; art. 37; art. 44; e art. 46. Decreto nº 2.681/1912, art. 19; art. 20; art. 21; e art. 22. **Precedentes:** RE 54.308, publicação: DJ de 21/11/1963, RE 51.046, publicações: DJ de 14/11/1963, RTJ 31/166, RE 54.310, publicações: DJ de 07/11/1963, RTJ 30/275, RE 54.176, publicações: DJ de 24/10/1963, RTJ 30/108, RE 52.409, publicação: DJ de 08/08/1963, RE 53.477, publicações: DJ de 19/07/1963, RTJ 29/333, RE 53.476, publicações: DJ de 19/07/1963, RTJ 29/332, RE 52.850, publicação: DJ de 27/06/1963, RE 50.747, publicações: DJ de 20/06/1963, RTJ 28/288, RE 46.921, publicação: DJ de 02/06/1961, RE 42.250 EI, publicações: DJ de 18/05/1961, RTJ 17/184.

12 - **Súmula nº 345**

Na chamada desapropriação indireta, os juros compensatórios são devidos a partir da perícia, desde que tenha atribuído valor atual ao imóvel.

Data de Aprovação: Sessão Plenária de 13/12/1963. **Referência Legislativa:** Constituição Federal de 1946, art. 141, § 16. Código Civil de 1916, art. 1.059. Decreto-Lei nº 3.365/1941, art. 26. **Precedentes:** RE 47.009 EI, publicações: DJ de 22/08/1963, RTJ 29/385, RE 52.086, publicações: DJ de 08/08/1963, RTJ 29/217, RE 48.597 EI, publicações: DJ de 20/06/1963, RTJ 28/274, RE 51.375, publicações: DJ de 09/05/1963, RTJ 26/335, AI 28.202, publicações: DJ de 03/04/1963, RTJ 27/105, RE 48.597, publicação: DJ de 18/10/1962, RE 46.157 EI, publicações: DJ de 18/10/1962, RTJ 23/293. **Observação** - Veja Súmula nº 164 e Súmula nº 618. - Veja ACO 297 (DJ de 13/09/1985), RE 48.540 (DJ de 1º/07/1970), RE 52.441 EDv (DJ de 05/06/1970) e RE 47.934 EDv (DJ de 30/05/1969).

13 - **Súmula nº 460**

Para efeito do adicional de insalubridade, a perícia judicial, em reclamação trabalhista, não dispensa o enquadramento da atividade entre as insalubres, que é ato da competência do Ministro do Trabalho e Previdência Social.

Data de Aprovação: Sessão Plenária de 1º/10/1964. **Fonte de Publicação:** DJ de 08/10/1964, p. 3.647; DJ de 09/10/1964, p. 3667; DJ de 12/10/1964, p. 3.699. **Referência Legislativa:** Consolidação das Leis do Trabalho de 1943, arts. 154 a 223 e parágrafos. Decreto-Lei nº 399/1938, art. 4º, § 1º, § 2º. Decreto-Lei nº 2.162/1940, art. 6º. Portaria do Ministério do Transporte Indústria e Comércio nº 51/1939. Portaria do Ministério do Transporte Indústria e Comércio nº 262/1962. **Precedentes:** AI 31.982, publicação: DJ de 18/06/1964, RMS

10.489, publicações: DJ de 09/05/1963, RTJ 27/96, RMS 10.490, publicações: DJ de 04/04/1963, RTJ 26/50, RMS 10.488, publicações: DJ de 06/12/1962, RTJ 24/419. **Observação:** Veja Súmula nº 194.

Superior Tribunal de Justiça

14 - **Súmula nº 7**

A pretensão de simples reexame de prova não enseja recurso especial. Súmula nº 7, Corte Especial, j. 28/06/1990, DJ 03/07/1990, p. 6.478.

15 - **Súmula nº 232**

A Fazenda Pública, quando parte no processo, fica sujeita à exigência do depósito prévio dos honorários do perito.

Súmula nº 232, Corte Especial, j. 1º/12/1999, DJ 07/12/1999, p. 127.

16 - **Súmula nº 455**

A decisão que determina a produção antecipada de provas com base no art. 366 do CPP deve ser concretamente fundamentada, não a justificando unicamente o mero decurso do tempo.

Súmula nº 455, Terceira Seção, j. 25/08/2010, DJe 08/09/2010.

17 - **Súmula nº 574**

Para a configuração do delito de violação de direito autoral e a comprovação de sua materialidade, é suficiente a perícia realizada por amostragem do produto apreendido, nos aspectos externos do material, e é desnecessária a identificação dos titulares dos direitos autorais violados ou daqueles que os representem.

Súmula nº 574, Terceira Seção, j. 22/06/2016, DJe 27/06/2016.

Capítulo 5

Julgados do Egrégio Tribunal de Justiça do Estado do Rio de Janeiro

18 – **Ementa: AGRAVO DE INSTRUMENTO.** RELAÇÃO DE CONSUMO. RECURSO INTERPOSTO CONTRA DECISÃO PROLATADA EM 10.10.2016, NA VIGÊNCIA DA LEI Nº 13.105/2015 (NOVO CPC), QUE FIXOU O VALOR DOS HONORÁRIOS PERICIAIS. INSURGÊNCIA DO RÉU. **JUÍZO DE ADMISSIBILIDADE QUE DEVE SER EXERCIDO EM CONFORMIDADE COM A NOVA LEI PROCESSUAL.**

Decisão interlocutória agravada que não se enquadra em nenhuma das hipóteses previstas no rol elencado no art. 1.015 do Código de Processo Civil/2015. Agravo de instrumento inadmissível. Recurso que não se Conhece (0058131-07.2016.8.19.0000, Agravo de Instrumento, Des. Luiz Roldão de Freitas Gomes Filho, j. 10/11/2016,Vigésima Quarta Câmara Cível Consumidor).

19 – **Ementa:** Agravo de Instrumento. Ação Rescisória. Decisão que homologou laudo pericial. Irresignação das rés. Alegação de que o laudo produzido é imprestável e eivado de nulidades. Decisão cujo conteúdo não se encontra no rol do art. 1.015 do novo CPC, que elenca as decisões impugnáveis por Agravo de Instrumento. Recurso inadmissível. Por tais fundamentos, com fulcro no art. 932, III do novo CPC, não conheço do recurso. (0056540-10.2016.8.19.0000, Agravo de Instrumento, Des. Sirley Abreu Biondi, j. 1º/11/2016, Décima Terceira Câmara Cível).

20 – **Ementa:** AGRAVO DE INSTRUMENTO. PROCESSO CIVIL. CONSUMIDOR. AÇÃO INDENIZATÓRIA. DECISÃO QUE DETERMINA O DESENTRANHAMENTO DE LAUDO PERICIAL E INTIMA O EXPERT PARA QUE EFETUE A DEVOLUÇÃO DOS HONORÁRIOS PERICIAIS, EM RAZÃO DA VIOLAÇÃO DO DISPOSTO NO ART. 25 DO CÓDIGO DE ÉTICA PROFISSIONAL E DISCIPLINAR DO CONSELHO NACIONAL DOS PERITOS JUDICIAIS. RECURSO NÃO CABÍVEL. ROL TAXATIVO DO ART.1.015 DO NCPC.

Agravo interposto sob a égide da Novel Ordem Processual Civil brasileira. Com a vigência do CPC/2015 o agravo de instrumento passou a ter cabimento apenas contra as decisões interlocutórias textualmente contempladas pelo legislador, não se admitindo sua interposição em nenhum outro caso. Hipótese versada no presente recurso não contemplada no rol taxativo do art. 1.015 do NCPC. Decisão de desentranhamento de laudo pericial produzido, bem como a devolução de quantia paga a título de honorários periciais, que não estão incluídas no rol (*numerus clausus*) do art. 1.015 do CPC/2015. Aplicação do novo Código de Processo Civil (Lei nº 13.105/2015). Admissibilidade que deve observar a sistemática processual em vigor, a teor do art. 14 do Novel Estatuto Processual. Inteligência do Enunciado Administrativo nº 3, do Superior Tribunal de Justiça. Agravo de Instrumento que se mostra manifestamente inadmissível. Recurso que não se conhece (0043239-93.2016.8.19.0000, Agravo de Instrumento, Des. Wilson do Nascimento Reis, j. 26/10/2016, Vigésima Quarta Câmara Cível Consumidor).

21 - **Ementa:** AGRAVO DE INSTRUMENTO. AÇÃO DE REGULAMENTAÇÃO DE VISITAS. DECISÃO AGRAVADA QUE MANTÉM A SUSPENSÃO DO DIREITO DE VISITAÇÃO PATERNA, BEM COMO INDEFERE O REQUERIMENTO DE PERÍCIA PSICOLÓGICA E MÉDICA, DETERMINANDO A OITIVA DA PSIQUIATRA QUE ACOMPANHA A FAMÍLIA POR INTERMÉDIO DA FILHA DESDE A SEPARAÇÃO DO CASAL. RECURSO QUE DEVE SER CONHECIDO APENAS NO TOCANTE À SUSPENSÃO DO DIREITO DE VISITAÇÃO AOS FILHOS MENORES, NA MEDIDA EM QUE, EM RELAÇÃO AOS DEMAIS TÓPICOS, NÃO CORRESPONDÊNCIA ÀS HIPÓTESES DE CABIMENTO DO RECURSO ELENCADAS NO ROL TAXATIVO DO ART. 1.015 DO CPC/2015. LAUDOS TÉCNICOS MULTIDISCIPLINARES QUE EVIDENCIAM A MANIFESTAÇÃO DE SINTOMAS DO TIPO FÓBICO COM A SIMPLES MENÇÃO AO RESTABELECIMENTO DE CONTATO COM O PAI. *DECISUM* QUE, DIANTE DO CONTEXTO FÁTICO-PROATÓRIO, EVIDENCIA, AO MENOS POR ORA, O MELHOR INTERESSE DA CRIANÇA (ART. 227, CF). RECURSO A QUE SE NEGA PROVIMENTO. (0022763-97.2017.8.19.0000, Agravo de Instrumento, 1ª Ementa, Des.ª Myriam Medeiros da Fonseca Costa, j. 28/06/2017, Quarta Câmara Cível).

- **Obs. do Autor:** Precedente proferido em idêntico sentido do entendimento quanto à inadmissibilidade da insurgência, consoante destacado no **Ag. de Inst. nº 0030130-12.2016.8.19.0000, sob a Relatoria do Des. Paulo Sérgio Prestes dos Santos**, j. 05/10/2016, Segunda Câmara Cível. **Destaques do Autor**.

22 - **Ementa:** AGRAVO DE INSTRUMENTO. **DECISÃO QUE INDEFERE NOVA PERÍCIA. MERO INCONFORMISMO.**

1. Recorrente que se insurge contra indeferimento de prova.

2. O juiz é o destinatário da prova, cabendo-lhe a verificação da necessidade e oportunidade para a sua produção. Incidência do art. 130 do CPC.

3. **O pleito de realização de nova perícia não merece ser acolhido. O laudo é conclusivo e motivado. O fato de ser desfavorável a uma das partes não constitui motivo suficiente para renovação da prova pericial.** Enunciado nº 29 do Aviso TJ nº 94/2010.

4. Recurso a que se nega seguimento, nos termos do art. 557, *caput*, do CPC (0005252-91.2014.8.19.0000, Agravo de Instrumento, 1ª Ementa, Des. Peterson Barroso Simão, j. **10/02/2014,** Vigésima Quarta Câmara Cível).

- **Obs. do Autor**: Precedente proferido sob a vigência do CPC/1973, com fundamento em dispositivo cuja redação foi reproduzida no atual Estatuto Processual Civil, prevalecendo, portanto, o entendimento jurisprudencial. **Destaques do Autor**.

23 - **Ementa:** APELAÇÃO CÍVEL. AÇÃO INDENIZATÓRIA. DIREITO DE VIZINHANÇA. INFILTRAÇÕES EM IMÓVEL. AUSÊNCIA DE RESPONSABILIDADE DO RÉU. **PROVA PERICIAL CONCLUSIVA E NÃO IMPUGNADA.** PRECLUSÃO. APLICAÇÃO DO ART. 131 DO CPC.

1. Pretensão de realização de nova prova pericial. Descabimento. Preclusão. Instado a se manifestar sobre o laudo, a recorrente quedou-se inerte.

2. Por ser o destinatário direto, cabe ao juiz valorar as provas produzidas para que possa assim formar seu convencimento.

3. O laudo pericial homologado na sentença respondeu de forma clara e objetiva a todos os questionamentos formulados pelas partes.

4. A simples indignação da parte com a conclusão do laudo pericial não lhe confere o direito de exigir a realização de nova perícia.

5. Inexistência de nexo causal entre os fatos e os danos alegados. 6. Manutenção da sentença. Negativa de provimento ao recurso (0010751-59.2010.8.19.0206, Apelação, 2ª Ementa, Des. Monica de Faria Sardas, j. **07/01/2014**, Vigésima Primeira Câmara Cível).

- **Obs. do Autor**: Precedente proferido sob a vigência do CPC/1973, com fundamento em dispositivo cuja redação foi reproduzida no atual Estatuto Processual Civil, prevalecendo, portanto, o entendimento jurisprudencial. **Destaques do Autor**.

24 - **Ementa:** APELAÇÃO CÍVEL. DESAPROPRIAÇÃO INDIRETA. **TERRENO LOCALIZADO DENTRO DE ÁREA DO PARQUE ESTADUAL DA SERRA DA TIRIRICA (PESET).**

1. Afastada a preliminar de ilegitimidade passiva arguida pelo Estado. A legitimidade passiva *ad causam*, nas ações de desapropriação indireta é do ente

competente para propor ação de expropriação. A Lei Estadual 5.079/2007, que instituiu a área do perímetro do Parque Estadual da Serra da Tiririca, não conferiu legitimidade ao INEA para promover desapropriação, mas tão somente a administração da mesma, cabendo ao Estado "providenciar sua regularização fundiária através de conciliações ou desapropriações, que se fizerem necessárias" (art. 4º da referida lei). Desprovimento do agravo retido.

2. A desapropriação indireta ocorre quando um ato do Poder Público impõe restrições consideráveis quanto à utilização do bem, de modo que este venha perder seu potencial econômico.

3. Por meio da Lei Estadual 5.079/2007 foi delimitado o perímetro definitivo do Parque Estadual da Serra da Tiririca (PESET), criado pela Lei Estadual 1.901/1991, sendo as terras nele contidas declaradas de utilidade pública para fins de desapropriação.

4. Considera-se configurada a desapropriação indireta no momento do apossamento do bem por parte da Administração, o que ocorreu a partir da vigência da Lei nº 5.079/2007 (03/09/2007).

5. O laudo pericial estabeleceu que o valor do imóvel na data do apossamento era de R$ 70.900,00 (setenta mil e novecentos reais) e o valor atualizado na data da confecção do laudo era de R$ 109.000,00 (cento e nove mil reais).

6. O valor da indenização por desapropriação deve ser contemporâneo à avaliação judicial, ou seja, deve-se levar em consideração o valor do imóvel apontado na época da avaliação (precedentes do STJ). Na hipótese, a sentença deveria ter fixado o valor de R$ 109.000,00 (cento e nove mil reais).

7. Juros compensatórios devidos desde a data da ocupação (Súmula nº 114 do STJ) em percentual de 12% ao ano (Súmula nº 618 STF c/c Súmula nº 408 do STJ). 8. Termo inicial dos juros moratórios nas ações de desapropriação é o dia 1º de janeiro do exercício seguinte àquele em que o pagamento deva ser feito (Tese julgada sob o rito do art. 543-C do CPC em 24/2/2010 – REsp 1.118.103-SP, Rel. Min. Teori Albino Zavascki), no percentual de 6% ao ano.

9. Correção monetária devidamente fixada a partir do laudo de avaliação.

10. Desprovimento do recurso do réu.

11. Parcial provimento do recurso do autor para:

i) estabelecer o valor da indenização como sendo aquele encontrado pelo perito na data da avaliação, ou seja R$ 109.000,00 (cento e nove mil reais);

ii) fixar os juros compensatórios em percentual de 12% ao ano, desde a data da ocupação, sendo esta considerada como sendo a data da Lei nº 5.079/2007;

iii) fixar os juros moratórios em 6% ao ano, tendo como termo inicial o dia 1º de janeiro do exercício seguinte àquele em que o pagamento deva ser feito, nos termos do art.100 da Constituição Federal (0003129-32.2011.8.19.0031, Apelação, Des. Peterson Barroso Simão, j. 07/12/2016, Terceira Câmara Cível).

25 - **Ementa:** APELAÇÕES CÍVEIS/REEXAME NECESSÁRIO. AÇÃO INDENIZATÓRIA. DESAPROPRIAÇÃO INDIRETA. JUSTA INDENIZAÇÃO. LAUDO PERICIAL. MÉTODO COMPARATIVO DE MERCADO. VALOR REAL DO BEM. JUROS COMPENSATÓRIOS. CABIMENTO. 12% AO ANO. VERBETES Nº 69, Nº 114 E Nº 408 DO STJ. ENUNCIADO Nº 618 DO STF. IPTU. REPETIÇÃO DO INDÉBITO. IMPOSSIBILIDADE. HONORÁRIOS ADVOCATÍCIOS DEVIDOS. SUCUMBÊNCIA MÍNIMA. ART. 86, § ÚNICO, DO CPC/2015. JUROS MORATÓRIOS. ART. 15-B, DO DECRETO-LEI Nº 3.365/1941. REFORMA PARCIAL DA SENTENÇA.

- Inconformismo dos apelantes com a sentença que julgou parcialmente procedente o pedido em ação indenizatória por desapropriação indireta.

- Laudo técnico realizado com suporte no Método Comparativo Direto de Dados de Mercado, em consonância com a Norma ABNT 14.653-2, que compara os valores de mercado de imóveis em situação idêntica ao do bem avaliado.

- Desapropriação indireta que enseja a justa indenização ao expropriado, em valor contemporâneo da avaliação, diante da perda de valor econômico do bem (art. 5º, XXIV, da CRFB/1988 e art. 26, do Decreto-Lei nº 3.365/1941).

- Cabimento de juros compensatórios, já que ato do Poder Executivo (Lei Estadual nº 5.079/2007), de efeitos concretos e imediatos, inseriu toda a extensão da propriedade dos autores em área de preservação ambiental (Parque Estadual da Serra da Tiririca), restringindo a fruição do bem e afetando-o ao poder dominial público sem a prévia e justa indenização.

- STJ que, ao julgar o REsp 1.111.829/SP, sob o regime do art. 543-C do CPC, considerou que os juros compensatórios, em desapropriação, são devidos no percentual de 12% ao ano, nos termos do verbete nº 618 da Súmula do STF.

- Aplicável à hipótese o disposto no enunciado nº 114 do STJ: "Os juros compensatórios, na desapropriação indireta, incidem a partir da ocupação (vigência da Lei Estadual nº 5.079/2007), calculados sobre o valor da indenização, corrigido monetariamente."

- Sucumbência mínima dos autores-apelantes, sendo devido o arbitramento de honorários advocatícios, com fulcro no art. 86, § único do CPC/2015, verba ora fixada em 5% sobre o valor da condenação, em observância ao disposto no art. 27, § 1º, da Lei nº 3.365/1941, tendo em vista que se trata de desapropriação indireta, em que não houve prévia indenização oferecida pelo Estado.

- Impossível a repetição do indébito do IPTU pago pelos autores-apelantes, após a inclusão do imóvel objeto dos autos em área de preservação ambiental (Parque Estadual da Serra da Tiririca), haja vista a existência de imunidade tributária recíproca (art. 150, VI, "a", da CRFB/1988).

- Omissão do nome do segundo réu, INEA, no relatório da sentença, que configura mero erro material e não enseja qualquer nulidade.

- Reforma da sentença, em reexame necessário, no tocante ao início do cômputo dos juros moratórios, uma vez que devem incidir a partir de 1º de janeiro do exercício seguinte àquele em que o pagamento deveria ter sido feito, *in casu*, 1º de janeiro de 2008, na forma do art. 15-B, do Decreto-Lei nº 3.365/1941.

– Juros moratórios que incidem também sobre os juros compensatórios, na forma do verbete nº 102 da Súmula do STJ. Provimento parcial do primeiro recurso, negativa de provimento do segundo apelo e reforma parcial da sentença em reexame necessário (0028466-91.2009.8.19.0031, Apelação, Des.ª Maria Helena Pinto Machado Martins, j. 05/10/2016, Quarta Câmara Cível).

26 – **Ementa:** AGRAVO DE INSTRUMENTO. CUMPRIMENTO DE SENTENÇA. PRETENSÃO DE EXTINÇÃO DA OBRIGAÇÃO DO PAGAMENTO DOS HONORÁRIOS PERICIAIS OU DE SUA REDUÇÃO PARA O VALOR DE R$ 1.500,00. A AGRAVANTE PERMANECEU INERTE, DEIXANDO ESCOAR A FASE PROCESSUAL PRÓPRIA, SEM FAZER USO DO SEU DIREITO. PRECLUSÃO LÓGICA.

Intimada sobre a proposta de honorários periciais, a Agravante manifestou-se pela redução dos mesmos. Todavia, sua pretensão não foi apreciada, deixando de ser homologado o valor dos honorários periciais. A perícia foi realizada e processo foi julgado, transitando em julgado, findando-se a fase de conhecimento. A Recorrente pretende o cancelamento do débito ou a redução da verba honorária para R$ 1.500,00 na fase de execução da Sentença. As partes devem colaborar para desenvolvimento regular do processo. A inércia da recorrente após sua manifestação contrária aos honorários, que permitiu a realização da perícia e o julgamento do feito, deve ser interpretada como resignação quanto ao valor da perícia. Recurso conhecido. Provimento negado. (0059326-27.2016.8.19.0000, Agravo de Instrumento, 1ª Ementa, Des.ª Denise Nicoll Simões, j. 1º/12/2016, Vigésima Sexta Câmara Cível Consumidor).

27 – **Ementa:** APELAÇÃO. PROCESSUAL CIVIL. AÇÃO RENOVATÓRIA. RENÚNCIA DO AUTOR APÓS A REALIZAÇÃO DE PERÍCIA. EXTINÇÃO DO PROCESSO, NA FORMA DO ART. 269, V, DO CPC/1973. IRRESIGNAÇÃO DO RÉU QUE BUSCA A FIXAÇÃO DE NOVO ALUGUEL MENSAL, ENCONTRADO PELO PERITO DO JUÍZO. POSSIBILIDADE.

Em se tratando de ação renovatória, há que se ressaltar o seu caráter dúplice, ou seja, o réu pode formular pedido contraposto na contestação, sem necessidade, portanto, de se utilizar da via reconvencional, de forma que não configura julgamento extra petita a fixação do quantum do aluguel, quando, na contestação haja requerimento nesse sentido. Aplicação do art. 72, § 1º, da Lei nº 8.245/1991. Ao acolher o pedido de renúncia e julgar extinto o processo, a sentença deixou de considerar a natureza dúplice da ação renovatória. Renúncia que só deve produzir efeitos após a sua formalização e homologação, sem efeitos retroativos, sob de violação do princípio da boa-fé, do dever de lealdade e configuração de abuso de direito. Locador que perdeu a chance de propor ação revisional, porque o valor do aluguel já estava sendo discutido na presente ação renovatória. Aluguel que deve ser fixado nos exatos termos do laudo pericial, mantido o aluguel provisório até o termo *a quo* do aluguel definitivo, estipulado na perícia. Sentença que se reforma parcialmente. Parcial provimento do apelo para julgar procedente em parte o pedido contraposto, mantida no mais a sentença (0166133-44.2011.8.19.0001, Apelação, 1ª Ementa, Des.ª Claudia Pires dos Santos Ferreira, j. 30/11/2016, Sexta Câmara Cível).

28 – **Ementa:** AGRAVO DE INSTRUMENTO. AÇÃO ORDINÁRIA. CONTRATO DE PARTICIPAÇÃO FINANCEIRA. PERÍCIA. FIXAÇÃO DE PARÂMETROS. ATO JUDICIAL QUE NÃO ENCONTRA AMPARO NO ROL TAXATIVO DO ART. 1.015 DO CPC. RECURSO INADMITIDO. Recurso interposto contra decisão que fixou os critérios a serem observados pelo Expert para fins de realização de laudo pericial em ação na qual se pleiteia o direito à complementação de ações de contrato de participação financeira do serviço de telefonia. Novo Código de Processo Civil que elencou rol taxativo para hipóteses de cabimento de agravo de instrumento. Juiz que apenas delineou as balizas a serem observadas pelo perito, em cumprimento ao acórdão proferido por esta Relatora. Hipótese que não se enquadra no rol previsto na legislação civil. Insurgências da parte autora que, se entender devidas, devem ser apresentadas em momento posterior oportuno. Inadmissibilidade do recurso que se impõe, tendo em vista o não enquadramento nas hipóteses previstas no art. 1.015 do Código de Processo Civil/2015. Recurso não conhecido, na forma do art. 932, III, do CPC (0045553-12.2016.8.19.0000, Agravo de Instrumento, 1ª Ementa, Des.ª Elisabete Filizzola Assunção, j. 30/11/2016, Segunda Câmara Cível).

29 – **Ementa:** Apelação cível. Ação declaratória c/c indenizatória, objetivando o reconhecimento de cessão verbal de direitos hereditários, bem como de débito locatício de período anterior. Imóvel que pertencia ao falecido irmão da autora. Réus que em defesa apresentaram contrato de cessão do imóvel, firmado pelo finado. **Perícia grafotécnica realizada constatando que a assinatura no documento em questão não foi aposta pelo *de cujus*.** Correta declaração de nulidade do documento. Irresignação dos réus, com pedido de gratuidade para a segunda ré. **Possibilidade de realização de perícia grafotécnica em fotocópias. Paradigmas utilizados para confronto da assinatura que datam de período menor do que o alegado pelos recorrentes.** Por fim, a segunda recorrente, apesar de atualmente isenta do imposto de renda em razão de doença, possui rendimentos elevados, razão pela qual não merece a gratuidade de justiça. Recurso improvido (0013922-69.2011.8.19.0212, Apelação, 1ª Ementa, Des. Antônio Iloízio Barros Bastos, j. 30/11/2016, Quarta Câmara Cível).

30 – **Ementa:** Direito Processual Civil. Ação indenizatória em fase de execução. Sentença de extinção da execução. Irresignação da apelante pugnando pela nulidade da decisão por absoluta falta de fundamentação, contrariando o disposto no art. 93, IX, da Constituição Federal. Sentença determinando pagamento de valores sem qualquer embasamento contábil que os justificasse. Ante a necessidade de apuração do valor real do crédito exequendo através de perícia contábil, até mesmo para verificar se de fato existente o excesso de execução, a extinção da execução sem fundamentação constitui infração aos princípios constitucionais do contraditório, da ampla defesa e do devido processo legal. Sentença que deve ser anulada, a fim de que sejam realizados novos cálculos pelo perito. Provimento do recurso da parte ré, prejudicado o recurso adesivo da parte autora (0039715-08.2004.8.19.0001, Apelação, 1ª Ementa, Des. Marco Antonio Ibrahim, j. 30/11/2016, Quarta Câmara Cível).

31 – **Ementa:** DIREITO ADMINISTRATIVO E CONSTITUCIONAL. SERVIDOR PÚBLICO ESTADUAL. **CONVERSÃO DE SALÁRIO PARA URV. NECESSIDADE DE PERÍCIA CONTÁBIL.** CASSAÇÃO DA SENTENÇA.

Ação proposta por servidora pública estadual em face do ente federativo, objetivando a condenação de o réu a promover a revisão do valor de seus vencimentos, bem como ao pagamento de diferença que entendem serem devidas em razão de equívoco na conversão de moedas ¿ URV para Cruzeiro-Real. Sentença de improcedência. Apelo da autora.

1. A obrigação de pagar a remuneração do servidor é apurada a cada mês, consistindo em obrigação de trato sucessivo da Fazenda Pública, certo que a jurisprudência já assentou entendimento no sentido de que, em se tratando de relação de trato sucessivo, a prescrição atinge apenas as parcelas vencidas anteriormente ao quinquênio legal precedente ao ajuizamento da ação.

2. O fato de o servidor público pertencer ao quadro de funcionários do executivo estadual não afasta a aplicação da Lei nº 8.880/1994, segundo o Superior Tribunal de Justiça, no julgamento do REsp 1.101.726/SP (recurso repetitivo), a aplicabilidade do aludido diploma independe de o servidor ser federal, estadual ou municipal ou de pertencer aos quadros do Poder Executivo, Judiciário ou Legislativo, desde que sejam apuradas diferenças salariais decorrentes da incorreta conversão da moeda.

3. A questão de o servidor receber depois do último dia do mês não acarreta, necessariamente, a correção da conversão, devendo-se analisar a data do fechamento do contracheque.

4. Nesse diapasão, imprescindível a produção de prova pericial contábil para verificação e apuração de eventual incorreção na conversão de URV, tomando-se por base o cargo correspondente ao da autora na data da correção.

5. Provimento do apelo. Cassação da sentença (0174504-26.2013.8.19.0001, Apelação, 1ª Ementa, Des. Fernando Foch de Lemos Arigony da Silva, j. 30/11/2016, Terceira Câmara Cível).

32 – **Ementa: INDENIZATÓRIA**. MUNICÍPIO. HOSPITAL PÚBLICO. ERRO NO PROCEDIMENTO CARACTERIZADO. **FALECIMENTO. PERDA DE UMA CHANCE. RESPONSABILIDADE CIVIL OBJETIVA. PERÍCIA CONCLUSIVA**. NEXO DE CAUSALIDADE. DANO MORAL CONFIGURADO. PENSIONAMENTO MENSAL EM BENEFÍCIO DA GENITORA DA VÍTIMA. FAMÍLIA DE BAIXA RENDA.

O pleito indenizatório vem ancorado em responsabilidade civil decorrente de erro médico, da qual decorre a responsabilidade objetiva do ente público por ato de seus agentes, prescindindo da averiguação de culpa. **Restou incontroverso nos autos que, em razão da má condução equivocada quanto ao diagnóstico (meningoencefalite) e, consequentemente, do tratamento aplicado, o menor veio ao óbito, com apenas 8 meses de vida. Perda de uma chance.** Obrigação de reparar os danos morais sofridos. Verba indenizatória fixada de forma razoável. É devida pensão mensal à mãe do bebê, equivalente a 2/3 do salário mínimo, a partir da data em que a criança completaria 14 anos, até o limite de 25 anos de idade, reduzindo para 1/3 do salário mínimo até o óbito da mãe ou a data em que a vítima atingiria idade de 65 anos. Negado provimento ao primeiro recurso, e dado parcial provimento ao segundo (0023242-13.2006.8.19.0021, Apelação/Remessa Necessária, 1ª Ementa, Des. Edson Aguiar de Vasconcelos, j. 30/11/2016, Décima Sétima Câmara Cível).

33 – **Ementa:** AÇÕES DE OBRIGAÇÃO DE FAZER C/C REVISÃO DE DÉBITO, REPARAÇÃO DE DANOS MORAIS E REPETIÇÃO DE INDÉBITO. ALEGAÇÃO AUTORAL DE QUE AS TARIFAS DE ÁGUA NÃO CORRESPONDEM AO CONSUMO EFETIVO. SENTENÇAS DE IMPROCEDÊNCIA. APELAÇÕES DO AUTOR. DEFICIÊNCIA RELEVANTE NA INSTRUÇÃO PROCESSUAL, DIANTE DA AUSÊNCIA DE PRODUÇÃO DE PROVA PERICIAL. POSSIBILIDADE DE COMPLEMENTAÇÃO POR INICIATIVA DO ÓRGÃO JURISDICIONAL DE SEGUNDO GRAU. INTELIGÊNCIA DO ART. 370 DO CPC/2015. SENTENÇAS ANULADAS, DE OFÍCIO, PARA REALIZAÇÃO DE PERÍCIA. RECURSOS PREJUDICADOS.

1. Verifica-se a ausência de elementos aptos à análise da regularidade do consumo de água nos locais em que estão instalados os relógios medidores, mormente diante da necessidade de exame técnico.

2. Diante de cada vez maior sentido publicista que se tem atribuído ao processo contemporâneo, o juiz deixou de ser mero espectador inerte da batalha judicial, passando a assumir posição ativa, que lhe permite, dentre outras prerrogativas, determinar a produção de provas, desde que o faça com imparcialidade e resguardando o princípio do contraditório – REsp 222.445/PR.

3. A iniciativa probatória do magistrado, em busca da verdade real, com realização de provas de ofício, não se sujeita à preclusão temporal, porque é feita no interesse público da efetividade da justiça, nem viola o princípio do dispositivo, diante do que expõe o art. 370 do CPC de 2015.

4. No caso em análise, o acervo fático-probatório dos autos mostra-se incompleto, o que autoriza, nos termos da jurisprudência do STJ, a possiblidade de o magistrado determinar *ex officio* a produção de prova capaz de aclarar os pontos obscuros, de modo a formar adequadamente sua convicção.

5. Sentença anulada, de ofício, para realização de perícia, a fim de verificar a regularidade dos registros de consumo de água nos imóveis, a partir de agosto de 2010, devendo ser rateados os honorários do perito, ficando prejudicados os recursos (0049512-35.2011.8.19.0042, Apelação, 1ª Ementa, Des.ª Marianna Fux, j. 30/11/2016, Vigésima Quinta Câmara Cível Consumidor).

34 – **Ementa:** APELAÇÃO CÍVEL. AÇÃO DE INDENIZAÇÃO POR DANOS MORAIS. RESPONSABILIDADE CIVIL MÉDICA HOSPITALAR. ERRO MÉDICO. PERÍCIA TÉCNICA REALIZADA POR PERITO NOMEADO PELO JUÍZO DA QUAL NÃO SE PODE INFERIR VÍCIOS OU IMPRECISÃO A IMPLICAR EM NECESSIDADE DE SUA RENOVAÇÃO. LAUDO PERICIAL QUE SE MOSTRA SUFICIENTE PARA O JULGAMENTO DA DEMANDA E É CONCLUSIVO NO SENTIDO DE NÃO HAVER NEXO DE CAUSALIDADE ENTRE O SERVIÇO PRESTADO PELO HOSPITAL RÉU E O ÓBITO DO FILHO DOS AUTORES QUE DECORREU DAS CONDIÇÕES FÍSICAS E PATOLÓGICAS DO PRÓPRIO PACIENTE. FALHA NA PRESTAÇÃO DO SERVIÇO DO HOSPITAL NÃO EVIDENCIADA INEXISTÊNCIA DE REQUISITO ENSEJADOR DO DEVER DE INDENIZAR QUAL SEJA NEXO CAUSAL. MANUTENÇÃO DA SENTENÇA QUE SE IMPÕE. RECURSO A QUE SE NEGA PROVIMENTO (0384236-86.2009.8.19.0001, Apelação, 1ª Ementa, Des.ª Margaret de Olivaes Valle dos Santos, j. 30/11/2016, Décima Oitava Câmara Cível).

35 – **Ementa:** AGRAVO DE INSTRUMENTO. INDENIZATÓRIA. Liquidação de sentença. Propriedade intelectual. Direito autoral. Reprodução e exploração de obra não autorizada.

Pedido de nova perícia para apuração do valor da indenização. Decisão proferida pelo Juízo a quo determinando a compensação dos honorários periciais, considerando que na decisão anterior foi determinado o rateio das despesas, tendo o Espólio agravado pago integralmente a primeira perícia. Primeira perícia requerida por ambas as partes (aplicação do art. 95 do NCPC, parte final). Manutenção da decisão. Recurso ao qual se nega provimento (0034089-88.2016.8.19.0000, Agravo de Instrumento, 1ª Ementa, Des. Cláudio Luiz Braga Dell'orto, j. 05/10/2016, Décima Oitava Câmara Cível).

36 – **Ementa:** Agravo de Instrumento. Indeferimento de provas testemunhal, pericial e documental suplementar. Recurso desprovido. 1. Ante o decidido pelo STJ no bojo dos recursos especiais nº 1.696.396 e nº 1.704.520, conhece-se do recurso de agravo de instrumento. 2. No caso vertente, discute-se a legalidade da atuação do agravado. A prova é documental, sendo necessário indagar se há processo de licença das obras, se essas são passíveis de legalização e se o processo administrativo de demolição observou o devido processo legal. 3. Não há, portanto, necessidade de produção de provas testemunhal, pericial ou documental suplementar. 4. Ausência, portanto, de cerceamento de defesa. 5. Agravo de Instrumento a que se nega provimento (0023764-49.2019.8.19.0000 – Agravo de Instrumento, Des. Horácio dos Santos Ribeiro Neto, julgamento: 27/08/2019, Décima Quinta Câmara Cível).

37 – **Ementa:** Agravo de Instrumento. Decisão que indeferiu a produção de prova pericial. Matéria recursal não prevista no rol taxativo do art. 1.015 do NCPC. E. STJ, Tema 988, tese: O rol do art. 1.015 do CPC é de taxatividade mitigada, por isso admite a interposição de agravo de instrumento quando verificada a urgência decorrente da inutilidade do julgamento da questão no recurso de apelação. Questão probatória não apresenta urgência. Matéria que poderá ser objeto de futura apelação. Recurso que não se conhece. Decisão que foi omissa em relação ao pedido de inversão do ônus da prova. Impossibilidade de apreciação do tema, sob pena de ofensa ao princípio de supressão de instância. Agravante possui meios próprios para sanar a omissão. Jurisprudência e Precedentes citados. REsp 1.704.520/MT, Rel.ª Min.ª Nancy Andrighi, Corte Especial, julgado em 05/12/2018, *DJe* 19/12/2018); REsp 1.696.396/MT, Rel.ª Min.ª Nancy Andrighi, Corte Especial, julgado em 05/12/2018, *DJe* 19/12/2018; 0033153-58.2019.8.19.0000, Agravo de Instrumento, Des(a). Mônica Feldman de Mattos, julgamento: 04/07/2019, Vigésima Primeira Câmara Cível; 0000091-27.2019.8.19.0000, Agravo De Instrumento, Des(a). Regina Lucia Passos, julgamento: 18/06/2019, Vigésima Primeira Câmara Cível; 0042566-32.2018.8.19.0000, Agravo de Instrumento, Des(a). Andre Emilio Ribeiro Von Melentovytch, Julgamento: 10/08/2018, Vigésima Primeira Câmara Cível; 0024323-06.2019.8.19.0000, Agravo de Instrumento, Des(a). Pedro Freire Raguenet, julgamento: 20/08/2019, Vigésima Primeira Câmara Cível. 0047115-85.2018.8.19.0000, Agravo De Instrumento, Des(a). Andre Emilio Ribeiro Von Melentovytch, julgamento: 06/08/2019, Vigésima Primeira Câmara Cível. Agravo de instrumento. Recurso que não se conhece. (0040500-45.2019.8.19.0000 – Agravo de Instrumento, Des(a). Regina Lucia Passos, julgamento: 28/08/2019, Vigésima Primeira Câmara Cível).

38 – **Ementa:** Agravo de Instrumento. Ação indenizatória. Decisão vergastada que indeferiu a produção de prova testemunhal. Manutenção do *decisum*. Mitigação

do rol do art. 1.015 do CPC. Questão de natureza processual. Prova pericial a ser realizada com o fim de apurar os valores dos direitos autorais provenientes da produção e comercialização dos CDs e DVDs das obras de interpretação do artista Bezerra da silva. *In casu*, observa-se que o indeferimento da prova testemunhal não se mostrou teratológico, já que o juiz é o destinatário da prova e, à luz do art. 370 do CPC, indeferirá as provas que considerar inúteis ou meramente protelatórias. Desprovimento do recurso (0040707-44.2019.8.19.0000 – Agravo de Instrumento, Des(a). Daniela Brandão Ferreira, julgamento: 27/08/2019, Nona Câmara Cível).

Capítulo 6

Súmulas, Enunciados, Ato Executivo Nº 52 e Avisos do E. TJ/RJ

36 – **Súmula nº 56**

"Em ação de acidente de trabalho, na qual alega o autor redução auditiva, o perito deve ser médico especialista, salvo se inexistir na Comarca."

Referência: Súmula da Jurisprudência Predominante nº 2001.146.00008, j. 24/06/2002. Rel. Des. Sylvio Capanema de Souza. Votação por maioria. Registro do Acórdão em 14/03/2003.

37 – **Súmula nº 155**

"Mero inconformismo com as conclusões da prova pericial, desacompanhado de fundamentação técnica, não autoriza sua repetição."

Referência: Processo Administrativo nº 0014101-57.2011.8.19.0000, j. 22/11//2010. Rel.ª Des.ª Leila Mariano. Votação unânime.

38 – **Súmula nº 156**

"A decisão que defere ou indefere a produção de determinada prova só será reformada se teratológica."

Referência: Processo Administrativo nº 0014101-57.2011.8.19.0000, j. 22/11//2010. Rel.ª Des.ª Leila Mariano. Votação unânime.

39 – **Súmula nº 229**

"A inversão do ônus da prova constitui direito básico do consumidor, uma vez preenchidos os pressupostos previstos no art. 6º, inciso VIII, do CDC, sem implicar, necessariamente, na reversão do custeio, em especial quanto aos honorários do perito."

Referência: Processo Administrativo nº 0013649-47.2011.8.19.0000, j. 22/11//2010. Rel.ª Des.ª Leila Mariano. Votação unânime.

40 - **Súmula nº 233**

"O percentual da perda, apurado mediante prova idônea, determinará o grau de invalidez permanente do segurado e o valor da indenização prevista na Lei nº 6.194/1974."

Referência: Processo Administrativo nº 014117-11.2011.8.19.0000, j. 16/05/2011. Rel. Des. Luiz Felipe Haddad. Votação unânime.

41 - **Súmula nº 360**

FIXAÇÃO DE HONORÁRIOS DE PERÍCIA DE ENGENHARIA. MENOR COMPLEXIDADE. FORNECIMENTO DE ENERGIA ELÉTRICA, ÁGUA E ESGOTAMENTO. SERVIÇO DE TELEFONIA.

"Para perícias de engenharia de menor complexidade, relativas a fornecimento de energia elétrica, água e esgotamento ou serviço de telefonia, atendem aos princípios da razoabilidade e da proporcionalidade os honorários fixados em quantia equivalente a até 4 (quatro) salários mínimos vigentes na data do arbitramento."

Referência: Processo Administrativo nº 0013621 06.2016.8.19.0000, j. 17/10/2016, Rel. Des. Otávio Rodrigues. Votação por maioria.

42 - **Súmula nº 361**

FIXAÇÃO DE HONORÁRIOS DE PERÍCIA MÉDICA. MENOR COMPLEXIDADE. EXTENSÃO DAS LESÕES DA VÍTIMA. EXCETO DEMANDA ACIDENTÁRIA.

"Ressalvadas as demandas acidentárias, para perícias médicas de menor complexidade que apuram extensão das lesões da vítima, atendem aos princípios da razoabilidade e da proporcionalidade os honorários fixados em quantia equivalente a até 3,5 (três e meio) salários mínimos vigentes na data do arbitramento."

Referência: Processo Administrativo nº 0013621 06.2016.8.19.0000, j. 17/10/2016, Rel. Des. Otávio Rodrigues. Votação por maioria.

43 - **Súmula nº 362**

FIXAÇÃO DE HONORÁRIOS DE PERÍCIA GRAFOTÉCNICA. RESSALVADA A DESPESA COM O CUSTO DA DILIGÊNCIA.

"Para perícias grafotécnicas, atendem aos princípios da razoabilidade e da proporcionalidade os honorários fixados em quantia equivalente a até 4 (quatro) salários-mínimos vigentes na data do arbitramento, ressalvadas as despesas com o custo da diligência."

Referência: Processo Administrativo nº 0013621 06.2016.8.19.0000, j. 17/10/2016, Rel. Des. Otávio Rodrigues. Votação por maioria.

44 - **Súmula nº 363**

FIXAÇÃO DE HONORÁRIOS DE PERÍCIA MÉDICA. ERRO MÉDICO. EXCETO CASOS DE ESPECIALIZAÇÃO INCOMUM.

"Para perícias que apuram erro médico, atendem aos princípios da razoabilidade e da proporcionalidade os honorários fixados em quantia equivalente a até 5 (cinco) salários-mínimos vigentes na data do arbitramento, ressalvados os casos de especialização incomum."

Referência: Processo Administrativo nº 0013621 06.2016.8.19.0000, j. 17/10/2016, Rel. Des. Otávio Rodrigues. Votação por maioria.

45 - **Súmula nº 364**

FIXAÇÃO DE HONORÁRIOS DE PERÍCIA CONTÁBIL. MÚTUO BANCÁRIO, ARRENDAMENTO MERCANTIL OU CARTÃO DE CRÉDITO. MENOR COMPLEXIDADE.

"Para perícias contábeis de menor complexidade, relativas a operação de mútuo bancário, arrendamento mercantil ou cartão de crédito, atendem aos princípios da razoabilidade e da proporcionalidade os honorários fixados em quantia equivalente a até 3,5 (três e meio) salários-mínimos vigentes na data do arbitramento."

Referência: Processo Administrativo nº 0013621 06.2016.8.19.0000, j. 17/10/2016. Rel. Des. Otávio Rodrigues. Votação por maioria.

46 - ATO EXECUTIVO Nº 52, de 06/04/2016.

"Estabelece critérios e procedimentos para a disponibilização de transporte a peritos judiciais em atendimento a perícias amparadas pela gratuidade de justiça nas Comarcas do Interior e Regionais que compõem o Poder Judiciário do Estado do Rio de Janeiro.

RESOLVE:

Art.1º Caberá aos Juízes de Direito no exercício da direção dos fóruns das Comarcas do Interior e Regionais disponibilizar viaturas para transporte dos peritos judiciais para atendimento às perícias designadas nos processos amparados pela gratuidade de justiça, desde que em local diverso às dependências dos Fóruns referidos do Poder Judiciário do Estado do Rio de Janeiro.

Art. 2º Os peritos solicitarão a disponibilização de viatura através de petição ao juízo natural da causa, que as encaminhará à respectiva Direção do Fórum da Comarca, com antecedência mínima de 10 (dez) dias úteis da data de realização da perícia, informando:

I - nome e CPF do perito a ser transportado;

II - número do processo judicial em atendimento ao qual será realizada a perícia;

III - endereço para realização da perícia;

IV - data do agendamento da perícia;

V - hora para apresentação no Fórum da comarca.

§ 1º Os Juízes Diretores dos Fóruns deverão estabelecer periodicidade para atendimento às solicitações, disponibilizando viaturas para transporte dos peritos, de acordo com a demanda e peculiaridades da Comarca.

§ 2º O perito deverá confirmar o agendamento junto à Diretoria do Fórum com 24 (vinte e quatro) horas de antecedência. (...).

47 - AVISO TJ Nº 52, de 17/06/2011.

Enunciado nº 14

A sentença condenatória ao pagamento de expurgos inflacionários provenientes de planos econômicos independe de liquidação ou perícia.

Precedentes: ApCv 2009.001.24999, TJ.RJ, 3ª C. Cível, j. 26/08/2009. AgInst 2009.002.29553, TJ.RJ, 9ª C. Cível, j. 25/08/2009. Matéria não submetida ao Órgão Especial por ser objeto de repercussão geral no STF.

48 - AVISO TJ Nº 12, de 23/06/2010.

Enunciados atualizados até o XXVII Fórum Nacional de Juizados Especiais 26, 27 e 28 de maio de 2010 - Palmas/TO.

ENUNCIADOS CÍVEIS

Enunciado nº 12

A perícia informal é admissível na hipótese do art. 35 da Lei nº *9.099/1995.*

49 - AVISO TJ Nº 23, de 02/07/2008.

CONSOLIDAÇÃO DOS ENUNCIADOS JURÍDICOS CÍVEIS E ADMINISTRATIVOS EM VIGOR RESULTANTES DAS DISCUSSÕES DOS ENCONTROS DE JUÍZES DE JUIZADOS ESPECIAIS CÍVEIS E TURMAS RECURSAIS DO ESTADO DO RIO DE JANEIRO.

14.7 - CONDOMÍNIO

14.7.2 - INFILTRAÇÃO

As ações de execução de obrigação de fazer e de reparação de danos que tenham por objeto a infiltração de água em unidades imobiliárias situadas em condomínios de apartamentos, podem ser propostas em sede de Juizados Especiais Cíveis, devendo a petição inicial vir instruída com a prova técnica aludida no art. 35, parágrafo único, da Lei nº 9.099/1995.

50 – AVISO CGJ Nº 4, de 11/01/1993.

Enunciado nº XXV

A audiência não é obrigatória quando deferida, somente, a prova pericial, exceto se necessários entendimentos do perito.

Enunciado nº XXXIV

Nos laudos avaliatórios das execuções deverão constar os valores expressos em TRDs.

Enunciado nº LVI

O exame pericial baseado nos códigos genéticos do DNA (ou ADN-Ácido Desoxirribonucleico) será, sempre que possível, adotado nas ações de paternidade.

Capítulo 7

Julgados dos Egrégios Tribunais de Justiça dos Estados de São Paulo, do Paraná e do Distrito Federal

SÃO PAULO:

51 – **ACIDENTE DO TRABALHO.** Julgamento convertido em diligência. Autor que não informou o endereço atual e nem compareceu à perícia médica. Preclusão com relação à produção da prova técnica. Ausência de prova apta a confirmar suas alegações, inevitável a confirmação da improcedência da demanda. Autor que não se desincumbiu de seu ônus probatório, na forma do art. 373, I, do Novo CPC. Sentença mantida. Recurso de apelação não provido (TJ.SP, Rel. Nuncio Theophilo Neto, Comarca: São Paulo, Órgão julgador: Nona Câmara Extraordinária de Direito Público, j. 12/12/2016; Data de registro: 30/01/2017).

52 – **AÇÃO DECLARATÓRIA C/C INDENIZAÇÃO POR DANOS MORAIS.** Inscrição do nome do consumidor em cadastro de inadimplentes. Alegação de negativação indevida. Sentença de improcedência. Irresignação da parte autora. Cabimento. Parte autora que impugnou a assinatura aposta em seu nome no contrato, bem como a foto que consta de seu suposto documento pessoal, ambos apresentados pela parte ré, tendo requerido, pois, a expedição de ofício a órgãos oficiais e a realização de perícia. Julgamento antecipado da lide que caracterizou cerceamento de defesa. **Alegação da parte autora de falsidade da assinatura que lhe foi atribuída. Necessidade da produção da prova pericial grafotécnica para esclarecimento desta questão. Ônus da prova da autenticidade da assinatura impugnada que incumbe à parte que produziu o documento, nos termos do art. 429, II, do CPC/15. Precedentes. Complementação da instrução processual determinada. Sentença anulada.** Recurso provido. (TJ.SP, Rel. Walter Barone, Comarca: Praia Grande, Órgão

julgador: Vigésima Quarta Câmara de Direito Privado, j. 30/01/2017; Data de registro: 30/01/2017).

53 – AGRAVO DE INSTRUMENTO. AÇÃO CIVIL PÚBLICA. FASE DE CUMPRIMENTO INDIVIDUAL DE SENTENÇA.

Possível o cumprimento provisório da sentença coletiva na pendência de recurso sem efeito suspensivo – art. 520 do CPC/2015. LITISCONSÓRCIO PASSIVO NECESSÁRIO. INEXISTÊNCIA. Condenação solidária na fase de conhecimento que não enseja litisconsórcio necessário na fase de cumprimento individual – solidariedade que permite ao credor a cobrança de todo o débito de apenas um dos devedores solidários. **PRETENSÃO DE INSTAURAÇÃO DE FASE DE LIQUIDAÇÃO DE SENTENÇA PELO PROCEDIMENTO COMUM, COM REALIZAÇÃO DE PERÍCIA CONTÁBIL**. DESNECESSIDADE. **Instauração de fase de liquidação de sentença pelo procedimento comum que somente se justifica se houver necessidade de alegar e provar fato novo (art. 509, II do CPC/2015)** – legitimidade dos agravados devidamente demonstrada – **apuração do valor devido que dependia apenas de cálculo aritmético, o que autorizava o credor a promover, desde logo, o cumprimento da sentença, nos termos do § 2º do art. 509 do CPC/2015.** CORREÇÃO MONETÁRIA. TABELA PRÁTICA DO TJ.SP. LEGALIDADE. Título exequendo que determinou que a correção fosse feita pelos índices aplicáveis aos débitos judiciais – o fato de a ação civil pública tramitar perante a Justiça Federal não implica a necessária utilização dos índices aplicáveis aos débitos perante aquela Justiça. JUROS DE MORA. INCIDÊNCIA A PARTIR DA CITAÇÃO DO DEVEDOR NA FASE DE CONHECIMENTO DA AÇÃO CIVIL PÚBLICA. Juros moratórios que são contados desde a citação inicial, ocorrida na fase de conhecimento da ação coletiva – art. 405 do Código Civil – entendimento sedimentado pelo STJ por meio de recurso repetitivo. JUROS REMUNERATÓRIOS – agravados que não incluíram tal espécie de juros na composição do valor devido – impugnação do agravante descabida – decisão mantida – agravo desprovido (TJ.SP, Rel. Castro Figliolia, Comarca: Presidente Prudente, Órgão julgador: Décima Segunda Câmara de Direito Privado, j. 30/01/2017; Data de registro: 30/01/2017).

54 – **IMPUGNAÇÃO AO CUMPRIMENTO DE SENTENÇA FUNDADA EM EXCESSO DE EXECUÇÃO SEM APRESENTAÇÃO DA QUANTIA INCONTROVERSA E DE CÁLCULO DISCRIMINADO E ATUALIZADO DO VALOR QUE O EXECUTADO ENTENDE CORRETO**. Inadmissibilidade – **Inteligência do disposto no art. 525, § 4º do CPC de 2015** – Insurgência recursal que, ademais, não contemplou ressarcimento dos danos materiais imposto no julgado – **Desnecessidade de liquidação de sentença e perícia contábil, posto que passível de solução a controvérsia mediante meros cálculos aritméticos** – Decisão mantida – Agravo de instrumento desprovido (TJ.SP, Rel. Mendes Pereira, Comarca: São

Paulo, Órgão julgador: 15ª Câmara de Direito Privado, j. 27/01/2017; Data de registro: 27/01/2017).

PARANÁ

55 - APELAÇÃO CÍVEL. **AÇÃO CONDENATÓRIA. SEGURO OBRIGATÓRIO DPVAT.** - PRECLUSÃO. INOCORRÊNCIA. CONDENAÇÃO IMPOSTA AO ESTADO NA SENTENÇA. - PROVA PERICIAL. **HONORÁRIOS DO PERITO.** SENTENÇA DE PROCEDÊNCIA REFORMADA. DEMANDA JULGADA EXTINTA SEM APRECIAÇÃO DO MÉRITO. SUCUMBÊNCIA DO AUTOR. **ÔNUS DO CUSTEIO DA PERÍCIA DA PARTE AUTORA. PARTE BENEFICIÁRIA DA ASSISTÊNCIA JUDICIÁRIA GRATUITA. HONORÁRIOS A SEREM SUPORTADOS PELO ESTADO. INCIDÊNCIA DO ART. 95, §§ 3º E 4º DO NOVO CÓDIGO DE PROCESSO CIVIL.** HIERARQUIA DAS LEIS. INAPLICABILIDADE DA RESOLUÇÃO Nº 127/2011 DO CNJ E DA INSTRUÇÃO NORMATIVA Nº 04/2014 DO TJ.PR. - RECURSO DE APELAÇÃO CONHECIDO E NÃO PROVIDO (TJ.PR, Nona Câmara Cível - AC - 1584780-4, Paranavaí, Rel. Rafael Vieira de Vasconcellos Pedroso. Unânime, j. 01.12.2016).

56 - AGRAVO DE INSTRUMENTO. LEGISLAÇÃO PROCESSUAL APLICÁVEL. **ENUNCIADO ADMINISTRATIVO Nº 3 DO SUPERIOR TRIBUNAL DE JUSTIÇA. INCIDÊNCIA DO NOVO CÓDIGO DE PROCESSO CIVIL DE 2015. EMBARGOS À EXECUÇÃO EM FASE DE CUMPRIMENTO DE SENTENÇA. CONFIGURAÇÃO DE EQUÍVOCO NO CÁLCULO PERICIAL. CÁLCULO ELABORADO POR PERITO JUDICIAL EM DESACORDO COM A SENTENÇA, DEMAIS DECISÕES RECURSAIS TRANSITADAS EM JULGADO.** DECISÃO AGRAVADA ANULADA. **NECESSIDADE DA REALIZAÇÃO DE NOVO CÁLCULO. NULIDADE DA DECISÃO INTERLOCUTÓRIA DECLARADA DE OFÍCIO.** AGRAVO DE INSTRUMENTO CONHECIDO E JULGADO PREJUDICADO (TJ.PR, Décima Sexta Câmara Cível - AI - 1534368-3, Mangueirinha, Rel.ª Astrid Maranhão de Carvalho Ruthes. Unânime, j. 28.09.2016).

57 - APELAÇÃO CÍVEL. **AÇÃO REVISIONAL. CONTRATOS BANCÁRIOS.** SENTENÇA DE IMPROCEDÊNCIA DO PEDIDO INICIAL. IRRESIGNAÇÃO DA PARTE AUTORA. PRELIMINARMENTE. INÉPCIA DA INICIAL ALEGADA EM CONTRAMINUTA. ALEGAÇÃO DE INICIAL GENÉRICA. INOCORRÊNCIA. PRELIMINAR AFASTADA. MÉRITO. ALEGAÇÃO DE JULGAMENTO CITRA PETITA. PRETENSÃO INICIAL DE REVISÃO DE TODA A RELAÇÃO CONTRATUAL HAVIDA ENTRE AS PARTES. SENTENÇA QUE APENAS APRECIOU O CONTRATO DE FINANCIAMENTO FIRMADO ENTRE AS PARTES. ERROR IN PROCEDENDO. VIOLAÇÃO AOS ARTS. 128 E 460 DO CÓDIGO DE PROCESSO CIVIL. SENTENÇA QUE SE REVELA NULA. **PROCESSO QUE NÃO SE ENCONTRA EM CONDIÇÕES DE JULGAMENTO IMEDIATO. INAPLICABILIDADE DO ART. 1.013, § 3º, INC. III DO NOVO CÓDIGO DE PROCESSO CIVIL À ESPÉCIE. IMPUGNAÇÃO AO LAUDO**

PERICIAL APRESENTADA PELA RÉ QUE NÃO FOI LEVADA AO CRIVO DO PERITO RECONHECIMENTO, DE OFÍCIO, DE CERCEAMENTO À DEFESA DA RÉ. OBSERVÂNCIA AO PRINCÍPIO DA COOPERAÇÃO. SENTENÇA ANULADA COM DETERMINAÇÃO DE BAIXA DOS AUTOS AO JUÍZO DE ORIGEM PARA QUE PREVIAMENTE SEJAM PRESTADOS OS DEVIDOS ESCLARECIMENTOS PELO PERITO JUDICIAL E, NA SEQUÊNCIA, NOVA DECISÃO SEJA PROFERIDA SEM OS MENCIONADOS VÍCIOS. RECURSO CONHECIDO E PROVIDO (TJ.PR, Décima Terceira Câmara Cível - AC - 1494099-9, Mamborê, Rel. Francisco Eduardo Gonzaga de Oliveira. Unânime, j. 21.09.2016).

58 - Agravo de instrumento. **Ação revisional de contrato. Fase instrutória. Prova pericial. Perícia. Valor dos honorários do perito. Não cabimento desse recurso. Inadequação dessa espécie recursal. Novo Código de Processo Civil (NCPC). Rol taxativo das hipóteses de cabimento de agravo de instrumento. NCPC, art. 1.015 - Taxatividade.**

1. A decisão que não se emoldurar em uma das hipóteses expressamente previstas do art. 1.015 do CPC/2015, não pode ser alvo de agravo de instrumento.

2. Recurso não conhecido (TJ.PR, Décima Quarta Câmara Cível - AI - 1532727-4, Apucarana, Rel. Rabello Filho. Unânime, j. 14.09.2016).

OUTRO V. ARESTO EM POSIÇÃO DIVERSA: Agravo de instrumento. Propriedade industrial. Substituição de perito. Recurso que deve ser admitido em virtude da subsunção ao conceito de urgência adotado pelo STJ, no julgamento do REsp nº 1.704.520/MT. Mérito. Hipótese em que a perita nomeada afirmou sua expertise no fato de ter atuado em outros feitos e informou que a realização dos trabalhos será acompanhada por engenheiro. Formação jurídica que não é suficiente para satisfazer a exigência de conhecimento técnico ou científico especializado no objeto da perícia. Requisito que não pode ser suprido pelo auxílio de terceiros. Substituição que se impõe, nos termos do art. 468, I, do CPC. Decisão reformada. Recurso provido. (Agravo de Instrumento nº 2230587-60.2018.8.26.0000, Rel. Des. Hamid Bdine, 1ª Câmara Reservada de Direito Empresarial do Tribunal de Justiça do Estado de São Paulo, julgado em 03/04/2019).

59 - AGRAVO DE INSTRUMENTO. LEGISLAÇÃO PROCESSUAL APLICÁVEL AO CASO. ENUNCIADO ADMINISTRATIVO Nº 3 DO SUPERIOR TRIBUNAL DE JUSTIÇA. **DECISÃO PUBLICADA APÓS ENTRADA EM VIGOR DO NOVO CÓDIGO DE PROCESSO CIVIL. INCIDÊNCIA DO CÓDIGO DE PROCESSO CIVIL DE 2015.** EMBARGOS À EXECUÇÃO. **TESE DE NULIDADE DA DECISÃO INTERLOCUTÓRIA POR AFRONTA AO ART. 489, § 1º, IV, DO CPC/1973. FUNDAMENTAÇÃO COM BASE NOS ARGUMENTOS TRAZIDOS NA PETIÇÃO. NULIDADE**

AFASTADA. PRELIMINAR DE PRECLUSÃO OU COISA JULGADA DO OBJETO DO AGRAVO. PLEITO REITERADO EM MOMENTO OPORTUNO. PRECLUSÃO NÃO CONSTATADA. INOCORRÊNCIA DE TRÂNSITO EM JULGADO DA MATÉRIA. PRELIMINAR AFASTADA. **NULIDADE DA PERÍCIA. ALEGAÇÃO DE PRESUNÇÃO DE NOVAÇÃO E DE INCOMPLETUDE DA PERÍCIA AO NÃO RESPONDER TODOS OS QUESITOS. ANÁLISE PERICIAL TANTO DO TÍTULO EXECUTADO, QUANTO DA ORIGEM DA DÍVIDA, DESCARACTERIZANDO A NOVAÇÃO. QUESITOS DE CONTEÚDO JURÍDICO. DEVER DO PERITO DE ELUCIDAR APENAS QUESTÕES TÉCNICO-CONTÁBEIS.** DECISÃO INTERLOCUTÓRIA MANTIDA. RECURSO CONHECIDO E NEGADO PROVIMENTO (TJ.PR, Décima Sexta Câmara Cível - AI - 1537067-3, Região Metropolitana de Londrina, Foro Central de Londrina, Rel.ª Astrid Maranhão de Carvalho Ruthes. Unânime, j. 14.09.2016).

DISTRITO FEDERAL

60 - DIREITO PROCESSUAL CIVIL. AGRAVO DE INSTRUMENTO. LIQUIDAÇÃO POR ARBITRAMENTO. DETERMINAÇÃO DE DEPÓSITO DOS HONORÁRIOS PERICIAIS. QUESTÃO ANTERIORMENTE DECIDIDA. HOMOLOGAÇÃO DA PROPOSTA DO PERITO. IMPOSSIBILIDADE DE REDISCUSSÃO DA MATÉRIA. PRECLUSÃO CONSUMATIVA.

1. É vedada a reapreciação de matéria já decidida e coberta pelo manto da preclusão, sob pena de colocar em risco a segurança jurídica processual, nos termos do art. 505 do novo Código de Processo Civil.

2. Agravo de Instrumento conhecido, mas não provido. Unânime (Acórdão nº 987.425, 20160020397992 AGI, Rel.ª Fátima Rafael, Terceira Turma Cível, j. 07/12/2016, DJe: 16/12/2016, p. 814/823).

61 - DIREITO INTERTEMPORAL. RECURSO. REQUISITOS MARCO. PUBLICAÇÃO DA DECISÃO RECORRIDA. POSTERIOR À VIGÊNCIA DA LEI Nº 13.105/15. REGÊNCIA PELO CPC/15. PROCESSO CIVIL. CONSTITUCIONAL. ADMINISTRATIVO. CONCURSO PÚBLICO. PERITO MÉDICO-LEGISTA. POLÍCIA CIVIL. PROVA FÍSICA. VALIDADE E LEGALIDADE.

1. A análise do recurso deve considerar, em substância, a lei processual vigente ao tempo em que foi publicada a decisão recorrida.

2. Aplica-se a Lei nº 13.105/2015 - novo Código de Processo Civil - às decisões publicadas posteriormente à data de sua entrada em vigor, ocorrida em 18 de março de 2016. 3. O cargo de Perito Médico-Legista encontra-se submetido aos requisitos estabelecidos pelo art. 9º, VI, da Lei nº 4.878/1995, que dispõe sobre o regime jurídico peculiar dos funcionários policiais civis da União e do Distrito Federal, sendo requisito para ingresso na Academia de Polícia, dentre outros, gozar de boa saúde física.

4. Frente à previsão legal e editalícia para realização do teste de aptidão física, não há que se falar em nulidade ou em violoção aos princípios da razoabilidade ou proporcionalidade, visto que não demonstrada qualquer ilegalidade ou desproporcionalidade nas exigências legais e editalícias previstas para a prova de capacidade física, das quais o agravante tinha plena ciência quando decidiu submeter-se ao certame.

5. Entendimento diverso resultaria em afronta ao princípio da legalidade e da isonomia, ao passo em que se concederia condição privilegiada a determinado candidato em detrimento ao demais, em virtude de fato que não pode ser imputado à administração pública, a qual, inclusive, suportaria o ônus indevido decorrente da realização de novo teste físico.

6. Recurso conhecido e desprovido (Acórdão nº 973.661, 20160020155366AGI, Rel.ª Maria de Lourdes Abreu, Terceira Turma Cível, j. 13/10/2016, DJe: 27/10/2016, p. 258/276).

62 - DIREITO DO CONSUMIDOR E CIVIL. **AÇÃO INDENIZATÓRIA POR DANOS MORAIS. INTERNAÇÃO DE PACIENTE EM NOSOCÔMIO. PRESTAÇÃO DE SERVIÇOS. FALHA GRAVE. IMPUTAÇÃO DE IMPERÍCIA E NEGLIGÊNCIA A PREPOSTA DO HOSPITAL. MINISTRAÇÃO DE MEDICAÇÃO DIVERSA DA PRESCRITA.** PACIENTE VITIMADO PELO ERRO. FALHA E EFEITOS DELA DERIVADOS. **FATOS CONTROVERTIDOS. PROVA PERICIAL. CONSUMAÇÃO.** PROVA ORAL. POSTULAÇÃO. INDEFERIMENTO. DILAÇÃO PROBATÓRIA. NECESSIDADE. JULGAMENTO DA LIDE NO ESTADO EM QUE O PROCESSO SE ENCONTRAVA. CERCEAMENTO DE DEFESA. CARACTERIZAÇÃO. NULIDADE PROCLAMADA. SENTENÇA. CASSAÇÃO. AGRAVO RETIDO. PROVIMENTO PARA ASSEGURAÇÃO DA COMPLEMENTAÇÃO DA INSTRUÇÃO.

1. Na ação em que a elucidação da matéria de fato afigura-se imprescindível para o correto deslinde da lide, à parte que postulara a produção de prova testemunhal assiste o direito de vê-la realizada quando sua efetivação, a par de não se afigurar excessiva, impertinente ou protelatória, é necessária à exata apreensão da matéria de fato, permitindo seu adequado enquadramento, não se afigurando viável que, sob essa moldura, o juiz da causa, ainda que destinatário final da prova, repute como suficientes os documentos colacionados e olvide da realização da instrução que poderá ser fundamental para o perfeito enquadramento dos fatos, influenciando, em última síntese, o julgamento da demanda.

2. De conformidade com regra comezinha de direito processual, às partes são assegurados todos os meios de provas possíveis para a comprovação do direito que perseguem em juízo, desde que guardem correlação lógica entre os fatos que necessitam ser provados e se apresentem aptas a subsidiarem a elucidação da controvérsia, de forma que, insubsistente prova material do aduzido e não derivando a controvérsia de matéria exclusivamente de direito, estando, ao

invés, permeada por questões fáticas que demandam dilação probatória, resta por obstado que a ação seja julgada sem a dilação probatória demandada.

3. Sobejando matéria de fato controversa e guardando as provas reclamadas consonância com as alegações formuladas e com os elementos de convicção já reunidos, resulta a inferência de que a resolução antecipada da lide sem a asseguração da produção da prova oral postulada consubstancia cerceamento ao amplo direito de defesa que é resguardado a ambas as partes, contaminando o provimento jurisdicional com vício insanável, determinando sua cassação de forma a ser restabelecido o devido processo legal (CPC/1973, art. 333, II; CF, art. 5º, LV).

4. Na ação em que houvera incursão probatória e produção de prova pericial, afigurando-se controversos os excertos desenvolvidos pelo perito oficial e insistindo o litigante na produção de prova oral, o juiz, conquanto com convicção formada, não assiste discricionariedade para reputar dispicienda a dilação probatória postulada se se afigura pertinente e apta a agregar subsídios aptos auxiliarem a elucidação da matéria de fato, inclusive porque à parte que a reclama é assegurada a faculdade de até mesmo inquirir em audiência o experto que produzira a prova técnica (CPC/1973, art. 452, I).

5. Agravo retido interposto pelo réu conhecido e parcialmente provido. Sentença cassada. Apelações prejudicadas. Maioria. Julgamento realizado na forma do Art. 942, § 1º, do novo Código de Processo Civil. (Acórdão nº 969.987, 20120111973479APC, Rel. Romulo de Araujo Mendes, Relator Designado: Teófilo Caetano, Primeira Turma Cível, j. 1º/06/2016, DJE: 07/10/2016, p. 316-327).

Capítulo 8

Julgados Recentes da Relatoria do Autor

63 – **Ementa: Agravo de Instrumento. Ação de Constituição de Servidão Administrativa. R. Julgado *a quo* homologando o Laudo Pericial. Inadmissibilidade do presente manejo. Rol previsto no art. 1.015 do CPC (*numerus clausus*). R. Decisão homologando o trabalho do I. Expert da qual não cabe à interposição de Agravo. Vício insanável. Recurso manifestamente inadmissível. Precedentes. Aplicação do inciso III do art. 932 da Lei de Ritos Civil. Agravo de Instrumento não conhecido.** (0059851-09.2016.8.19.0000. Agravo de Instrumento. Des. Reinaldo Pinto Alberto Filho, j. 17/11/2016, Quarta Câmara Cível).

64 – **Ementa: Agravo de Instrumento. Ação Previdenciária. Instituição de benefício complementar. R. Julgado *a quo* homologando o Laudo Pericial e, por conseguinte, pondo fim a liquidação da R. Sentença, fixando o *quantum debeatur*, além de condenar a Agravante ao pagamento de honorários advocatícios. Tese recursal sustentando a incorreção da metodologia do cálculo para pagamento da suplementação do pensionamento, violando o seu Regulamento, além da necessidade da dedução do montante apurado, das quantias pagas a maior. Cálculo elaborado pelo I. Perito do Juízo que atentou estritamente para os limites da condenação imposta pela R. Sentença, não se vislumbrando qualquer razão para sua retificação, para fins de apurar o montante devido. Insurgência com relação ao Laudo sem embasamento em critério técnico. Louvado que é de inteira confiança do Juiz, devendo o seu trabalho ser prestigiado. Realização de nova perícia apenas em casos extremos, o que não foi à hipótese dos autos. Precedentes deste Colendo Sodalício conforme transcritos na fundamentação. Negado provimento** (0061089-63.2016.8.19.0000. Agravo de Instrumento. Des. Reinaldo Pinto Alberto Filho, j. 15/02/2017, Quarta Câmara Cível).

65 – **Ementa: Apelação. Ação de Desapropriação. Imissão provisória na posse. Revelia. Curadoria Especial. Laudo pericial. Impugnações. R. Sentença de procedência parcial do pedido. Controvérsia limitada ao *quantum* indenizatório fixado pelo Magistrado de Primeira Instância. Estreme de dúvida que as impugnações ao Laudo do Perito Judicial feitas pelo Ente Estatal se limitaram a reproduzir os argumentos e critérios apresentado quando da propositura da demanda em 2010, sem, contudo, considerar o transcurso temporal, bem como a variação do mercado imobiliário da região. Critérios de apuração de valores utilizados pelo Louvado que também não merecem censura, cabendo consignar a inexistência de sua vinculação com o sistema de cálculos utilizados em hipóteses distintas, ainda que terreno integrante do mesmo loteamento. Peça técnica atendendo a todos os requisitos legais pertinentes ao tema em lide. Valor apurado que se afigura em sonância com os preços de mercado. Precedentes. Louvado que é de inteira confiança do Juiz, devendo o seu trabalho ser prestigiado. Realização de nova perícia apenas em casos extremos, o que não foi a hipótese dos autos. Negado Provimento** (0006291-35.2011.8.19.0031, Apelação. Des. Reinaldo Pinto Alberto Filho, j. 12/04/2017, Quarta Câmara Cível).

66 – **Ementa**: Mandado de Segurança. R. Decisão *a quo* homologando honorários periciais em R$ 150.000,00 (cento e cinquenta mil reais) e considerando desnecessária a apresentação dos livros contábeis da Falida para a realização da prova pericial. I – Inadmissibilidade de Impetração de Mandado de Segurança atacando ato judicial passível de recurso ou correição. Inteligência do Verbete Sumular nº 267 do STF. O STJ vem entendendo pela possibilidade da impetração de *Writ*, na hipótese de R. Decisões Judiciais teratológicas ou flagrantemente ilegais, o que não é caso em lide. II – Apesar de o R. Julgado objeto do *mandamus* não ser passível da interposição de Agravo de Instrumento, vez que não consta no rol do art. 1.015 do CPC, a matéria poderia ser suscitada em sede de Apelação ou Contrarrazões, (art. 1.009, § 1º, do CPC). Ocorre que deve prevalecer o princípio da celeridade processual. Impossibilidade de o Perito ficar, *ad aeternum*, aguardando a solução da *vexata quaestio*, com prazo peremptório para entrega do laudo, sem saber se eventual *quantum* pode se tornar em aviltamento a um trabalho especializado. III – Honorários periciais homologados anteriormente em R$ 148.000,00, que foi objeto de Agravo de Instrumento. R. Julgado deste Relator, reformando o R. *Decisum a quo*, determinando nova manifestação do Louvado para prestar esclarecimentos pormenorizados acerca do trabalho a ser realizado e o mais conexo. IV – Novo *Expert* nomeado detalhou os trabalhos a serem ultimados, não elucidando expressamente a quantidade de horas a serem despendidas para concluir o Laudo Pericial, quiçá pelo que especificou sobre a complexidade do serviço a ser executado, tornando, assim,

por demais difícil quantificar tal item com razoável precisão... V - Diante dos quesitos apresentados pelas Partes, perfazendo o total de 73 (setenta e três), resta evidente que a controvérsia em comento requisitará o dispêndio de tempo pelo *Expert* para a realização do Laudo, que deverá analisar 36 contratos de empréstimos nominados como fraudulentos pela Massa Falida, tanto que ajuizou a ação revocatória. Perícia que demandará apurar as diferenças monetárias advindas da recomposição do saldo de cada avença. VI - Necessidade de elucidações apropriadas ao desate da controvérsia em comento. Elaboração do Laudo demandará tempo, não só pelo trabalho técnico a ser desenvolvido, como também diligências, pesquisas, cálculos e o mais conexo para a ultimação da prova pericial. VII - Honorários do antigo Perito foram homologados em R$ 148.000,00 (cento e quarenta e oito mil reais) em 06/05/2014, de modo que diante do lapso temporal decorrido até a presente data (3 anos), justifica a sua fixação atual em R$ 150.000,00 (cento e cinquenta mil reais). VIII - Ilustre Magistrado assinalou que em diligência realizada na Serventia, o atual Perito aventou com a possibilidade de elaborar o Laudo com os documentos da Massa que se encontram em seu poder. IX - Se assim não o fosse e, pior, a necessidade ou não da análise dos livros contábeis para a perícia entra na esfera de discricionariedade do Perito, que detém a expertise suficiente para a elaboração do Laudo. X - Improcedência do Pleito Mandamental com a Denegação da Ordem (0027920-17.2018.8.19.0000, Mandado de Segurança. Des(a). Reinaldo Pinto Alberto Filho, julgamento: 05/09/2018, Quarta Câmara Cível).

SUMÁRIO GERAL

PARTE I – PERÍCIA, PERITO E PROVA PERICIAL

CAPÍTULO V - HONORÁRIOS. Critérios para fixação dos honorários: dificuldades para elaboração da peça técnica; quesitação; valor da causa (pedido); tabela dos órgãos de classe e condição financeira dos interessados. Princípios da proporcionalidade e razoabilidade. Pedido motivado do louvado. Responsabilidade pelo adiantamento dos honorários do perito. Remuneração do assistente técnico. Hipóteses em que a responsabilidade é sempre do autor: natureza jurídica da lide. Inversão do ônus da prova (art. 6º, inciso VIII da Lei nº 8.078, de 11/9/90 - C.D.C.) para fins de adiantamento dos honorários: hipossuficiência. Impugnação dos honorários pelos interessados: esclarecimentos do perito; decisão do juízo e sua recorribilidade. Recebimento dos honorários: adiantamento na lide; propositura de ação autônoma; prescrição; prazo prescricional pelo novo Código Civil. Controvérsias e entendimentos doutrinários sobre os temas.

CAPÍTULO VI - RECURSOS. Impugnação dos honorários. Decisão do Juízo. Agravo de instrumento e revogação do agravo retido (N.C.P.C. de 2015). Nova sistemática recursal. Impossibilidade de o perito saber o valor de seus honorários. Solução de ordem prática e de *lege ferenda*. Desistência do encargo por motivo de foro íntimo. Controvérsias e entendimentos doutrinários sobre os temas.

CAPÍTULO VII - LINEAMENTOS: Lei de locações: ação revisional e renovatória; Prova pericial no procedimento sumaríssimo dos Juizados Especiais: peça técnica; pagamento de honorários e comparecimento em juízo; Desapropriação: por interesse público; interesse social; imissão na posse de imóveis urbanos; imóvel rural, por interesse social, para fins de reforma agrária.

CAPÍTULO VIII - EXEGESE NO NOVO PROCESSO PENAL: Lei nº 11.689, de 09 de junho de 2008; Lei nº 11.690, de 09 de junho de 2008; Lei nº 11.719, de 20 de junho de 2008; Lei nº 12.030, de 17 de setembro de 2009; Decreto Federal nº 7.003, de 09 de novembro de 2009. Sistemática da prova pericial e atuação do perito no atual ordenamento processual penal. Exegese dos novos dispositivos nos procedimentos processuais penais. Exigências, direitos e obrigações.

CAPÍTULO IX - PERÍCIA DIGITAL: Definição. Internet. Integração do mundo real e virtual. Forense computacional. Crimes cibernéticos. Legislação estrangeira e brasileira. Direito Comparado. Convenção de Budapeste. Cooperação. Etapas da perícia digital. Jurisprudência.

PARTE II – LEGISLAÇÃO

consumidor, a bens e direitos de valor artístico, estético, histórico, turístico e paisagístico (vetado) e dá outras providências. Arts.: 7º e 8º.

10) LEI Nº 9.279, DE 14 DE MAIO DE 1996. Regula direitos e obrigações relativos à propriedade industrial. Arts.: 200 e 201.

11) LEI Nº 8.069, DE 13 DE JULHO DE 1990. Estatuto da Criança e do Adolescente. Art. 151.

12) DECRETO-LEI Nº 9.295, DE 27 DE MAIO DE 1946. Cria o conselho Federal de Contabilidade, define as atribuições do Contador e do guarda-livros, e dá outras providências. Arts.: 25 e 26.

13) LEI Nº 8.078, DE 11 DE SETEMBRO DE 1990. CÓDIGO DO CONSUMIDOR. Arts.: 4º a 7º e 38.

14) CONSOLIDAÇÃO DAS LEIS DO TRABALHO. (DECRETO-LEI Nº 5.452, DE 1º DE MAIO DE 1943). Arts.: 195; 325; 340; 826 e 827.

15) CÓDIGO PENAL. (DECRETO-LEI Nº 2.848, DE 7 DE DEZEMBRO DE 1940). (ATUALIZADO ATÉ A LEI Nº 11.035, 22 DE DEZEMBRO DE 2004). Arts.: 299; 304; 327; 342; 357.

16) CÓDIGO DE PROCESSO PENAL. DECRETO-LEI Nº 3.689, DE 3 DE OUTUBRO DE 1941. (Atualizado pelas Leis nºs 10.792, de 1º/12/2003, 11.689, de 09/6/2008, 11.690, de 09/6/2008 e 11.719, de 20/6/2008). Arts.: 14; 155 a 195; 212; 240 a 250; 275 a 281; 400 e 411; 429 a 431; 473; 476; 480 e 481; 527 a 538; 541 a 548; 682 e art. 2º da Lei nº 12.030, de 17/9/2009.

17) LEI Nº 12.030, DE 17 DE SETEMBRO DE 2009. Dispõe sobre perícias oficiais.

18) DECRETO FEDERAL Nº 7.003, DE 09 DE NOVEMBRO DE 2009. regulamenta a licença para tratamento de saúde (perícia oficial para concessão da licença), de que tratam os arts. 202 a 205 da lei nº 8.112, de 11 de dezembro de 1990.

19) LEI Nº 6.404, DE 15 DE DEZEMBRO DE 1976. DISPÕE SOBRE AS SOCIEDADES POR AÇÕES. Art. 8º.

PARTE III – PRÁTICA FORENSE

MODELOS DE PETIÇÕES

PETIÇÃO Nº 01: Aceitação da designação, apesar de não ser necessária a expressa concordância.

PETIÇÃO Nº 02: Escusando o encargo.

PETIÇÃO Nº 17: Pedido de prorrogação de prazo para entrega do laudo, justificando o motivo.

PETIÇÃO Nº 18: Solicitando providências ao Juízo, em face de óbices criados pelas partes, Interessados e ou outras pessoas no local da diligência.

PETIÇÃO Nº 19: Solicitando providências ao juízo, em face de óbices criados por empresas e ou órgão público, para apresentação e ou entrega de documentos ou o mais conexo, quando indispensáveis para realização da prova.

PETIÇÃO Nº 20: Requisitando providências que só as Partes podem apresentar (ex.: entrega de livros contábeis, documentos bancários etc.).

PETIÇÃO Nº 21: Indicação de dia e hora para início da diligência, visando ciência das partes e interessados.

PETIÇÃO Nº 22: Ciência a morador de imóvel do dia e hora da diligência, visando ser autorizada a entrada do perito no imóvel, para fins de realizar a verificação necessária.

PETIÇÃO Nº 23: Esclarecimento sobre eventual impugnação do laudo.

PETIÇÃO Nº 24: Elucidando novos questionamentos das partes, isto é, esclarecimento sobre a resposta a impugnação ou a quesitação suplementar.

PETIÇÃO Nº 25: Sobre novos e sucessivos esclarecimentos.

PETIÇÃO Nº 26: Requerendo a entrega das chaves ao perito, para fins de realizar a diligência local.

PETIÇÃO Nº 27: Comunicação de fato ocorrido no transcorrer da diligência, visando prevenir direitos e responsabilidades.

PETIÇÃO Nº 28: Pedido de reforço policial, esclarecendo os motivos.

PETIÇÃO Nº 29: Petição solicitando a apresentação de quesitos por escrito.

PETIÇÃO Nº 30: Solicitação de dispensa do comparecimento na audiência de instrução e julgamento, haja vista já ter respondido, por escrito, a todo o questionamento das Partes.

PETIÇÃO Nº 31: Solicitando arbitradores e/ou agrimensor, (Ação Demarcatória e Ação Divisória).

PETIÇÃO Nº 32: Aplicação do art. 473, § 3º, do N.C.P.C. de 2015 (meios necessários pelo perito).

PARTE IV – JURISPRUDÊNCIA

CAPÍTULOS:

Bibliografia

ALBERTO, Tiago Gagliano Pinto. *Poder Judiciário e argumentação no atual Estado Democrático de Direito.* Rio de Janeiro: Lumen Juris, 2012.

ALEXY, Robert. A Argumentação Jurídica como Discurso Racional. In: TEIXEIRA, Anderson Vichinkeksi; OLIVEIRA, Elton Somensi de. *Correntes Contemporâneas do Pensamento Jurídico.* São Paulo: Manole, 2010.

ALEXY, Robert. Conceito e Validade do Direito. Tradução de Gercélia Batista de Oliveira Mendes. São Paulo: Martins Fontes, 2011.

ALMEIDA E SOUZA. *Segundas Linhas.* 1 ed., 1910.

AMARAL SANTOS, Moacyr. *Prova Judiciária no Cível e Comercial.* Max Limonad: Editor de Livros de Direito, 1949.

ARRUDA ALVIM, Eduardo. "Apontamentos sobre a perícia". In: *Revista de Processo.* ano 6, nº 23. São Paulo: Revista dos Tribunais, 1981. *Curso de Direito Processual Civil.* São Paulo: Revista dos Tribunais, 1999.

ARRUDA ALVIM NETTO, José Manoel de. *Código de Processo Civil Comentado.* São Paulo: Revista dos Tribunais, 1975.

ATIENZA, Manuel. Cómo Evaluar las Argumentaciones Judiciales. In: *Dianóia*, vol. LVI, nº 67, noviembre 2011.

CARMONA, Carlos Alberto. *Arbitragem e Processo.* 2 ed. São Paulo: Atlas, 2004.

CARNELUTTI, Francesco. *Trattato del Processo Civile.* v. I. Itália, 1958.

CODEX IURIS CANONICI. *Promulgado pelo Papa João Paulo II, em 23/01/83.* Trad. Conferência Nacional dos Bispos do Brasil. São Paulo: Loyola, 1983.

CÓDIGO GENERAL DEL PROCESSO DE LA REPÚBLICA ORIENTAL DEL URUGUAY. Montevidéu: Del Foro S.R.L., 2003.

CÓDIGO PROCESSUAL CIVIL ARGENTINO (*Código Procesal Civil Y Comercial de la Nación*, Lexis Nexis Abeledo-Perrot). Buenos Aires, 2003.

CÓDIGO PROCESSUAL CIVIL FRANCÊS (*Nouveau Code de Procédure Civile*). Paris: Les Éditions des Journaux Officiels, 2006.

CÓDIGO CIVIL FRANCÊS. Paris, 2006 – Lexis-Nexis – Litec (*Textes à jour au 23 mars 2006.*)

CÓDIGO PROCESSUAL CIVIL ITALIANO (*Disposizioni per L'Attuazione del Codice di Procedura Civile e Disposizioni Transitorie*). *A cura di G. De Nova e Corrado Ferr*. Bolonha: Zanichelli Editore, 1999/2000.

CÓDIGO CIVIL PORTUGUÊS DE 1966. Coimbra: Livraria Almedina – G.C. Gráfica de Coimbra Ltda, 2001.

DA SILVA, Fernando Quadros. A prova pericial e seu controle pelo juiz no novo CPC. *Justiça Cidadão*. 223. Editora JC, 2019. Disponível em: <https://www.editorajc.com.br/a-prova-pericial-e-seu-controle-pelo-juiz-no-novo-cpc/>.

DUARTE MENEZES, Paulo de Tarso. "A reforma Processual Penal de 2008, um ponto de avanço e um ponto de recuo, à luz da ampla defesa e do contraditório." *Juris Plenun* (Revista). Publicação nº 28 de julho de 2009. Caxias do Sul (Rio Grande do Sul): Editora Plenun.

DU ROY HENRY, Ordonnance. *Donné à Blois en l'année 1579*. Paris: Arquivo Biblioteca Nacional da França – Paris. A.G.Q. nº 42.644.

DWORKIN, Ronald. *O Império do Direito.* Tradução de Jefferson Luiz Camargo. São Paulo: Martins Fontes, 2ª ed., 2007.

ECHANDÍA, Hernando Devis. *Teoria General de la Prueba Judicial.* 2 ed. Buenos Aires, 1972.

ENUNCIADO DO PRIMEIRO ENCONTRO DE DESEMBARGADORES DO ESTADO DO RIO DE JANEIRO - Organização do CEDES (Centro de Estudos e Debates – TJRJ) em Angra dos Reis de 24 a 26 de agosto de 2001.

ORDENAÇÕES AFONSINAS -1446/1447. Arquivo da Biblioteca Nacional do Brasil.

ORDENAÇÕES FILIPINAS - 1603. Arquivo da Biblioteca Nacional do Brasil.

FRANQUEIRA CABRAL, Alberto. *Manual da Prova Pericial.* 3 ed. Niterói: Impetus, 2003.

FREDERICO MARQUES, José. *Manual de Direito Processual Civil* (atualizado por Vilson Rodrigues Alves). 2 ed. São Paulo: Millennium, 2000.

GÜNTHER, Klaus. *Teoria da Argumentação no Direito e na Moral*: justificação e aplicação. Tradução de Cláudio Molz. São Paulo: Landy, 2004.

HORTAL, Padre Jesús. *Código de Direito Canônico*. São Paulo: Loyola, 1983.

KNIJNIK, Danilo. *Prova pericial e seu controle no direito processual brasileiro*. São Paulo: RT, 2017.

KOZINSKI, Alex. *A brave new world*, 30 U.C. Davis L. Rev. 997 1996-1997.

LARENZ, Karl. *Metodologia de La Ciencia Del Derecho*. Barcelona: Ariel, 1994.

LOPES DA COSTA, Alfredo Araújo. *Direito Processual Civil Brasileiro*. Rio de Janeiro, 1946.

ORDENAÇÕES MANUELINAS - 1521. Arquivo da Biblioteca Nacional do Brasil.

MAXIMILIANO, Carlos. *Hermenêutica e Aplicação do Direito*. 7 ed. Rio de Janeiro: Freitas Bastos, 1961.

MENDES DE ALMEIDA, Fernando H. *Ordenações Filipinas*. São Paulo: Saraiva, 1966.

MORAIS CARVALHO, Alberto Antônio de. *Praxe Forense e Diretório Prático de Processo Civil Brasileiro*. [s.l.]: [s.n.], 1910.

NERY JUNIOR, Nelson & ANDRADE NERY, Rosa Maria de. *Código de Processo Civil Comentado*. 7 ed. São Paulo: Revista dos Tribunais, 2003.

NUCCI, Guilherme de Souza. *Tribunal do Júri* (de acordo com a Reforma do C.P.P.). 1 ed. São Paulo: Revista dos Tribunais, 2008.

OTHON SIDOU, J. M. *Processo Civil Comparado*. 1 ed. Rio de Janeiro: Forense Universitária, 1997.

PACELLI DE OLIVEIRA, Eugênio. Curso de Processo Penal. 11 ed. Rio de Janeiro: Editora Lumen Juris, 2009 (atualizado de acordo com a Reforma Processual Penal de 2008).

PESTANA DE AGUIAR, João Carlos. *As Provas no Cível*. 1 ed. Rio de Janeiro: Forense, 2003. *Comentários ao Código de Processo Civil*. São Paulo: Revista dos Tribunais, 1974.

SILVA, Plácido E. *Dicionário Jurídico*. Rio de Janeiro: Forense, 1982.

Av. Ernani do Amaral Peixoto, 507 – Loja 05
24020-072 – Centro – Niterói – RJ
Telefax: (21) 2621-7007
www.impetus.com.br

Esta obra foi impressa em papel offset 75 gr/m²